Christine
Rechl

Kreativ durch den Herbst

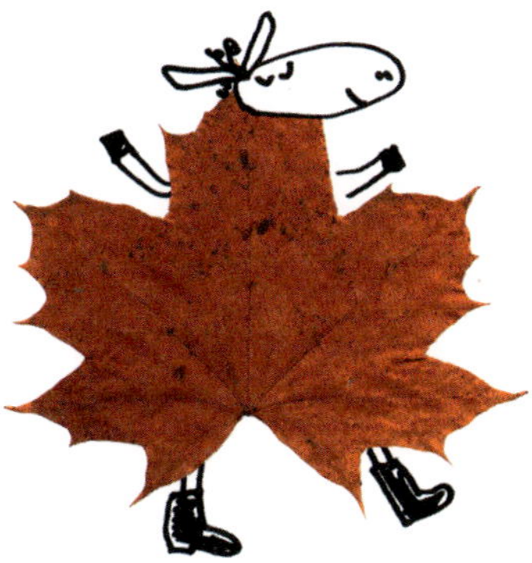

mvgverlag

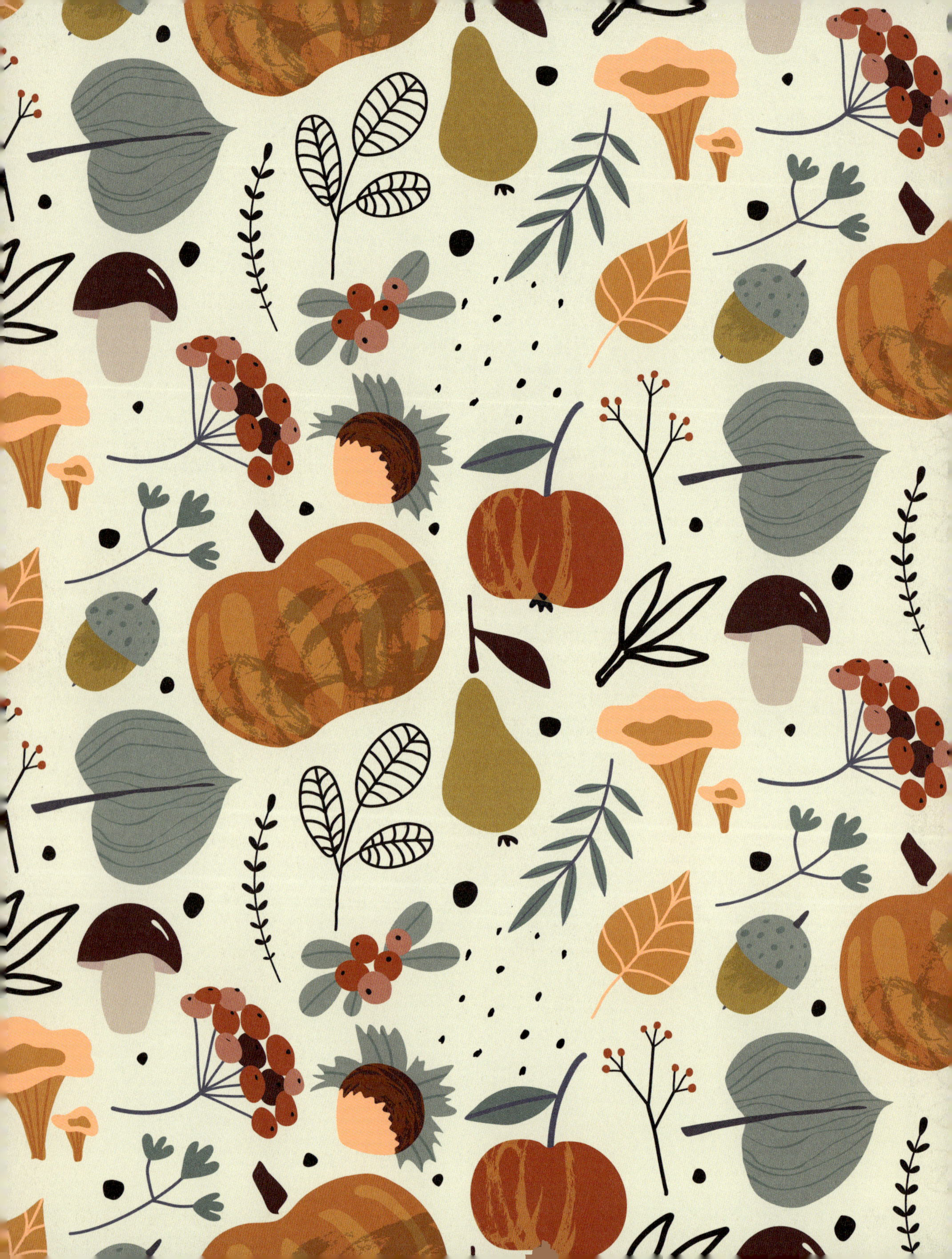

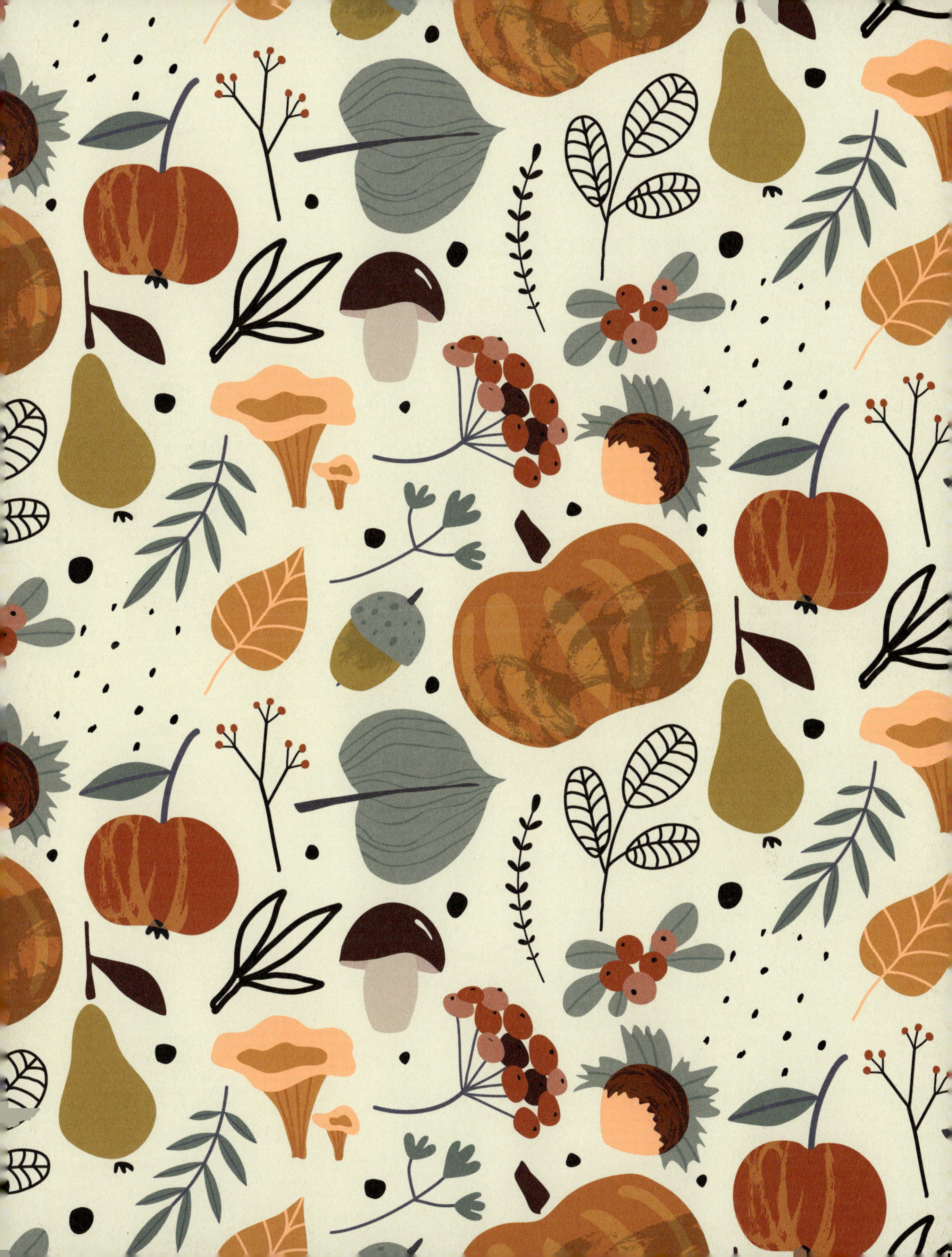

Zeitaufwand

Schwierigkeitsgrad

Materialaufwand

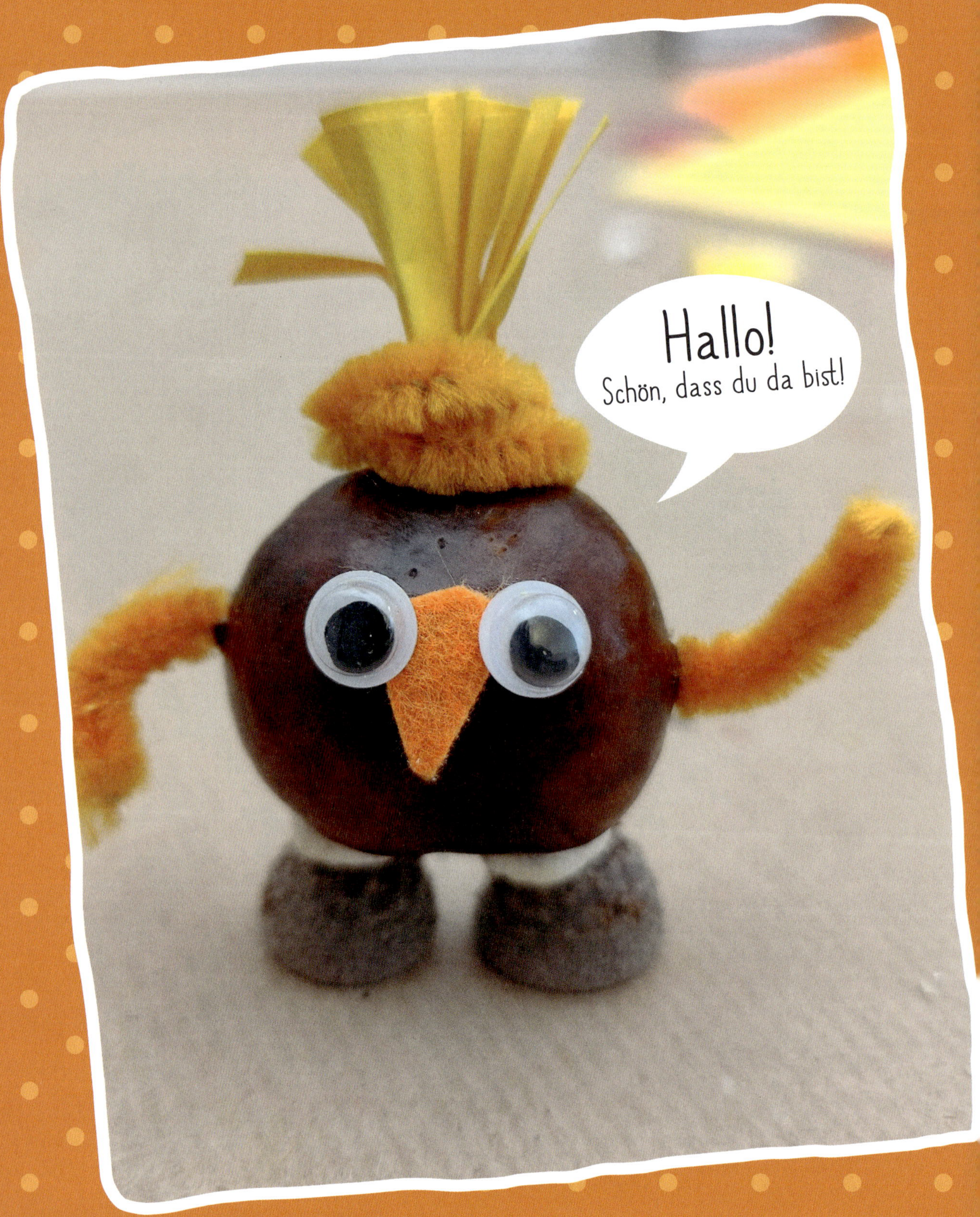
Hallo!
Schön, dass du da bist!

Vorwort

Tiefblau strahlt der Himmel, die Bäume leuchten in bunten Farben, die Sonne wärmt angenehm, die Hitze ist vorbei – es ist Herbst! Der Herbst ist meine liebste Jahreszeit. Wenn es regnet, ist es gemütlich, zu Hause zu sein und dem Regen zu lauschen – und zu basteln. Pfeift der Wind um die Häuser, ist es Zeit, mit dem, was du bei einem Herbstspaziergang gesammelt hast, kreativ zu werden. Blätter sammeln kannst du auch bei Regen, wenn du sie zwischen alten Zeitungen trocknest und presst, werden sie sich nicht wellen. Je früher du sammelst, desto intensiver sind die Farben der Blätter.

Neben Projekten aus Naturmaterialien findest du auch einfache Basteleien aus Papier im Buch – wie z. B. ein Faltboot *(Seite 64)* oder mit Fensterfarben bemalte Windlichter *(Seite 110)*.

Ich habe mir für dich ein Spiel ausgedacht *(Monster & Eulen, Seite 56)*, bei dem du in Bewegung kommst, oder ein Säckchen mit Kastanien, das als Barfußtrainer *(Seite 60)* deine Füße auf den nächsten Sommer vorbereitet.

Vergiss über das Basteln nicht, auch einmal aufzustehen und dich zu bewegen. Geh jeden Tag nach draußen, egal wie das Wetter ist, und schau, wo du die schönsten Kastanien, die leuchtendsten Blätter und die meisten Eicheln findest.

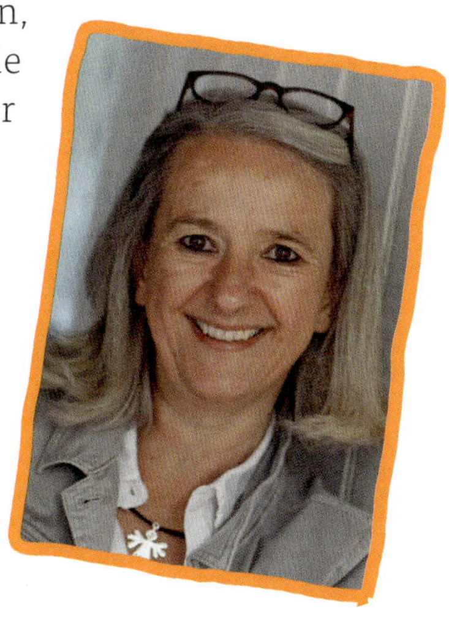

Ich wünsche dir viel Inspiration, Kreativität und jede Menge Spaß beim Basteln!

Christine

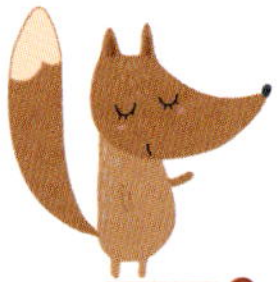

Tipps und Regeln

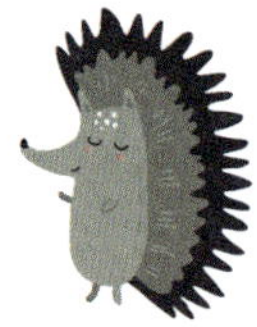

für mehr Bastelspaß

Tipp

An vielen Stellen im Buch findest du in runden Rahmen wie diesem Tipps und Anregungen.

Klebepads sind eine geniale Erfindung. Sie kleben sofort und müssen nicht trocknen. Sie halten gut und trotzdem sind sie wieder ablösbar. Sie verbinden auch unebene Flächen miteinander und sind somit perfekt zum Basteln geeignet. Meist reichen kleinste Stückchen, um etwas zu befestigen.

Beim **Ausschneiden** komplizierterer Formen aus Papier zunächst die Grundform grob ausschneiden und dann nach und nach die Feinheiten. Je weniger Material deine Schere behindert, wenn du um die Ecke schneiden musst, desto leichter gelingt es dir. Besser die Schere häufiger ab- und wieder neu ansetzen, als sich beim Schneiden verhaken!

Reserviere einen alten **Pinsel** für Klarlack und lass ihn einfach im Wasser stehen, dann trocknet er nicht ein. Für weiße und farblose Lacke immer die gleichen Pinsel verwenden, damit sie nicht eingefärbt werden. Für Flächen brauchst du keine gute Pinselspitze, also ist es egal, wenn sie im Wasser ihre Form verliert. Ansonsten Pinsel niemals im Wasser stehen lassen, nach Gebrauch gründlich auswaschen, bei Acrylfarben und Tuschen einen Spritzer Spülmittel dafür ins Wasser geben.

Hab vor allem **Spaß** beim Basteln und sei nicht zu perfektionistisch. Es geht nicht darum, hundertprozentige Ergebnisse zu erzielen, sondern mit den eigenen Händen etwas zu erschaffen. Wenn dabei manches ein bisschen krumm und schief wird, macht das nichts. »Ich kann das nicht« kommt meist von zu hohen Ansprüchen.

1 Regel Nummer eins: Es gibt keine Regeln! Alles ist erlaubt.

2 Nimm dir Zeit, sei geduldig und hab vor allem Spaß. Wenn du mit Kindern bastelst, dann bastle nicht für sie, sondern mit ihnen.

3 Decke deine Arbeitsfläche mit Packpapier, alten Zeitungen, Folie oder Pappe ab.

4 Lege dir das Material vor dem Basteln zurecht, damit du nicht zwischendurch anfangen musst, etwas zu suchen oder zu besorgen.

5 Lass Farben und Kleber trocknen, bevor du den nächsten Schritt ausführst. Um Wartezeiten zu überbrücken, kannst du auch an mehreren Objekten gleichzeitig arbeiten.

6 Verwende nur gutes Werkzeug – mit einer scharfen Schere schneidet es sich einfach besser als mit einer stumpfen.

7 Bewege Werkzeuge wie Cutter oder Messer immer von dir weg, sodass du dich nicht verletzt, falls du abrutschst. Scharfe Cutter und Messer gehören nicht in Kinderhände.

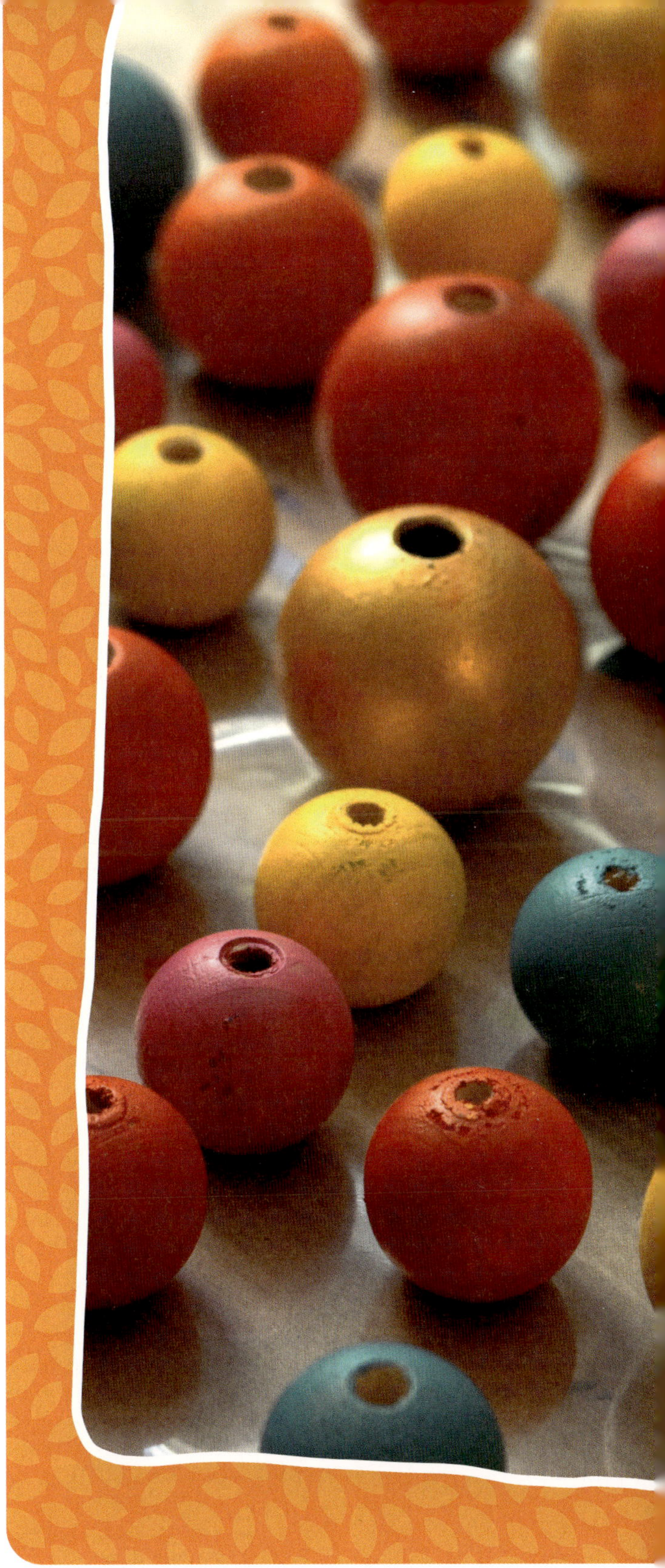

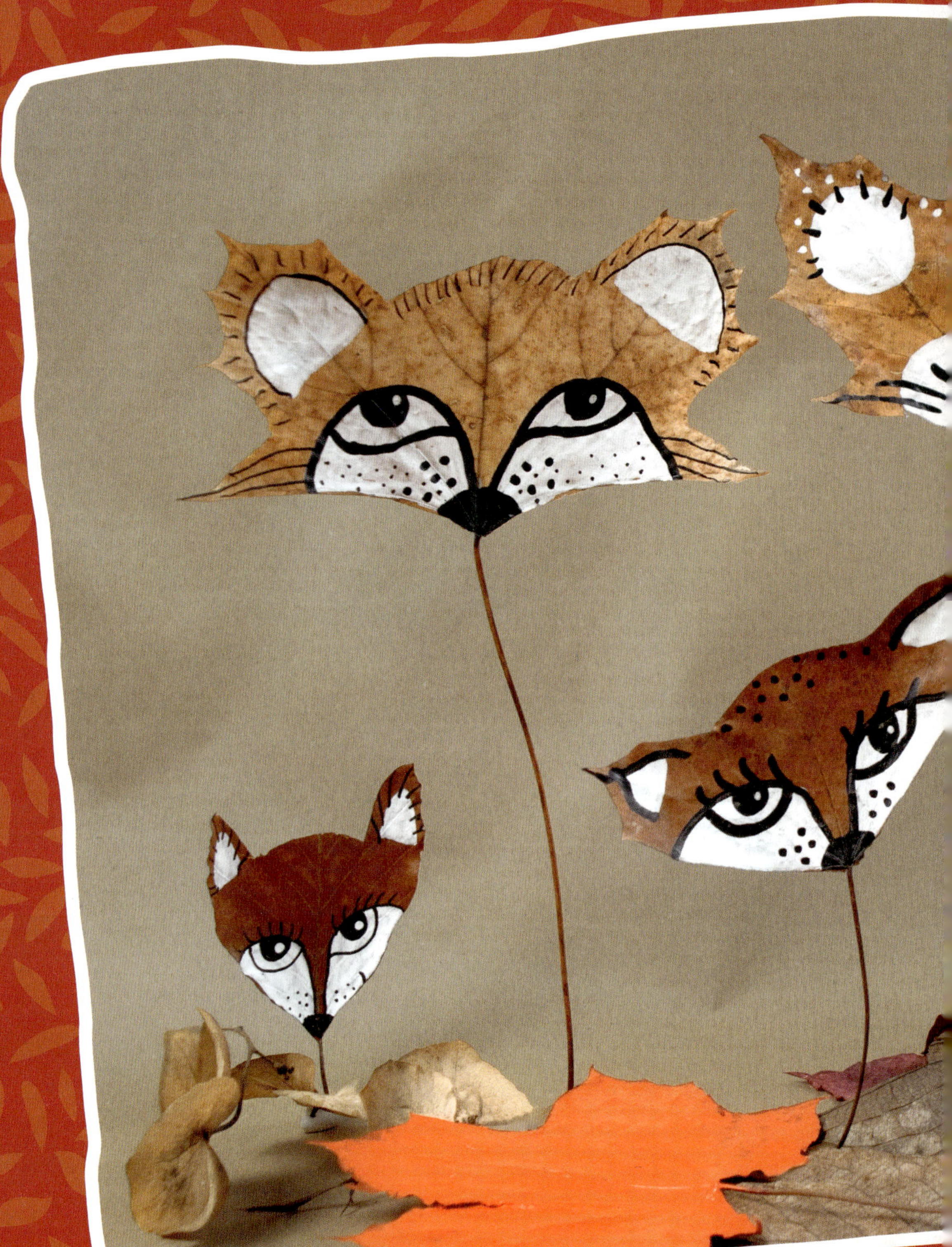

Kreative Blattideen

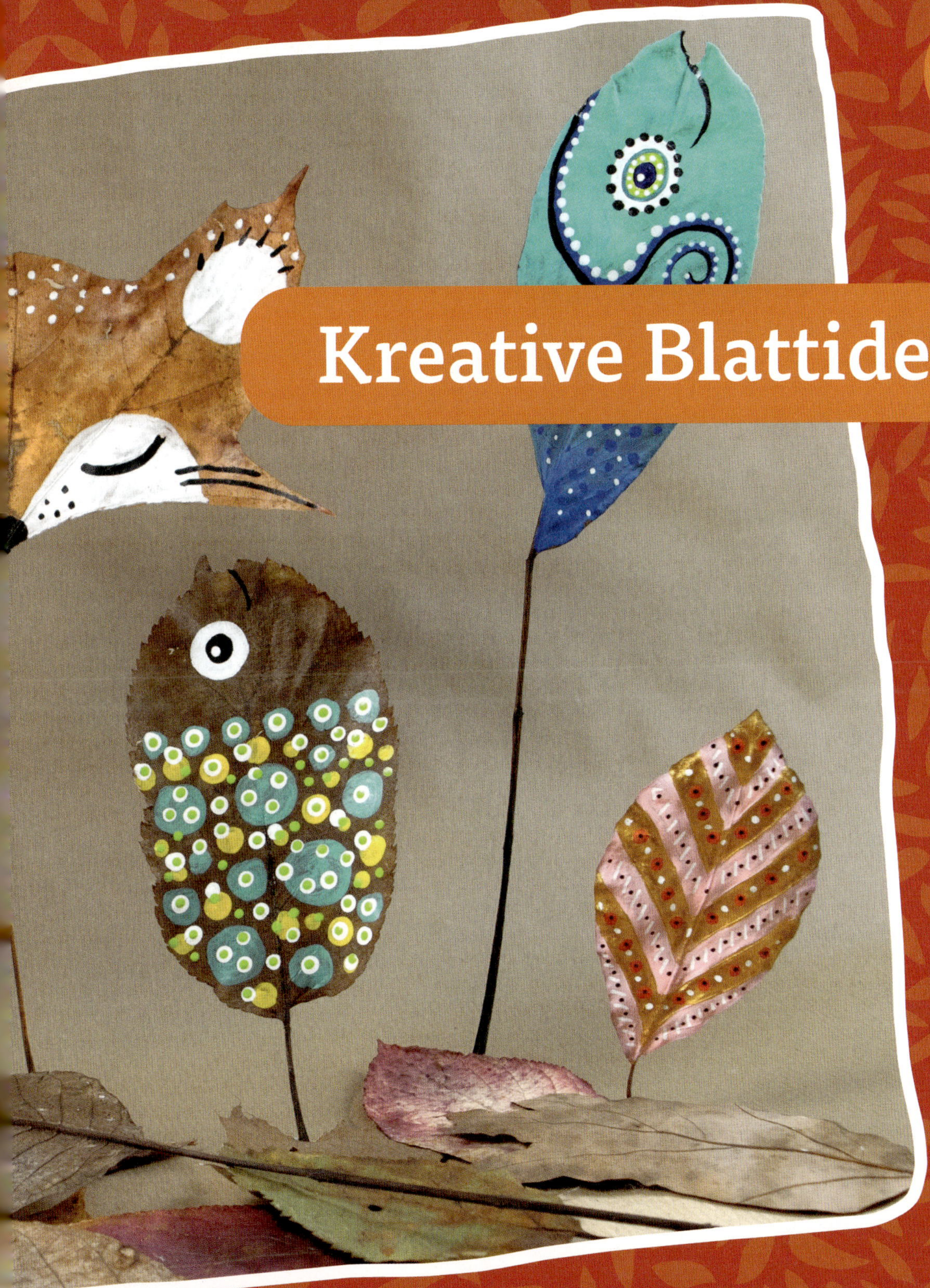

Schlaue Füchse

aus Laub am Stiel

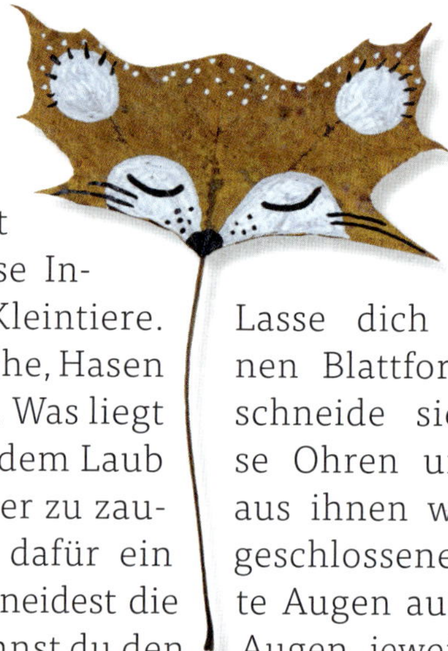

Wald, Bäume und Tiere, das gehört zusammen. Jeder einzelne Baum ist Heimat für zahllose Insekten, Vögel und Kleintiere. Im Wald streifen Rehe, Hasen und Füchse umher. Was liegt also näher, als aus dem Laub der Bäume Gesichter zu zaubern? Nimmst du dafür ein Ahornblatt und schneidest die obere Spitze ab, kannst du den Fuchs schon erahnen – als ob er immer schon im Blatt gewohnt hätte. Mit ein bisschen Schwarz und Weiß kannst du ihn schnell deutlich sichtbar machen. Die Blätter müssen gut getrocknet und gepresst sein. Male auf die Vorderseiten, denn die sind glatter und meist kräftiger in der Farbe als die Rückseiten. Lasse dich von verschiedenen Blattformen inspirieren, schneide sie in Form, lasse Ohren und Schnurrhaare aus ihnen wachsen. Probiere geschlossene und geöffnete Augen aus. Setzt du in die Augen jeweils einen weißen Punkt als Glanzlicht, wirken sie sehr lebendig. Male als erste Schicht alles, was weiß oder bunt sein soll. Wenn die Farbe getrocknet ist, kannst du die schwarze Nasenspitze, Schnurrhaare und Augen ergänzen. Der Blattansatz eignet sich am besten für die Nasenspitze. Drücke nicht zu fest auf, denn die Blätter sind sehr empfindlich und reißen leicht ein. Hast du genügend Tiere gemalt, kannst du mit ihnen Figurentheater spielen!

Das brauchst du:

- getrocknete Blätter
- Acrylstifte in Schwarz, Weiß, Rot
- Fineliner schwarz
- Schere

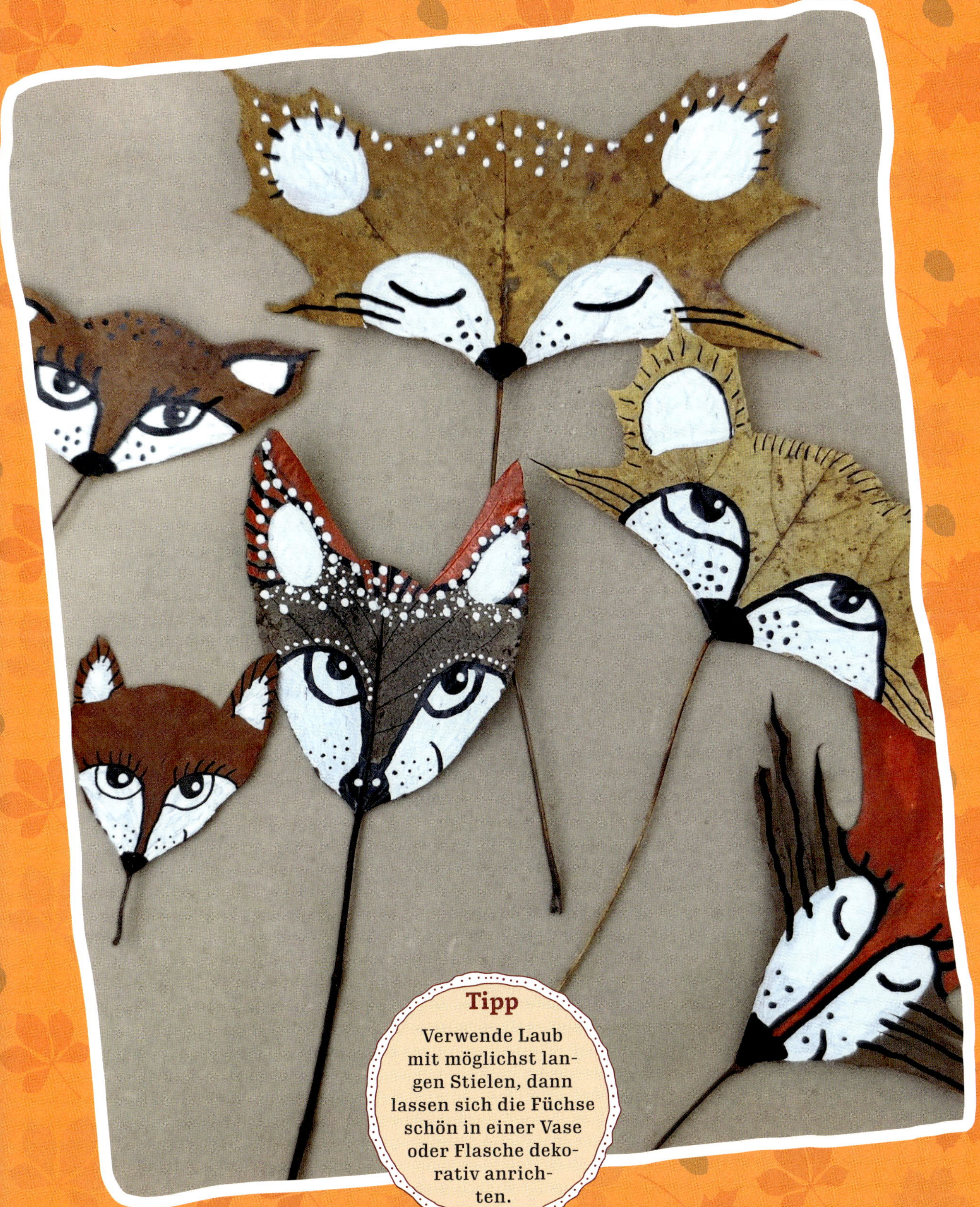

Tipp

Verwende Laub mit möglichst langen Stielen, dann lassen sich die Füchse schön in einer Vase oder Flasche dekorativ anrichten.

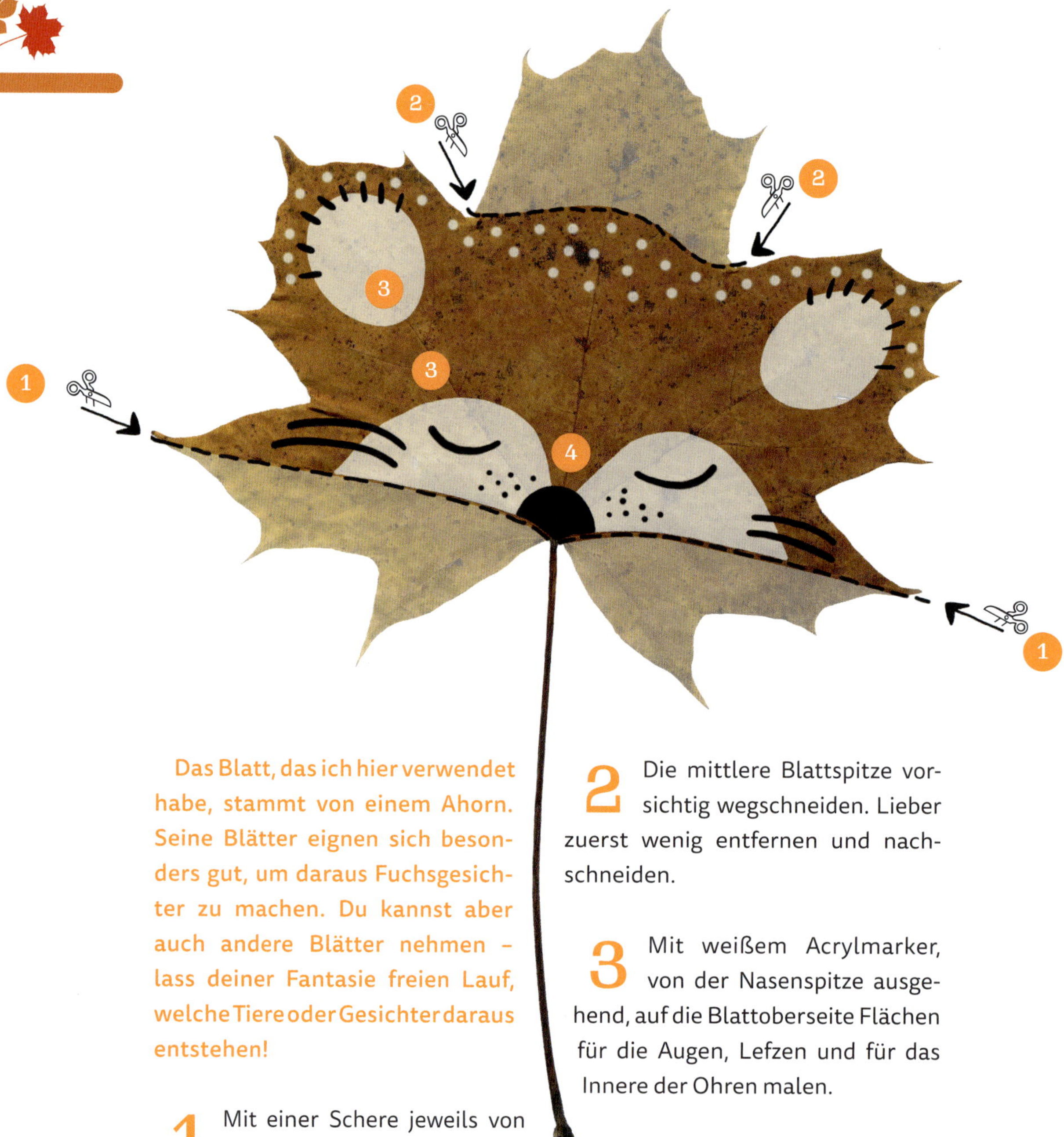

Das Blatt, das ich hier verwendet habe, stammt von einem Ahorn. Seine Blätter eignen sich besonders gut, um daraus Fuchsgesichter zu machen. Du kannst aber auch andere Blätter nehmen – lass deiner Fantasie freien Lauf, welche Tiere oder Gesichter daraus entstehen!

1 Mit einer Schere jeweils von außen nach innen entlang der Blattader vorsichtig bis zum Stiel schneiden und das Blatt hier entfernen. So ergibt sich die untere Gesichtslinie mit der Schnauze in der Mitte.

2 Die mittlere Blattspitze vorsichtig wegschneiden. Lieber zuerst wenig entfernen und nachschneiden.

3 Mit weißem Acrylmarker, von der Nasenspitze ausgehend, auf die Blattoberseite Flächen für die Augen, Lefzen und für das Innere der Ohren malen.

4 Alles gut trocknen lassen und mit schwarzem Acrylmarker oder Fineliner Augen und Schnurrhaare aufzeichnen. Weitere Haare, Punkte in Schwarz oder Weiß hinzufügen.

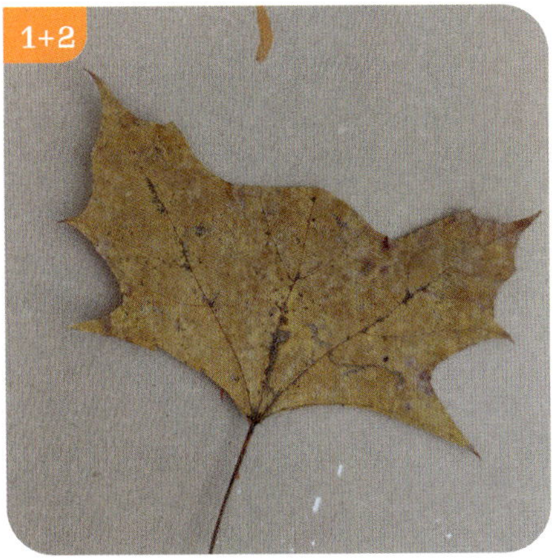

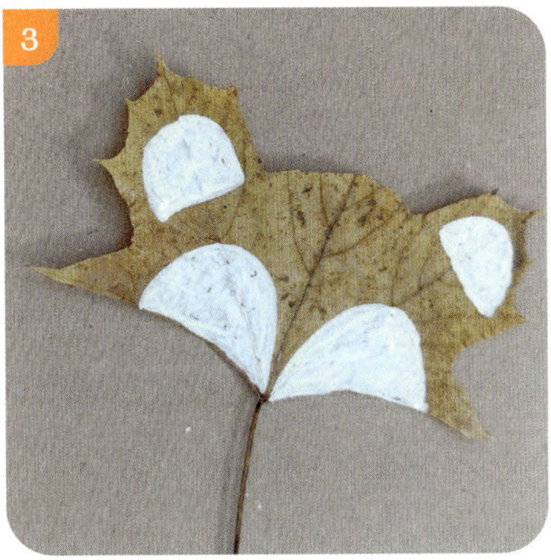

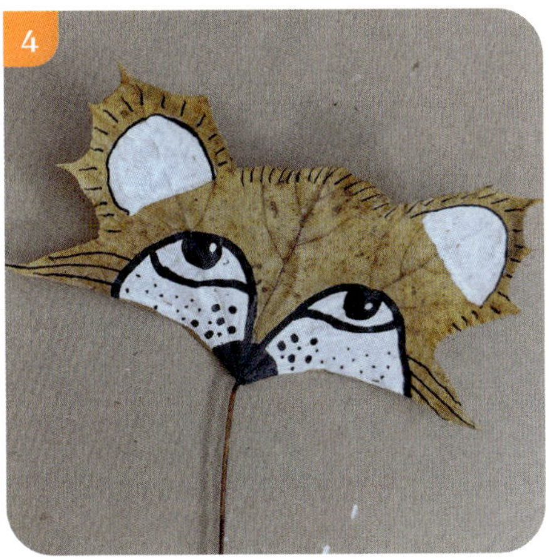

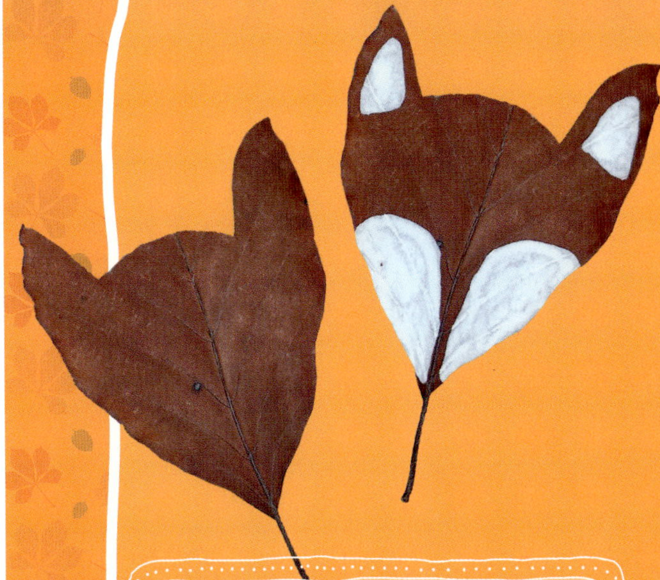

Die Blätter der Buche sind sehr stabil und kräftig in der Farbe. Sie eignen sich gut für kleine Füchse. Walnusslaub hat sehr lange Stiele und riecht aromatisch.

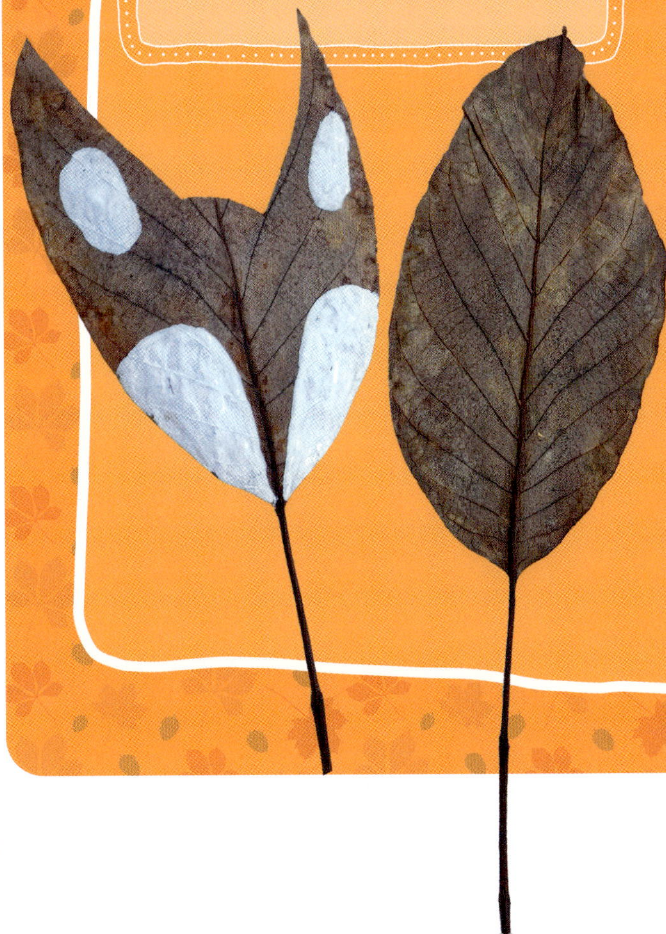

Bemalte Blätter

für liebevolle Dekorationen

Du möchtest einen Geschenkanhänger malen oder Tischkärtchen für deine Geburtstagsparty gestalten? Dann verwende getrocknete Blätter, sie lassen sich genauso bunt bemalen wie Steine, nur musst du sehr viel vorsichtiger mit ihnen umgehen, denn sie sind sehr empfindlich. Am besten malst du größere Flächen mit dem Pinsel und verwendest für Feinheiten Stifte mit weichen Spitzen, denn harte Stifte machen schnell Löcher in das Laub. Du könntest die Blätter laminieren, damit sie niemals kaputtgehen, aber dann verlieren sie den Reiz des Natürlichen. Mit Klarlack kannst du sie ein bisschen haltbarer machen, das schützt sie gegen Feuchtigkeit. Bemalte Blätter sind äußerst dekorativ und ein schönes Geschenk, aber sie müssen nicht für immer halten. Vergleiche sie mit gepressten Blumen: Man hebt sie zwischen Buchseiten auf und holt sie nur ab und zu heraus, um sich an ihrer Schönheit zu erfreuen. Manchmal ist genau das Zerbrechliche das Reizvolle, dass etwas sich nicht konservieren lässt und man behutsam damit umgehen muss.

Nicht alle Blätter sind gleich empfindlich, zum Beispiel das Laub der Rotbuche ist stabil und hat eine schöne Herbstfärbung. Wenn du gerne langstieliges Laub bemalen möchtest, weil du es in eine Vase stellen willst, eignet sich Walnusslaub gut, das duftet auch angenehm!

Das brauchst du:

- getrocknete Blätter
- Acrylfarben oder -stifte in Lieblingsfarben und Weiß
- Acrylstifte oder Filzstifte in Schwarz und Weiß
- Pinsel

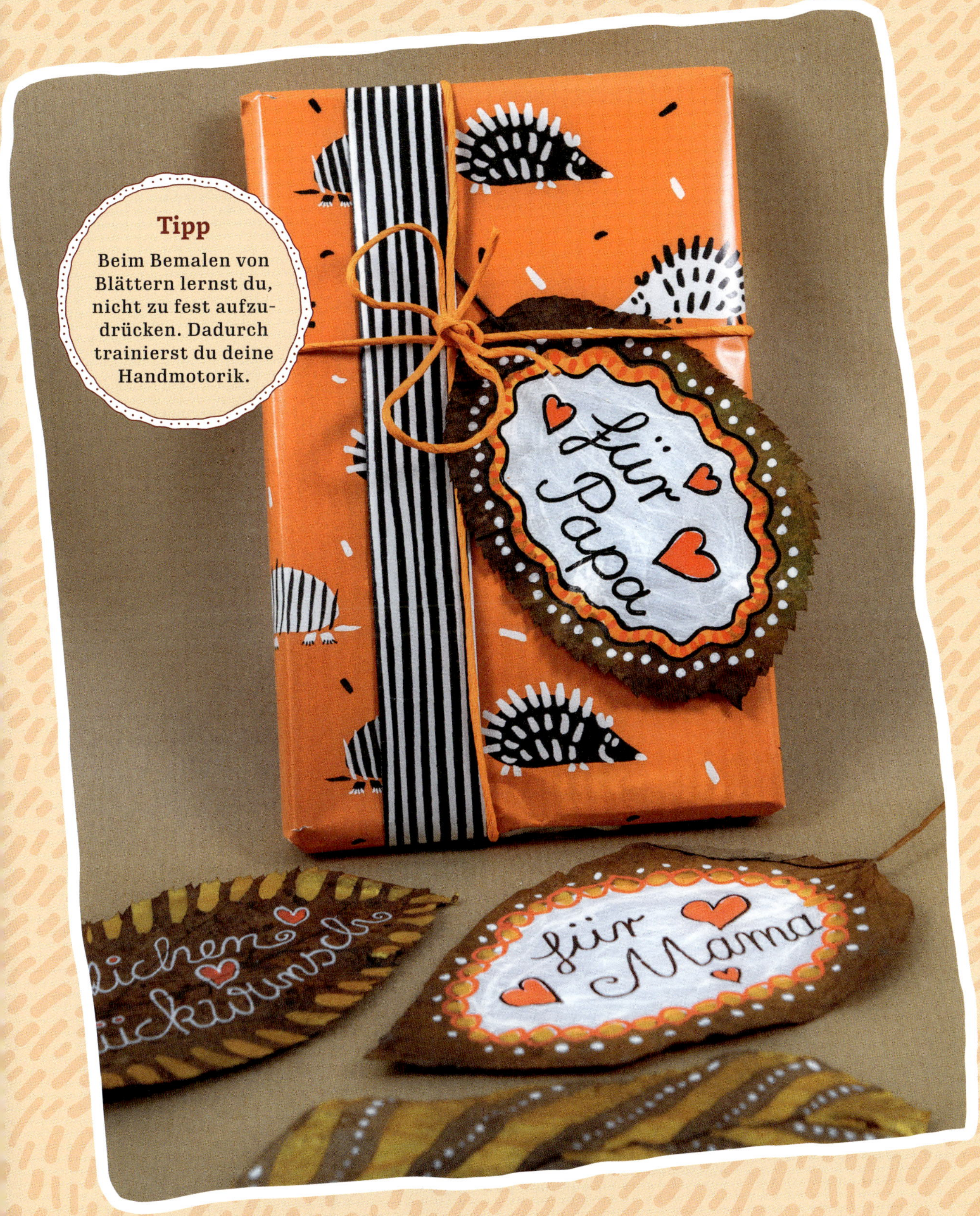

Tipp

Beim Bemalen von Blättern lernst du, nicht zu fest aufzudrücken. Dadurch trainierst du deine Handmotorik.

Lege mit Streifen, Punkten oder Rahmen los, bevor du dich an aufwendigere Motive wagst. Hier ein paar Tipps, die du grundsätzlich beachten solltest:

1 Streifen innerhalb der Blattadern bringen die Schönheit des Blattes zur Geltung. Die goldenen Streifen sind mit Pinsel und Acryltusche gemalt.

2 Für Geschenkanhänger oder Tischkärtchen das Blatt weiß anmalen, die Farbe trocknen lassen und einen bunten Rahmen darum malen, den du später noch verzieren kannst. Auf Weiß ist Schrift am besten lesbar, aber natürlich kannst du das Blatt auch bunt grundieren.

3 Einen Rand aus gleichmäßigen Streifen kannst du mit dem Pinsel oder einem breiteren Acrylmarker malen.

4 Für einen Farbverlauf beide Farben auftragen und anschließend die Übergänge mit dem Pinsel flott verstreichen, solange die Farbe noch nass ist. Dabei nicht zu lange hin- und herstreichen, sondern die erste Schicht trocknen lassen und dann nachbessern, wo nötig.

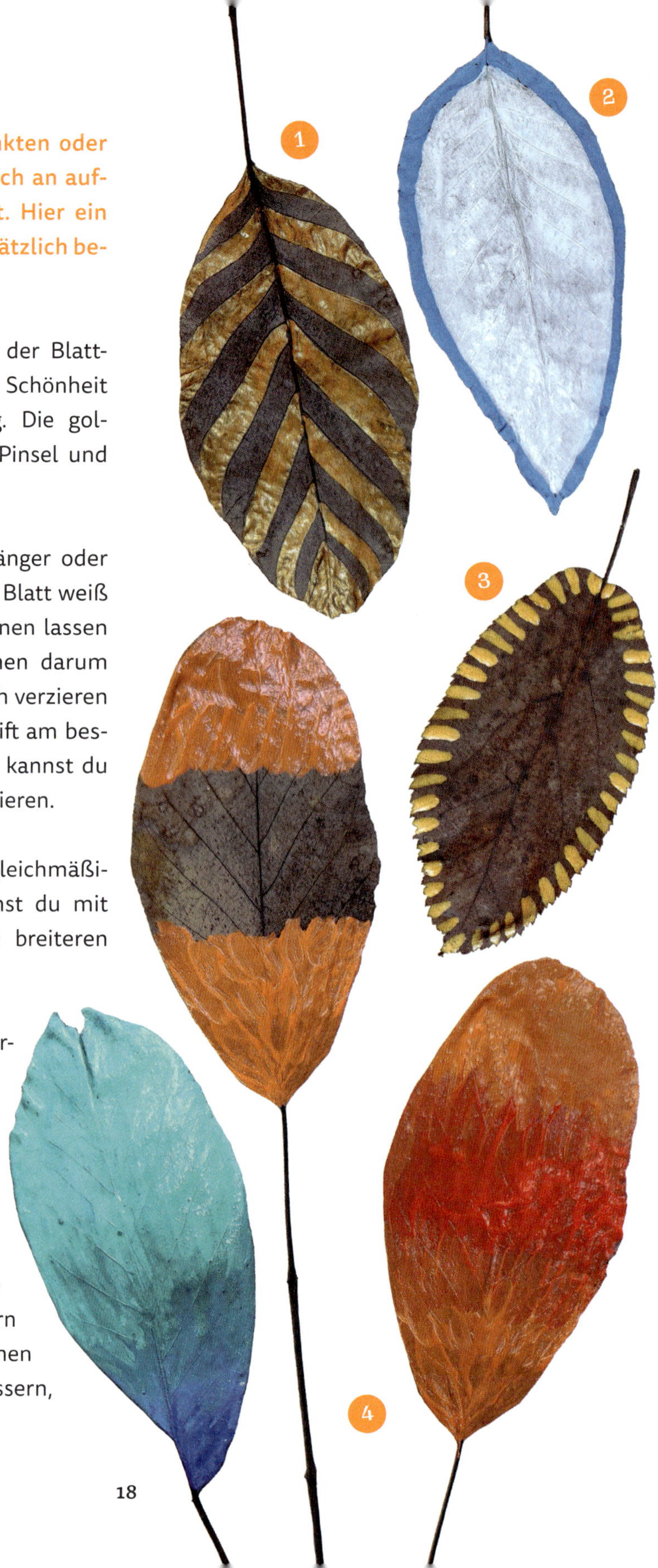

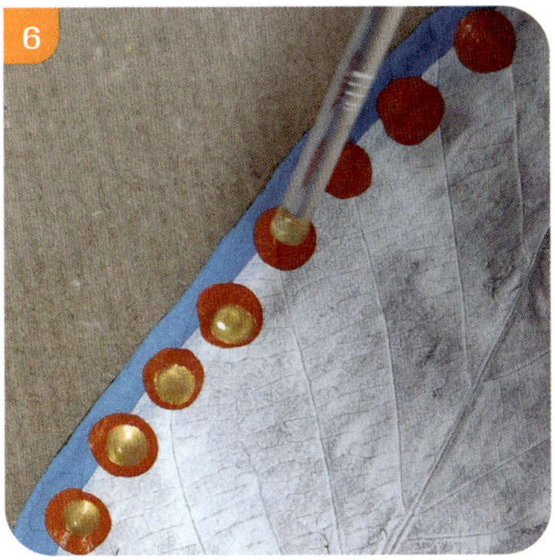

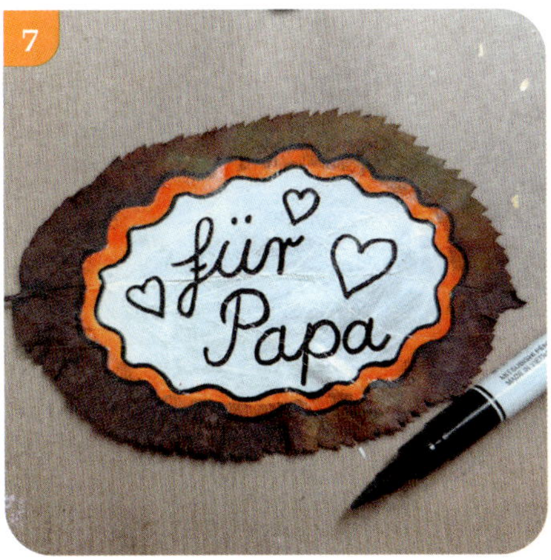

5 Mit einem Dottingwerkzeug lassen sich Punkte aufsetzen. Dabei nur zart aufdrücken, sonst bekommt das Blatt schnell ein Loch. Für gleichmäßige Punkte das Werkzeug für jeden Punkt neu in die Farbe tunken, für einen Größenverlauf so lange tupfen, bis keine Farbe mehr kommt – das sind meist drei bis vier Punkte. Für die Dotting-Technik darf die Farbe nicht zu flüssig sein, aber auch nicht zu fest. Sehr gut eignet sich »Patio Paint« von Rayher. Die Farbe hat genau die richtige Konsistenz, »Brillant- Gold« ist ein sehr schöner Goldton in der Farbpalette.

6 Ein Plexiglasstäbchen eignet sich gut für größere Punkte. Da das Laub uneben ist, werden die Punkte nicht so ebenmäßig, wie auf einer glatten Oberfläche. Man kann Punkte auch mit einem Stift malen, aber so geht es schneller und gelingt leichter.

7 Mit einem gut deckenden, wasserfesten Filzstift lassen sich die grundierten Blätter gut beschriften oder Linien aufmalen. Ist der Stift wasserfest, wird er nicht von folgenden Farbaufträgen angelöst. Auf Seite 17 siehst du, dass ich den orangefarbenen Rand schwarz eingerahmt habe. Anschließend habe ich den Rand und die Herzen mit roter Farbe ergänzt.

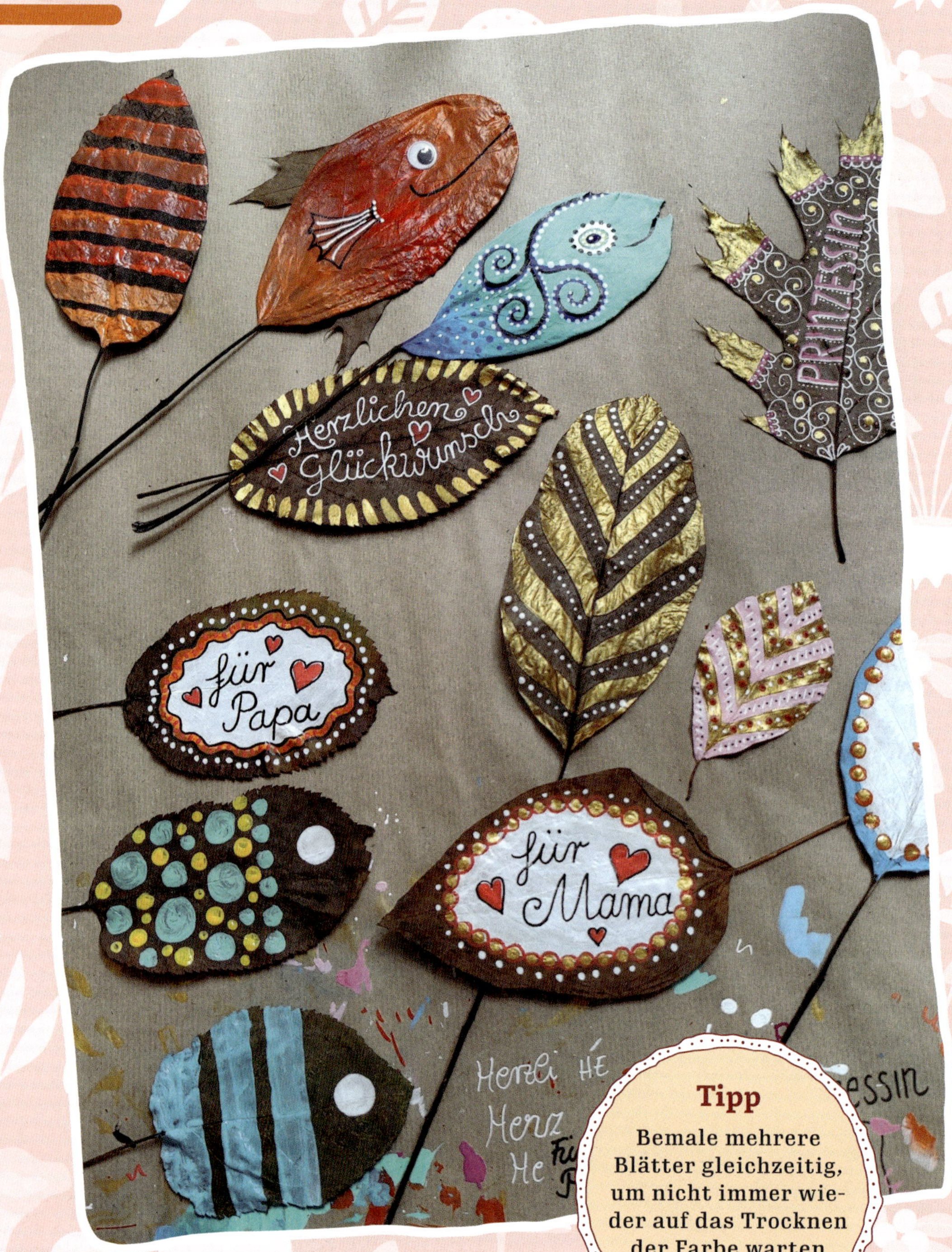

Tipp

Bemale mehrere Blätter gleichzeitig, um nicht immer wieder auf das Trocknen der Farbe warten zu müssen.

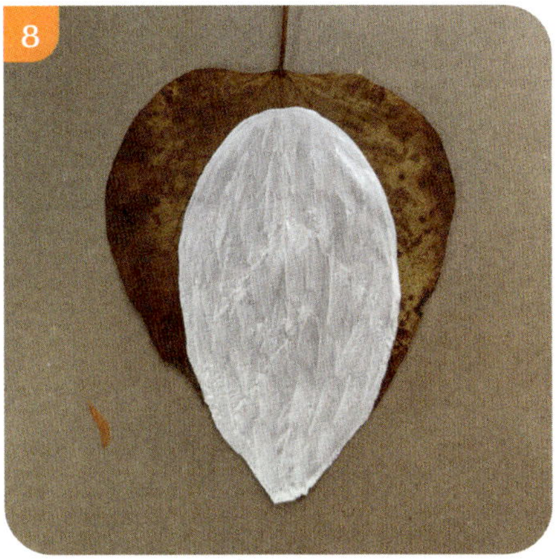

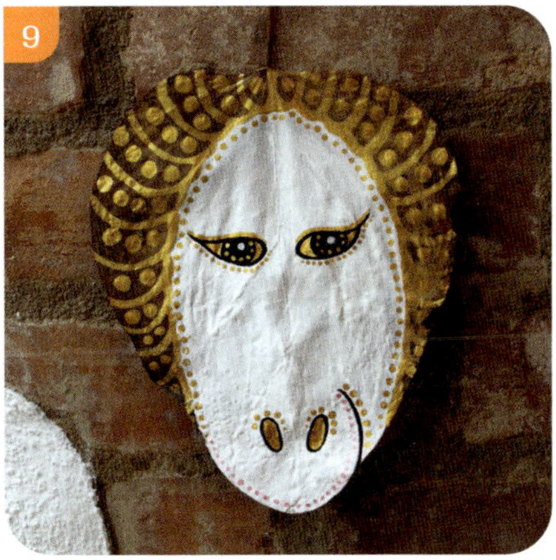

8 Dieses Blatt ist 17 × 20 cm groß. Seine Form erinnert an den Kopf eines Schafes mit Hörnern. Mit weißer Acrylfarbe habe ich zuerst ein weißes Feld für das Gesicht aufgemalt …

9 … und dann mit goldener und schwarzer Farbe Hörner, Augen, Schnauze und Nasenlöcher hinzugefügt. Mit einem Band um den Stiel lässt sich das Schaf wie ein Bild aufhängen.

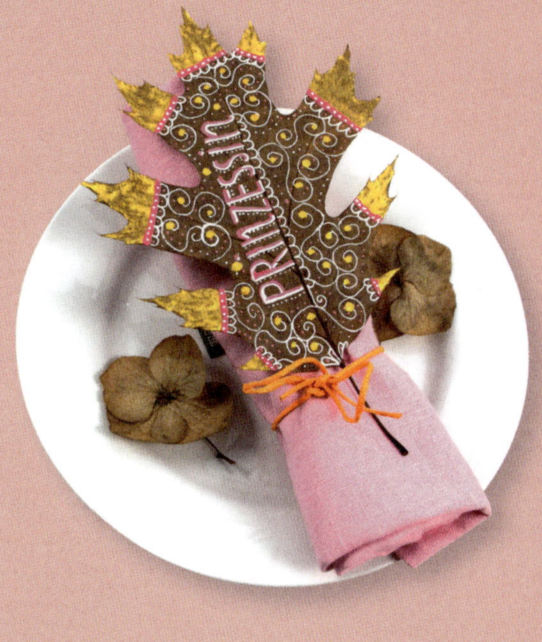

Wer ist heute die Prinzessin? Mit diesen liebevollen Tischkärtchen sieht die Geburtstagstafel königlich aus.

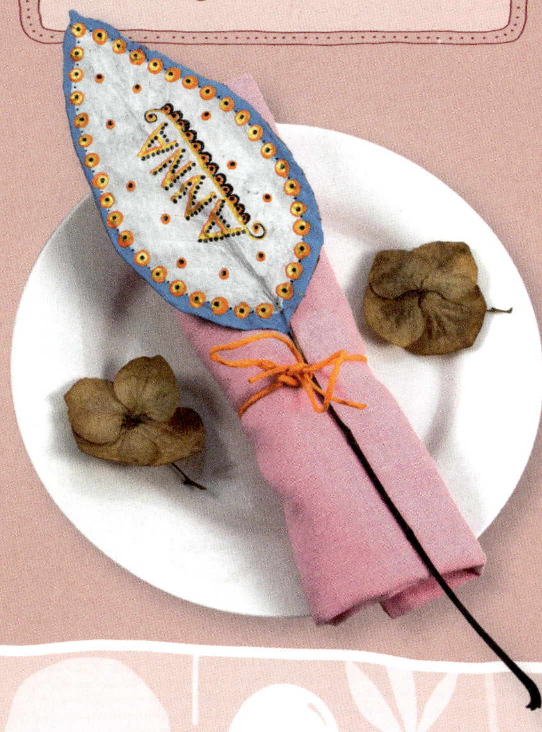

Blattideen

1 Mit Wackelaugen lassen sich schnell lustige Fische zaubern. Für die Flossen auf der Rückseite mit Kreppband Blattspitzen befestigen.

2 Hat ein Blatt eine kleine Macke, lass daraus einen Mund oder eine Nase entstehen.

3 Die Mundlinie lässt den etwas größeren Zacken wie eine Nase wirken.

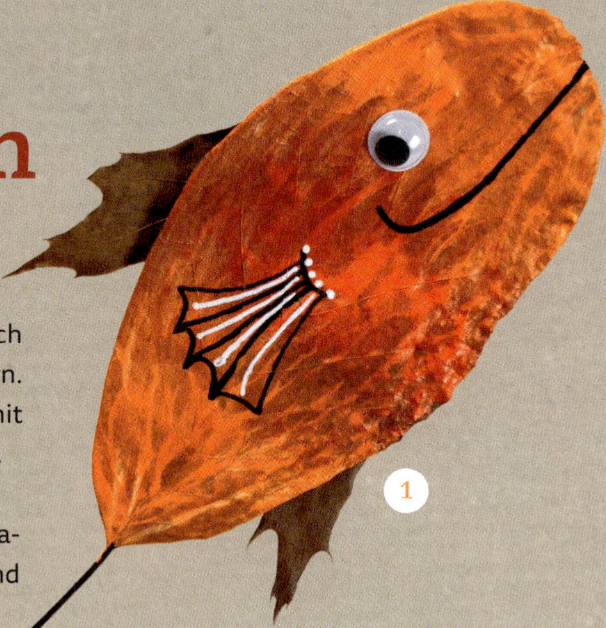

1

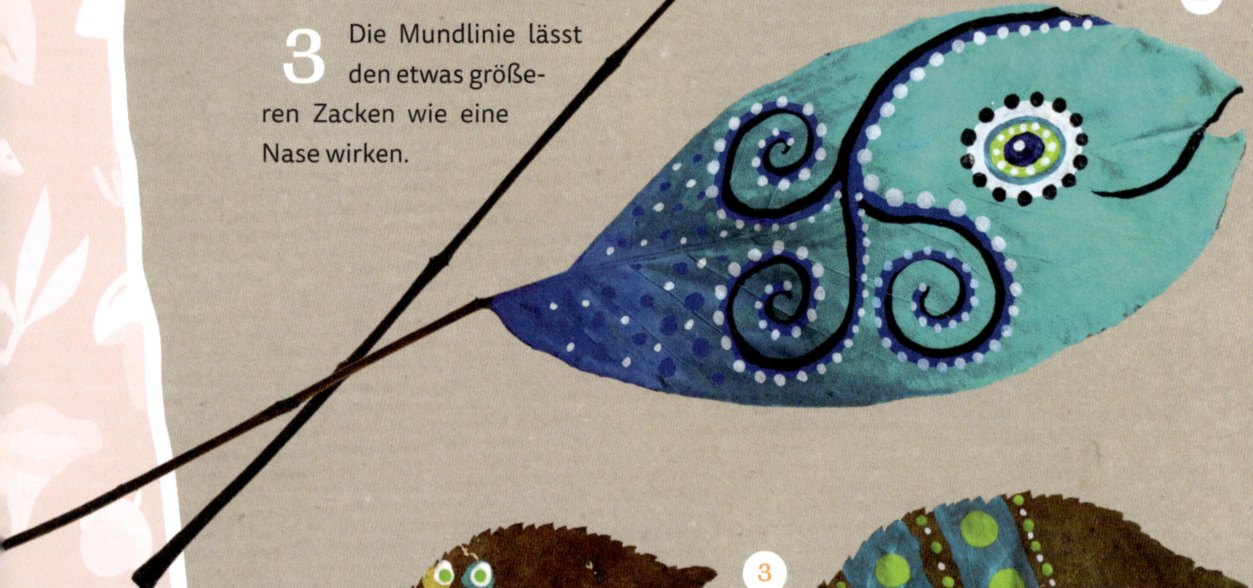

2

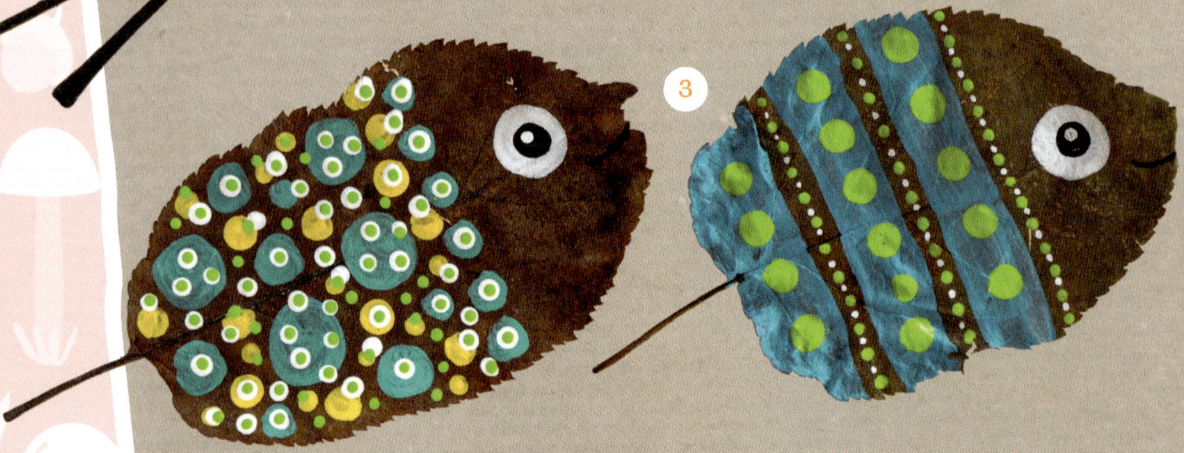

3

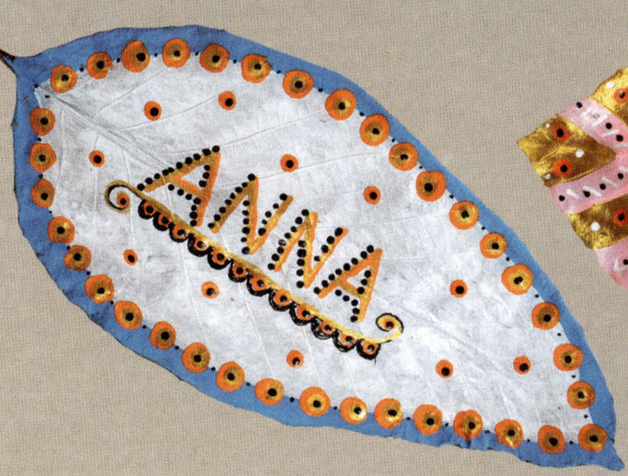

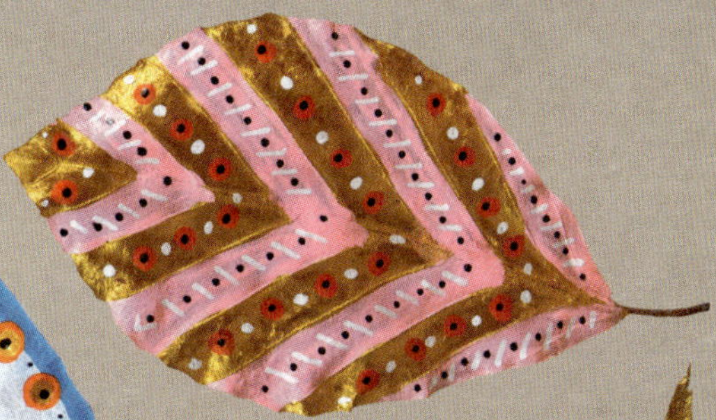

4

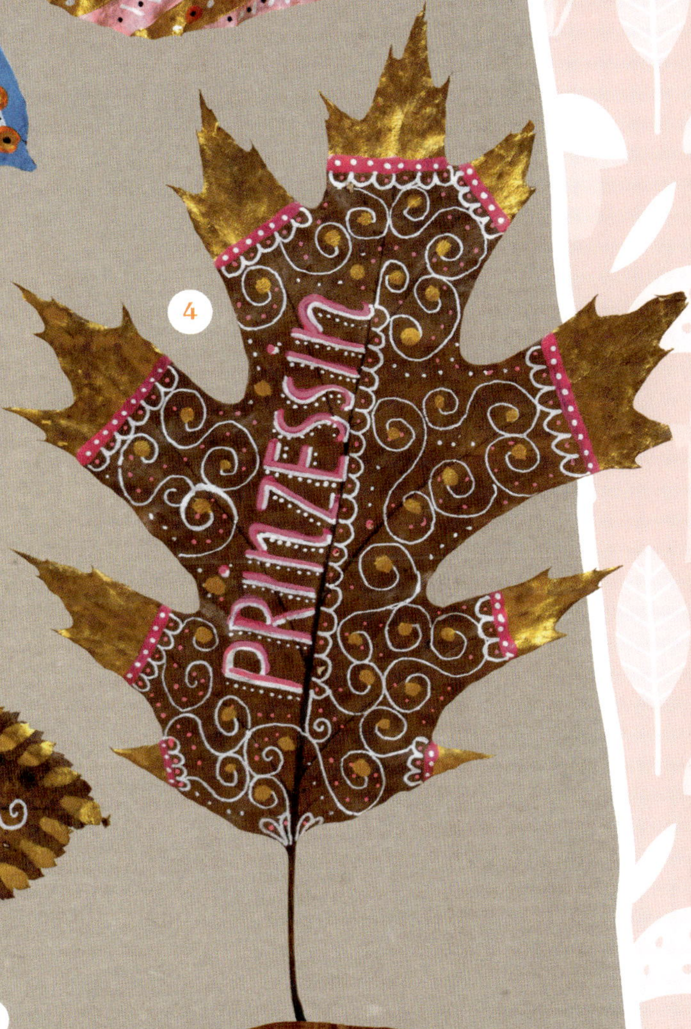

4 Die Blattspitzen erinnern an Krönchen – mit Gold bemalt betonen sie das Wort »Prinzessin«.

5 Die feinen weißen Linien sind mit einem Acrylmarker gezeichnet, die schwarze Schrift mit einem Filzstift.

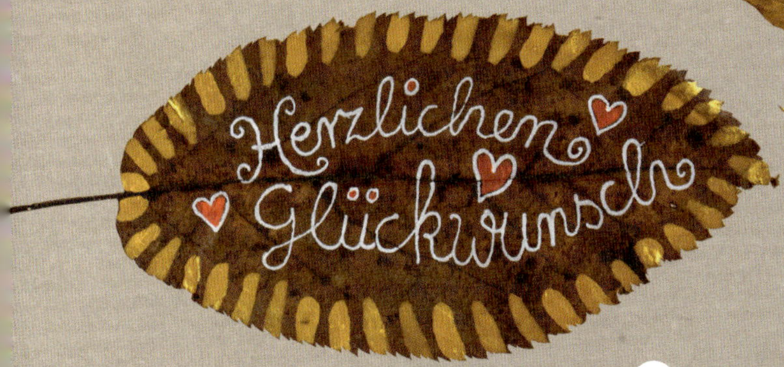

5

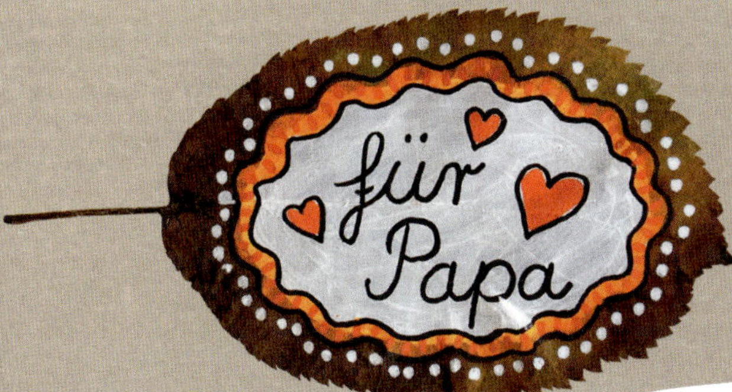

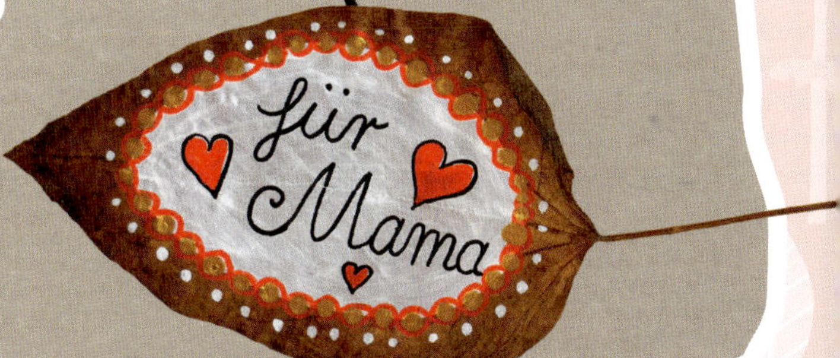

Blumenstrauß

aus getrocknetem Laub

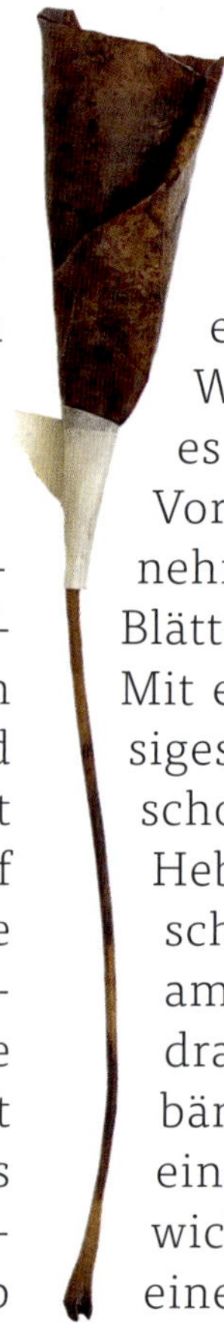

Wenn die ersten Blätter fallen, kannst du anfangen, Laub zu sammeln. Manche Blätter behalten ihre Farbe, wenn du sie trocknest, deswegen wird dein Strauß umso bunter, je früher du mit dem Sammeln beginnst. Damit sich die Blätter beim Trocknen nicht aufrollen, legst du sie am besten zwischen Zeitungspapier und beschwerst das Ganze mit einem Brett oder Tablett, auf das du Bücher oder Steine legst. Manches Laub ist gerbsäurehaltig, färbt dadurch die Finger ein und greift die Haut an. Deswegen empfiehlt es sich, beim Basteln Latexhandschuhe zu tragen. Ist das Laub bereits sehr trocken, lässt es sich nur noch schwer rollen, ohne dabei zu brechen. Wenn du es ein paar Minuten in Wasser einweichst, wird es wieder geschmeidig. Vorsicht beim Herausnehmen, denn die nassen Blätter reißen leicht ein. Mit einem Tuch überschüssiges Wasser abtupfen und schon kannst du loslegen. Hebe ein paar besonders schöne Blätter auf, die du am Ende um den Strauß drapierst, um die Klebebänder zu verdecken. Mit einem Geschenkband umwickelt, hast du so im Nu einen hübschen Strauß, der ein bisschen Farbe und Natur in dein Zimmer bringt. So ein Strauß ist auch ein liebevolles Geschenk, das nie verwelkt und nichts kostet.

Das brauchst du:

- verschiedene Blätter
- Kreppband
- Kräuselband
- Latexhandschuhe

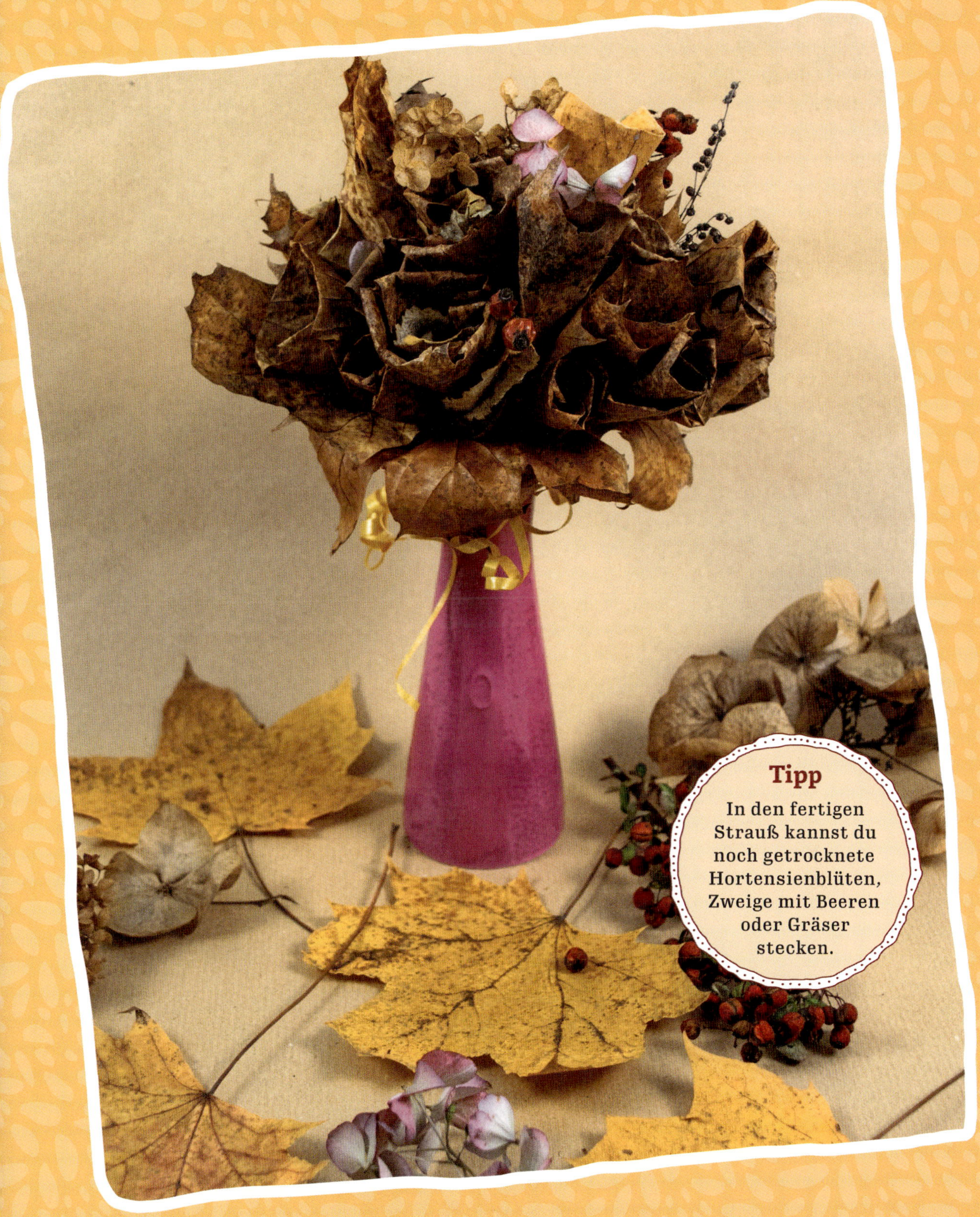

Tipp

In den fertigen Strauß kannst du noch getrocknete Hortensienblüten, Zweige mit Beeren oder Gräser stecken.

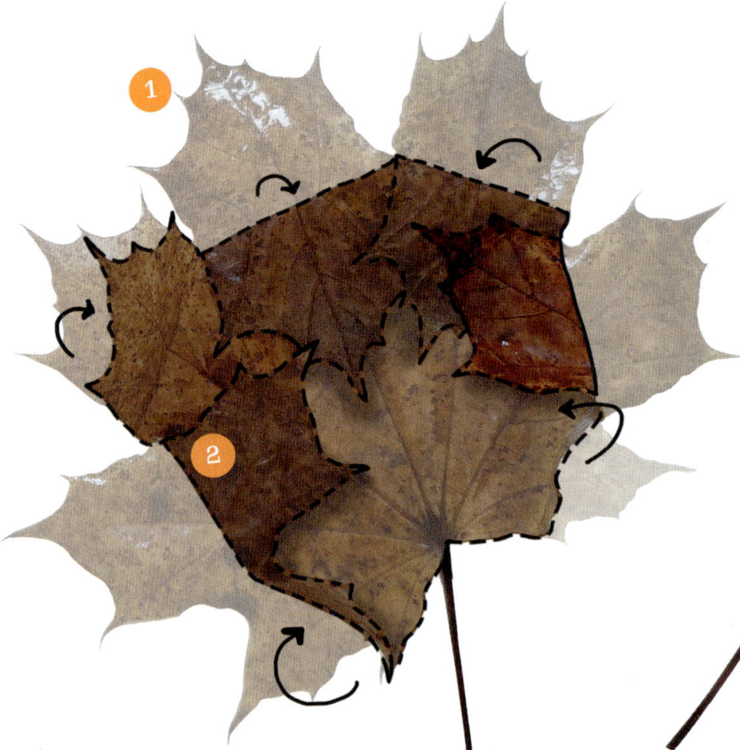

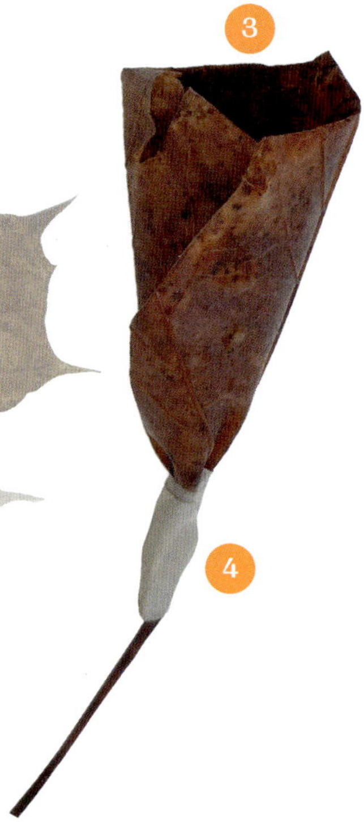

Für voluminöse Blüten eignen sich am besten große, breite Blätter. Für dickere Blüten kannst du auch zwei oder drei Blätter ineinanderrollen. Egal, welche Blätter du verwendest, das Prinzip ist immer das gleiche:

1 Ein Blatt auf eine abwischbare Unterlage legen. Eventuell vorher einweichen und abtrocknen .

2 Die Blattspitzen nacheinander nach innen umbiegen.

3 Das Blatt, mit den umgebogenen Spitzen nach innen liegend, zu einem Kelch rollen.

4 Mit circa 5 cm Kreppband die Blüte fixieren, dabei vom Blattende Richtung Stiel wickeln.

5 So viele Blüten vorbereiten, bis es für einen Strauß genügt. Verschiedene Blütengrößen und -farben machen den Strauß lebendig.

6 Die Blüten zu einem Strauß bündeln und zum Fixieren die Stiele mit Kreppband umwickeln.

7 Schöne Blätter um den Strauß drapieren, mit Kreppband fixieren. Mit Kräuselband umwickeln, bis das Klebeband nicht mehr zu sehen ist – fertig!

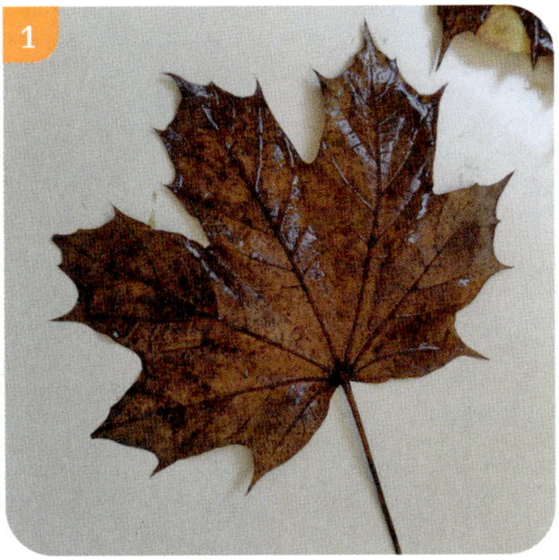

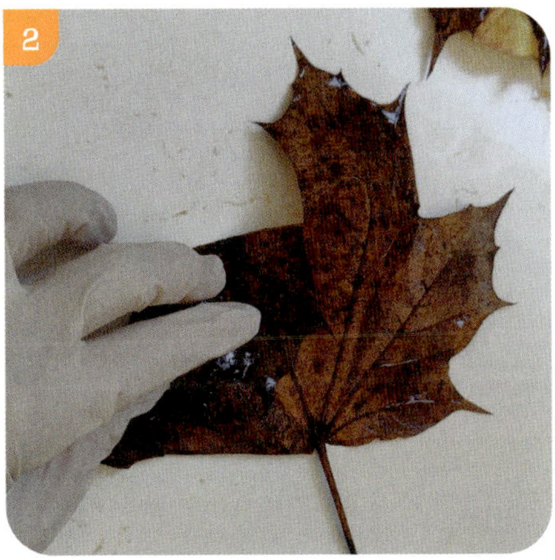

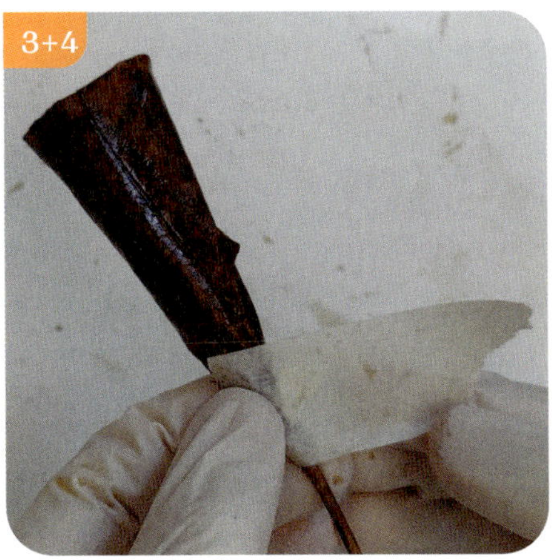

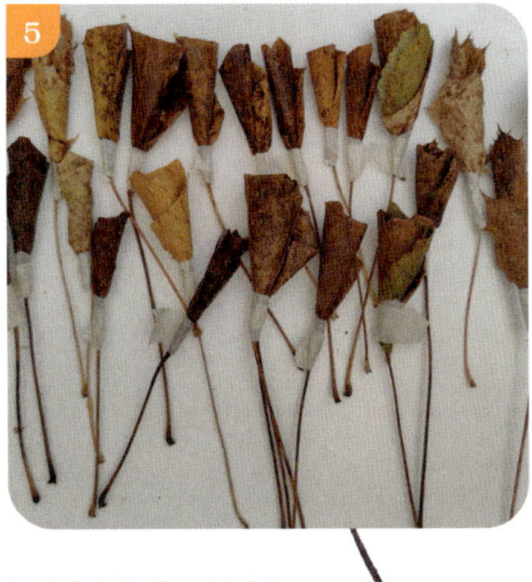

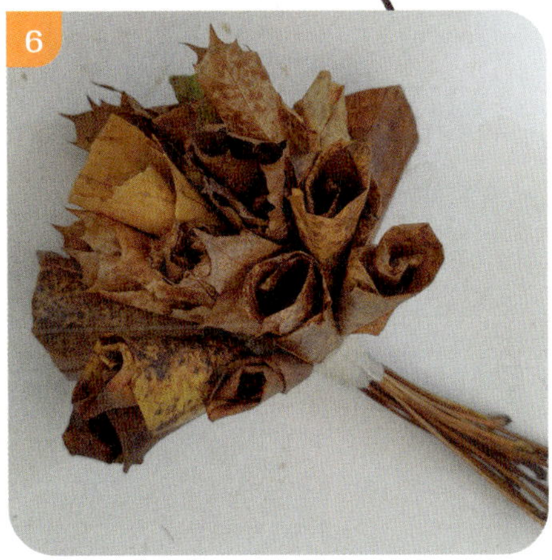

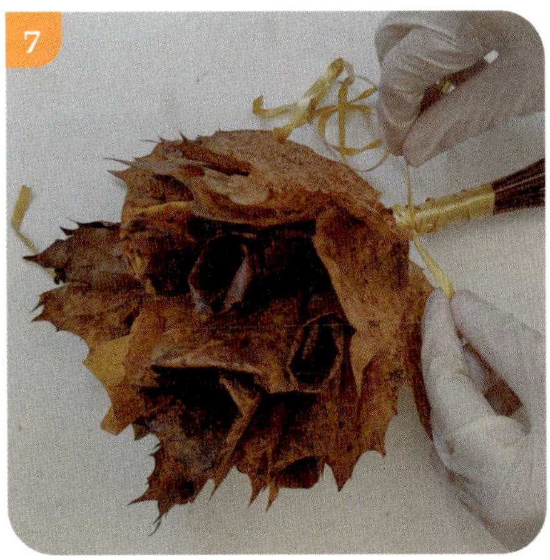

Probiere verschiedene Blätter aus, rolle auch mal zwei oder drei Blätter wie eine Rose ineinander. Erfinde neue Blütenformen!

Mein Freund Igel
aus Pappe und Laub

Für diesen Igel dürfen die Blätter ein bisschen gekräuselt sein, denn immerhin hat ein Igel Stachel – eine lebhafte Struktur passt zu ihm! Wenn die Pappe sehr fest und schwer zu schneiden ist, lasse dir beim Ausschneiden der Form helfen. Lege die Blätter lose auf die Igelform, bevor du sie festklebst, damit du ein ungefähres Bild von ihm bekommst. Größere Blätter passen besser an das Ende des Igels, kleinere eher zum Kopf. Damit die Blätter gut kleben, den Igel zwischen Büchern pressen, bis der Kleber richtig getrocknet ist. Mit einem Klebepunkt kannst du deinen Igel wie ein Bild an die Wand hängen.

Das brauchst du:

- Pappe DIN A 4 oder größer
- getrocknete Blätter
- Bleistift, schwarzer Filzstift
- Schere und Klebestift

So wie den Igel lassen sich auch andere Tiere wie Vögel oder Schafe gestalten, die dichtes Fell oder ein buschiges Federkleid haben.

1 Die Form des Igels mit Bleistift auf die Pappe skizzieren und mit einem kräftigen schwarzen Filzstift nachzeichnen. Nase, Mund und Augen einzeichnen.

2 Mit einer Schere den Igel ausschneiden. Die Blatthälften mit den Stielansätzen abschneiden. Die Pappe nach und nach mit dem Klebestift bestreichen und die Blattspitzen, von hinten beginnend, überlappend aufkleben.

3 Für die letzte Reihe am Gesicht kleinere Blätter nehmen und sie mit den Spitzen nach vorne so festkleben, dass der Ansatz der restlichen Blätter verdeckt wird. Eventuell das Gesicht noch mal nachzeichnen, damit die Nase bis zum Rand richtig schwarz ist.

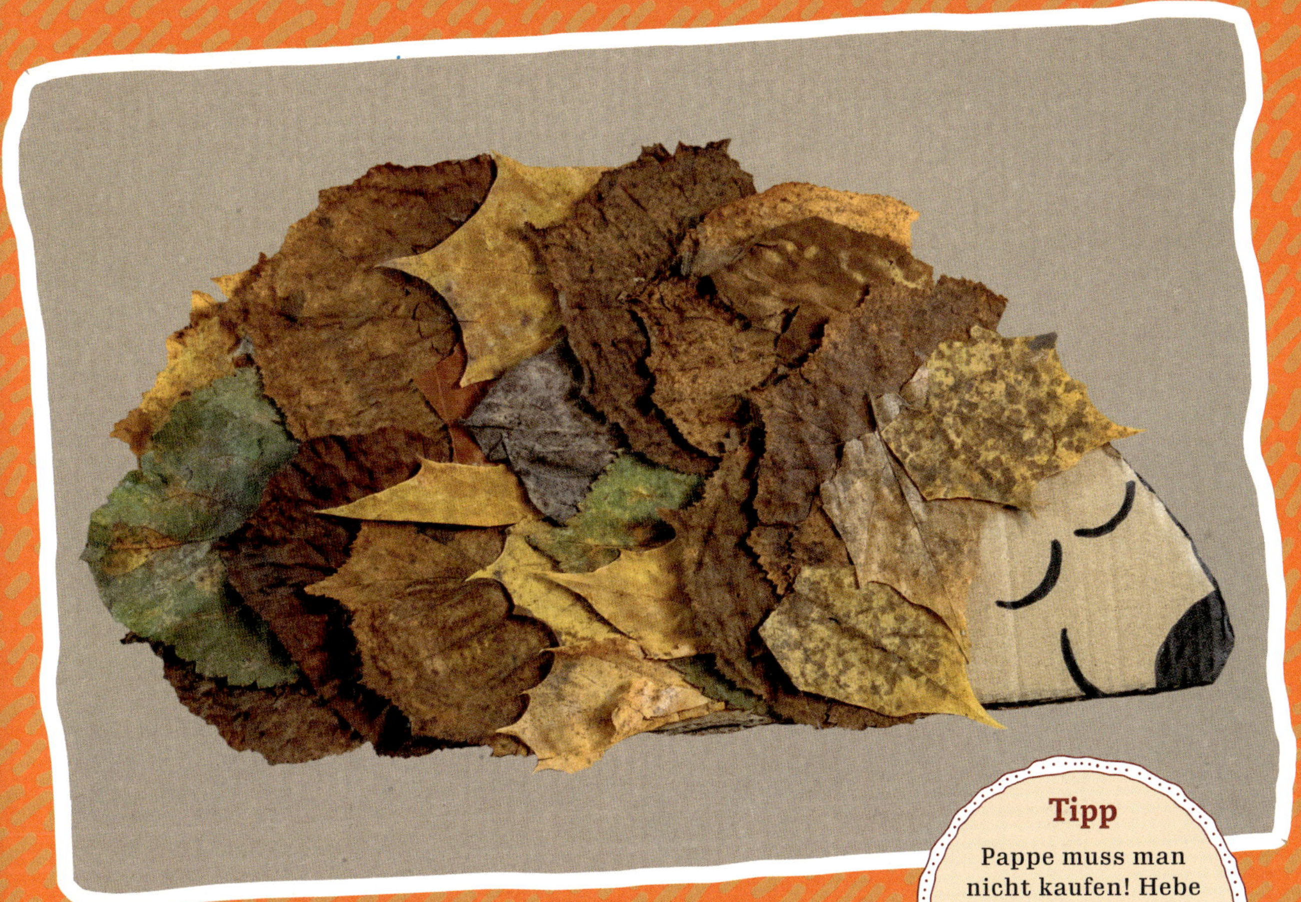

Tipp

Pappe muss man nicht kaufen! Hebe größere, stabile Stücke von Müslikartons oder Paketen auf, um mit ihnen zu basteln.

Damit die Blätter gut festkleben, die verborgenen Enden abschneiden, sodass jedes Blatt direkt auf der Pappe und nicht nur auf dem darunterliegendem Laub festgeklebt.

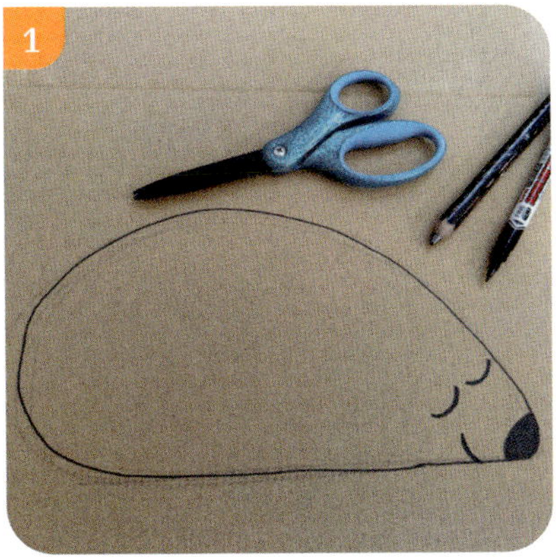

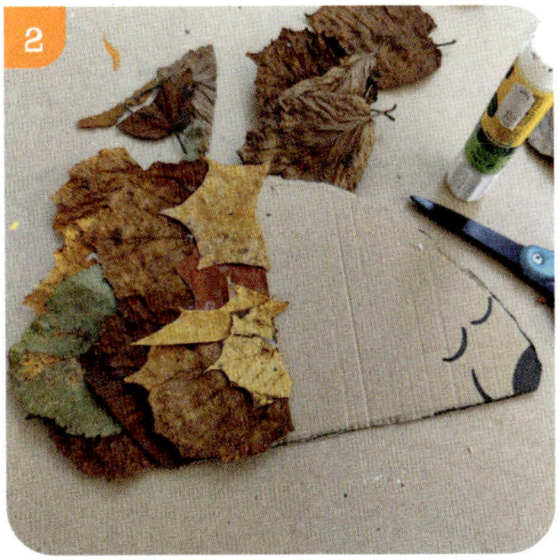

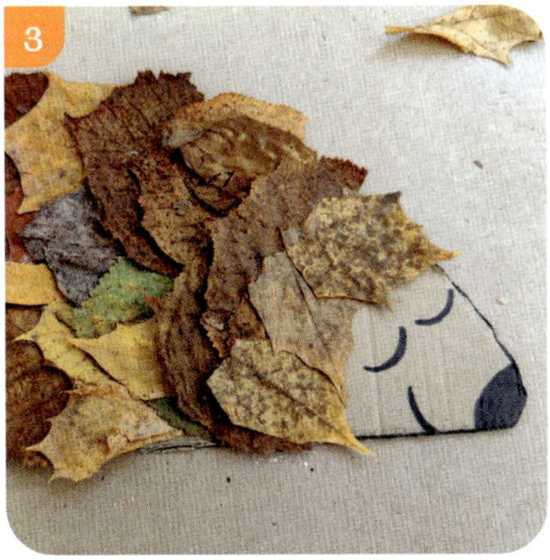

Huhuuu!

Eulen aus Tonpapier und Laub

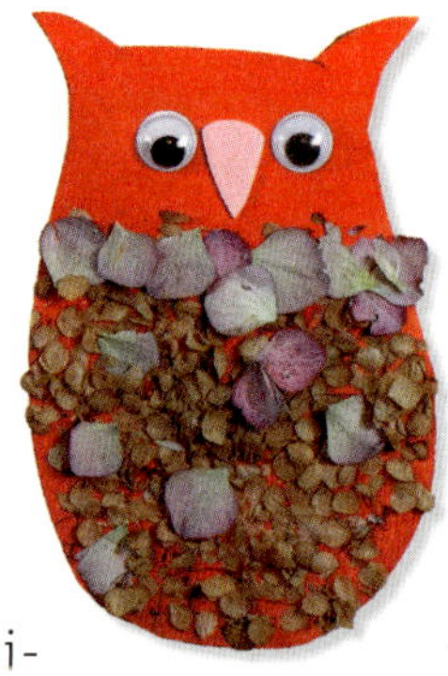

Hast du schon einmal ein Käuzchen rufen hören? Sie sind scheue Vögel und tagsüber nur selten zu sehen, umso bunter werden diese beiden Eulen leuchten! Verwende einen Fotokarton in deiner Lieblingsfarbe, der auch gut zu den Blättern passt, die du verwenden möchtest. Den Schnabel habe ich aus Moosgummi gemacht, du kannst ihn – genau wie die Augen – auch einfach aufmalen, wenn du keinen zur Hand hast. Die Spitzen von Eierkartons eignen sich auch gut für Schnäbel, die kannst du mit einem Klebepad befestigen.

Das brauchst du:

- Fotokarton in Lieblingsfarbe
- getrocknete Blätter und Blüten
- ein kleines Stück (selbstklebenden) rosa Moosgummi
- 4 Wackelaugen
- Schere und Klebestift

Die große und die kleine Eule sehen aus wie Papa oder Mama mit Kind. Wie wäre es, eine ganz Eulenfamilie zu basteln oder weitere Tiere des Walds? Auf den nächsten Seiten findest du Vorlagen dazu.

1 Die Form der Eulen vorzeichnen und ausschneiden.

2 Bei der großen Eule wie beim Igel (S. 28) das Laub, von unten beginnend, festkleben. Zum Schluss Blütenblätter wie eine Perlenkette am Hals und ein paar auf dem Körper aufkleben.

3 Die kleine Eule mit Kleber einstreichen, kleine Blütenblätter darüberstreuen und andrücken und wie bei der großen Eule eine Halskette ergänzen.

4 Schnäbel aus Moosgummi und Wackelaugen aufkleben, und schon sind die Eulen fertig!

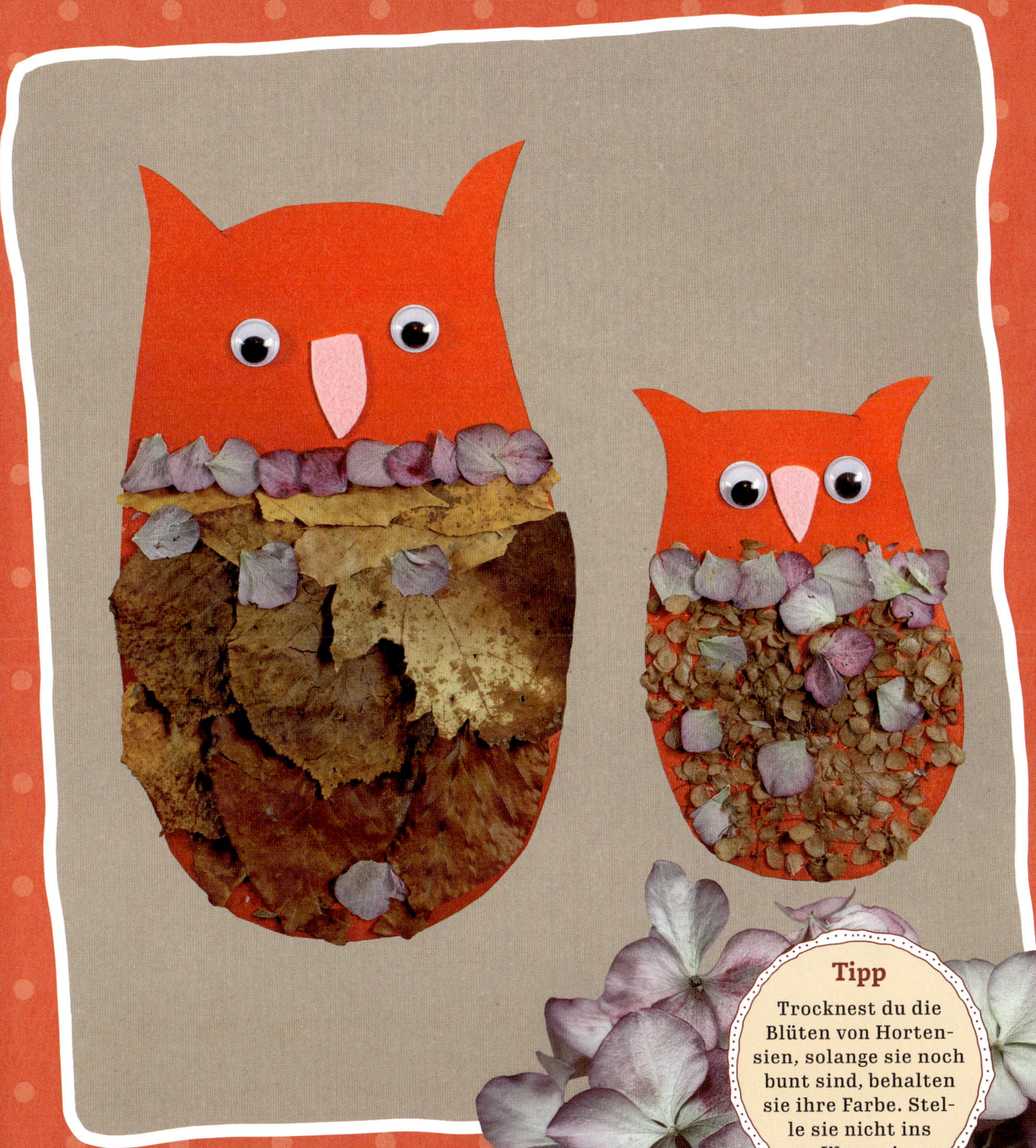

Tipp

Trocknest du die Blüten von Hortensien, solange sie noch bunt sind, behalten sie ihre Farbe. Stelle sie nicht ins Wasser!

Kleine Mausraupe

mit tausend Füßchen

Manche Blätter sind noch grün, wenn sie herabfallen, wie zum Beispiel die der Hortensien. Durch Trocknen und Pressen behalten sie ihre Farbe und Form, und du kannst daraus fröhliche Tiere mit ganz vielen kleinen Beinchen zaubern. Die Mausraupen wollten gerne rosa Ohren haben, das haben sie mir geflüstert!

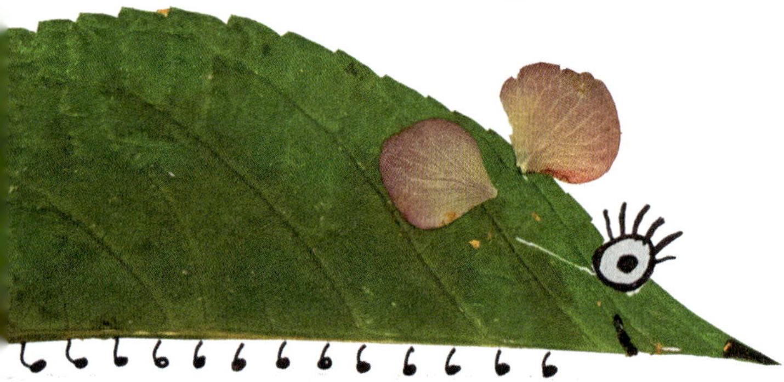

Das brauchst du:

- Fotokarton weiß, DIN A 4
- 1 großes, getrocknetes grünes Blatt, z. B. von einer Hortensie
- Hortensienblütenblätter
- gelbliche Ahornblätter
- Fineliner in Schwarz
- Schere und Klebestift

1 Ein großes, grünes Blatt trocknen und pressen. Entlang der mittleren Blattader durchschneiden. Bei dem unteren Tierchen habe ich eine kleine Einbuchtung eingeschnitten, um dort ein Auge auf den Karton zu zeichnen.

2 Die Hälften einmal mit der Vorder- und einmal mit der Rückseite nach oben auf dem Fotokarton mit Klebestift aufkleben, also ob sie bergauf laufen. Für die obere Raupe aus einem Ahornblatt einen Kopf schneiden und aufkleben. Für die Ohren je zwei Hortensienblütenblätter aufkleben. Mit Fineliner Mund, Nase und die Beinchen zeichnen und eine Linie, auf der die Mausraupen hochlaufen. Mit Klebestift unterhalb der Linien das Blatt einstreichen, zerkrümeltes Laub darüberstreuen, festdrücken, trocknen lassen und die losen Reste entfernen.

3 Streifen aus goldgelben Blättern schneiden, den Rand des Kartons einen Zentimeter mit Kleber einstreichen und die Streifen als Goldrahmen aufkleben.

3

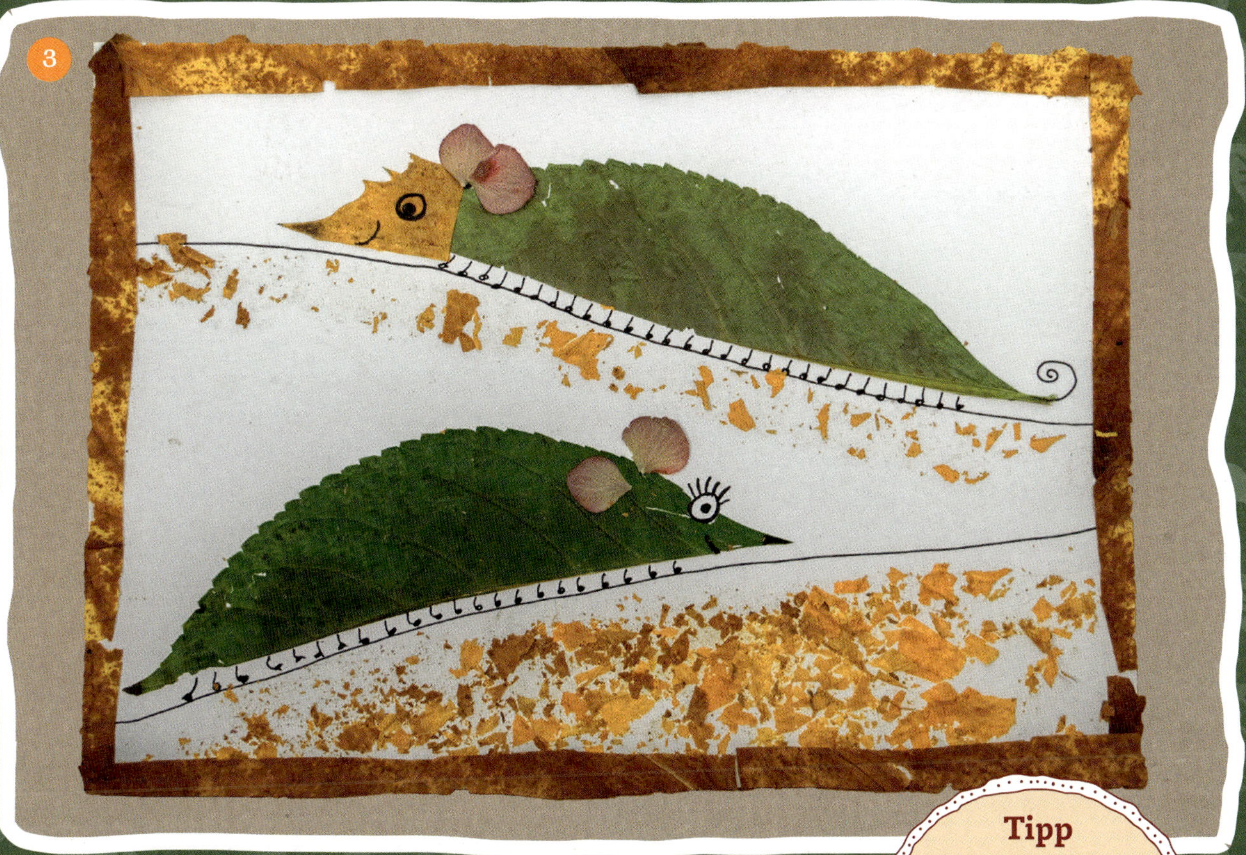

Tipp

Für die Laubkrümel großzügig Laub aufstreuen und andrücken – wo kein Kleber ist, wird es von alleine abfallen.

Mit ein paar Strichen und Augen wird jede Form lebendig. Lasse deiner Fantasie freien Lauf, probiere verschiedene Blattformen aus und erfinde weitere Tiere!

1

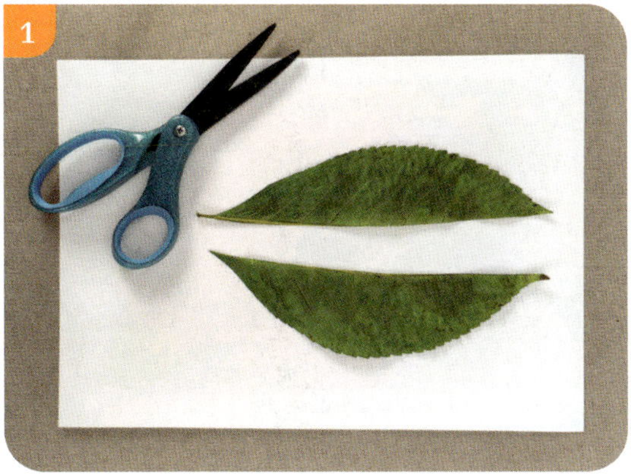

2

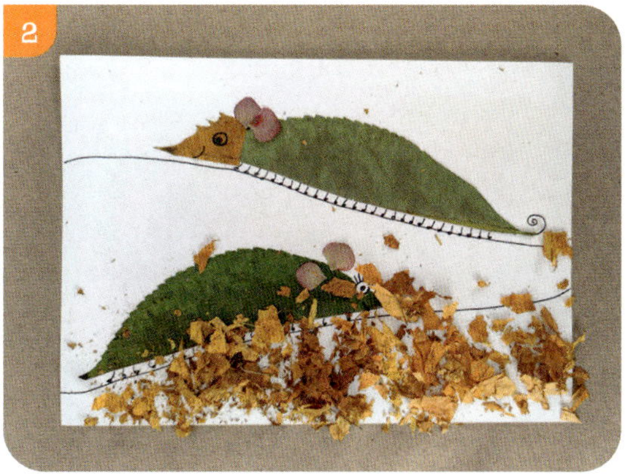

Herbstlicher Gruß

aus Laub und Blüten

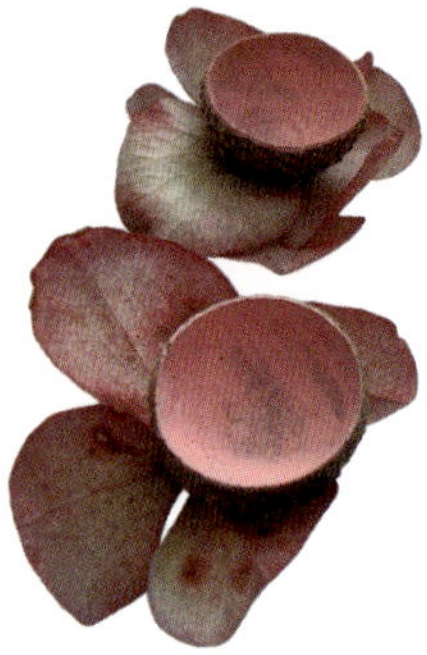

Über Karten zum Geburtstag freut man sich am meisten, wenn sie selbst gemacht sind. Viel einfacher als mit Kleber lassen sich Laub und Blüten mit Klebepads aufkleben, vor allem, wenn es gewellt ist.

1 Getrocknetes Laub mit der Schere zuschneiden und mit Klebepads auf den Fotokarton aufkleben. Dabei nur vorsichtig aufdrücken, damit das Laub nicht einreißt.

2 Mit Klebepadkügelchen Blütenblätter als Blume aufkleben. In die Mitte einen Fruchtbecher stecken, den du zuvor innen farbig angemalt hast. Mit Fineliner die Stiele dazuzeichnen. Einen netten Gruß auf ein Papierherz schreiben, aufkleben und das Bild mit buntem Klebeband umranden.

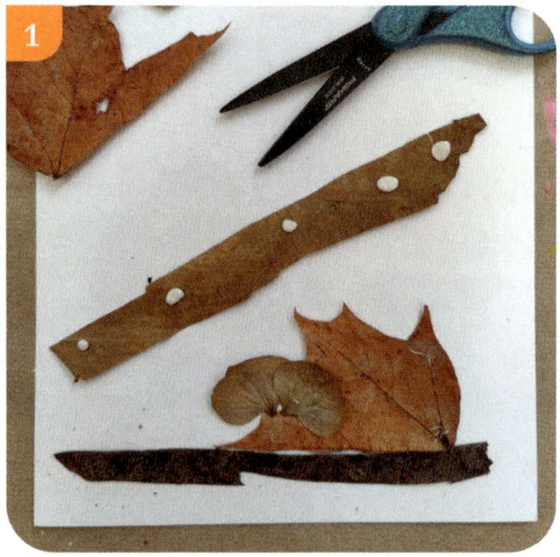
1

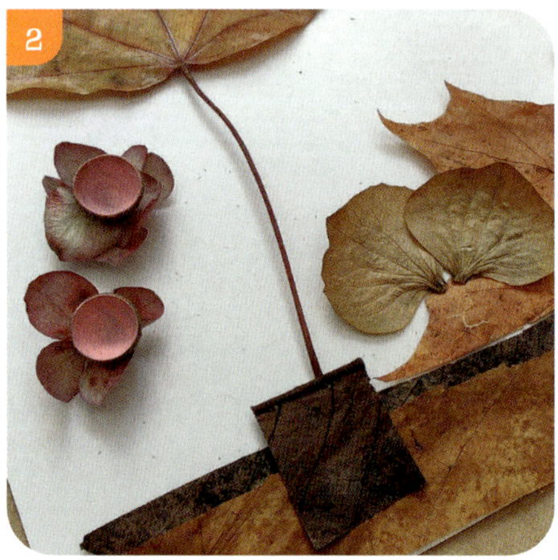
2

Das brauchst du:

- Fotokarton weiß, DIN A 4
- getrocknete Blätter und Hortensienblüten
- Fruchtbecher von Eicheln
- Fineliner in Schwarz
- Acrylfarbe in Lieblingsfarbe
- farbiges Papier für das Herz
- Schere, Klebepads
- buntes Klebeband

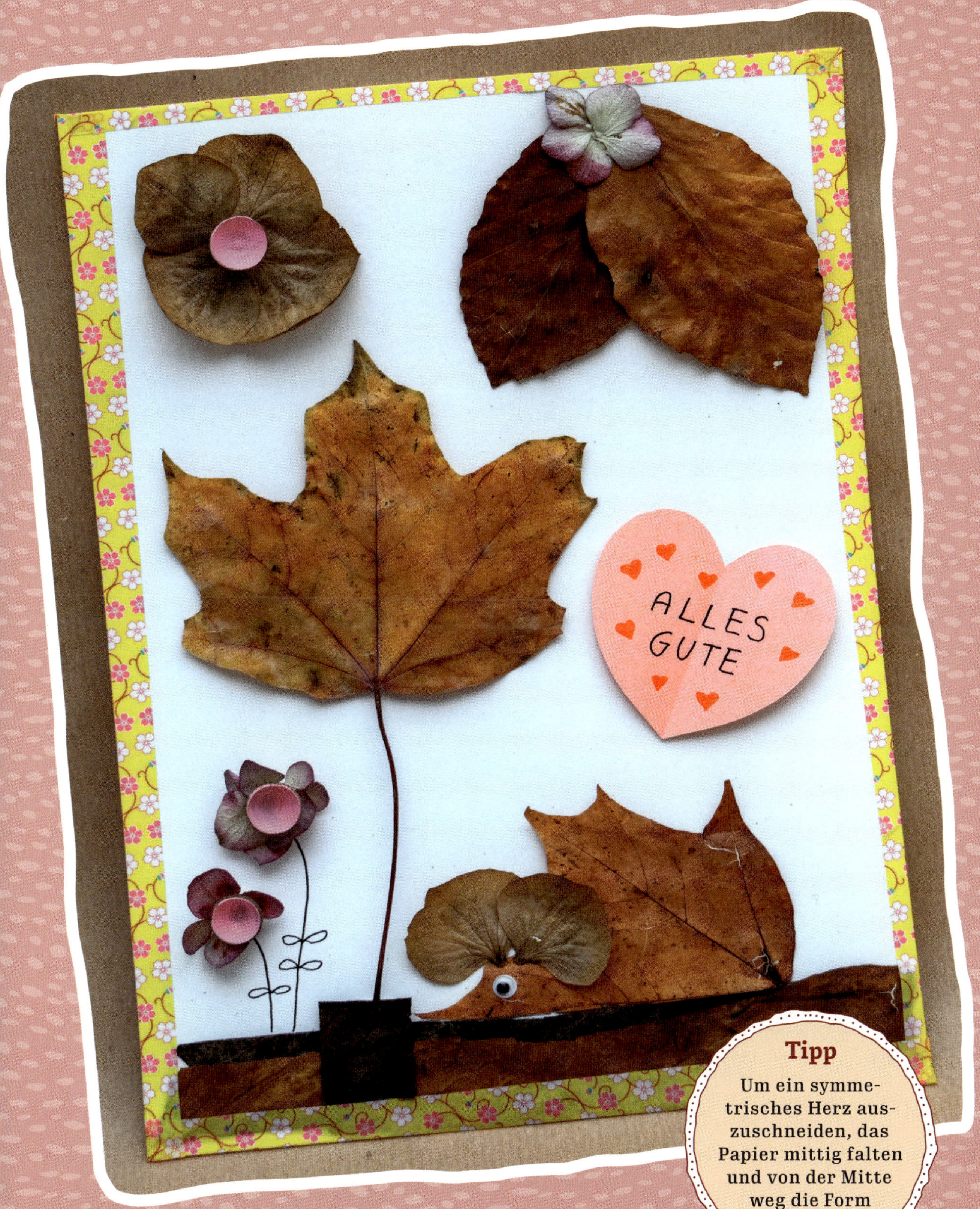

Tipp

Um ein symmetrisches Herz auszuschneiden, das Papier mittig falten und von der Mitte weg die Form schneiden.

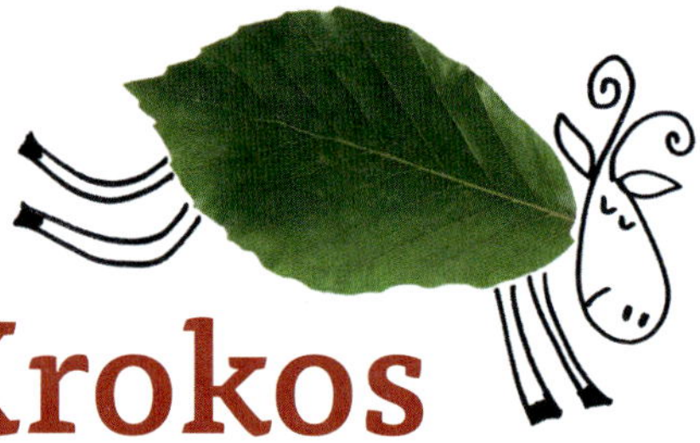

Schafe und Krokos

Lustige Tiere aus Blättern

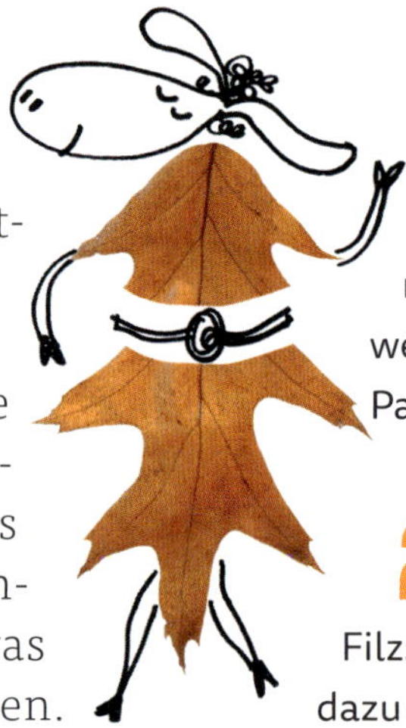

Hast du schon einmal eine Zeitung vollgekritzelt? Den Politiker*innen lange Nasen wachsen lassen oder dicke Ketten um den Hals gezeichnet? Vorhandenes zu ergänzen, fällt manchmal leichter, als etwas gänzlich neu zu zeichnen. Je weniger Schranken du dir dabei auferlegst, desto mehr Spaß hast du dabei. Lass aus Eichen- und Ahornblättern tanzende Schafe oder aus Buchenblättern Igel und Krokodile werden. Elefanten, Pferde, Einhörner, Katzen – was ist dein Lieblingstier?

1 Befestige getrocknete Blätter mit Klebepads auf einem weißen oder bunten Blatt Papier oder Fotokarton.

2 Zeichne mit einem dickeren schwarzen Filzstift Arme, Beine, Köpfe dazu – was immer du magst! Du kannst den Tieren auch Sprechblasen geben und dir eine Geschichte ausdenken.

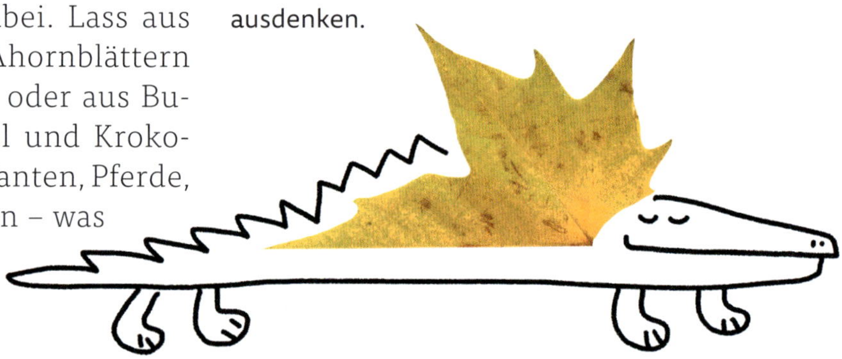

Das brauchst du:

- getrocknete Blätter
- Filzstift in Schwarz
- Papier oder Fotokarton
- Klebepads, Schere

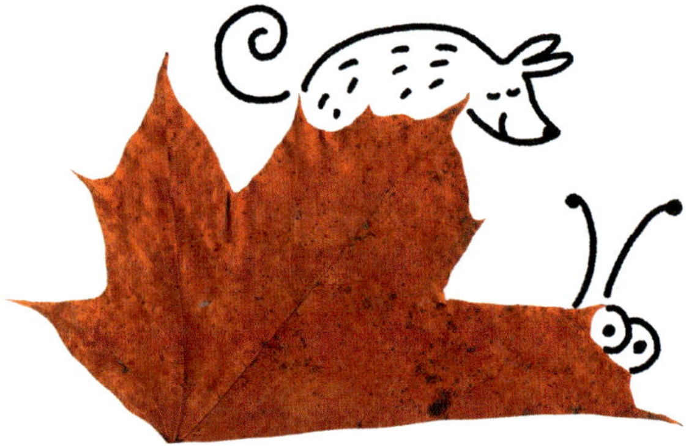

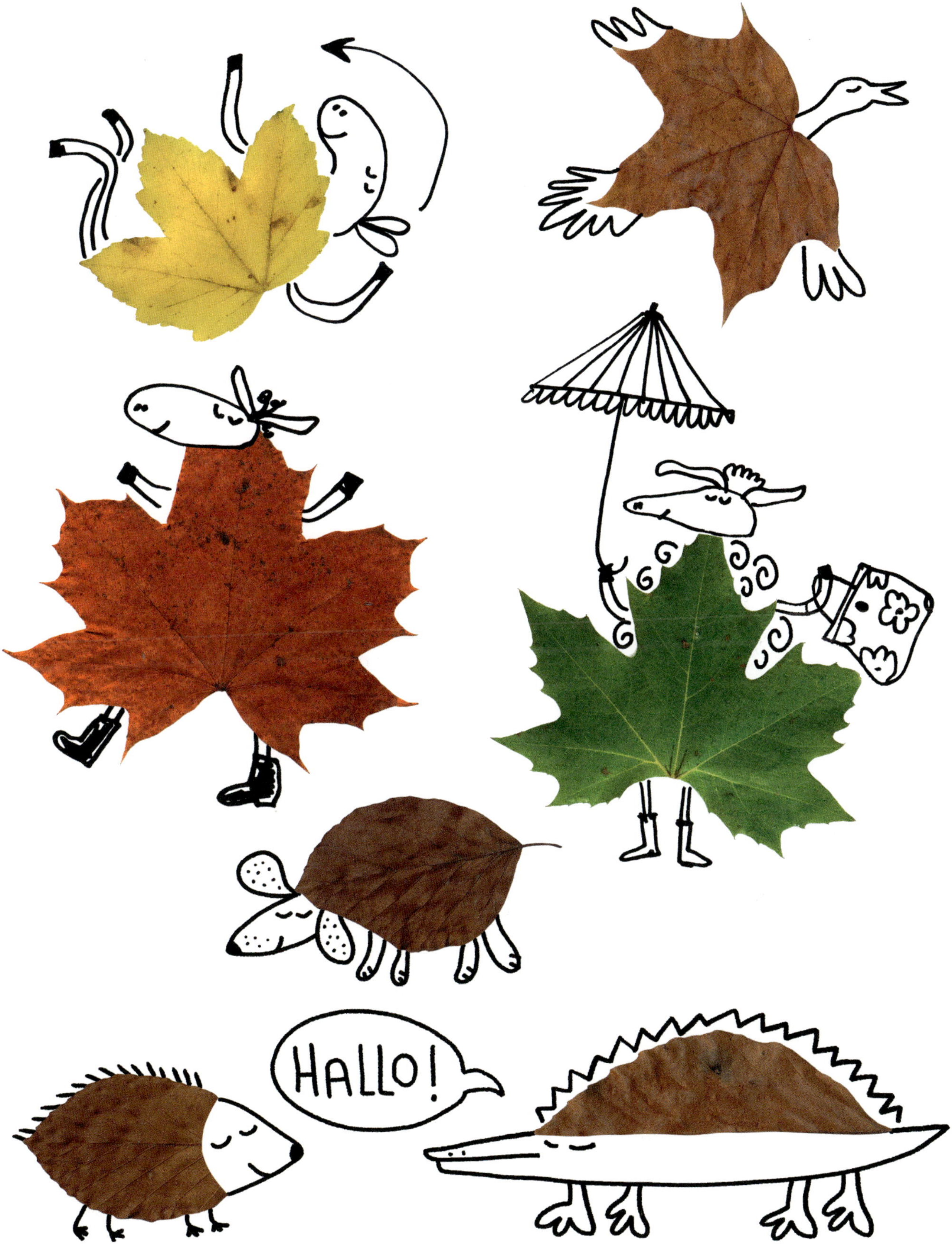
HALLO!

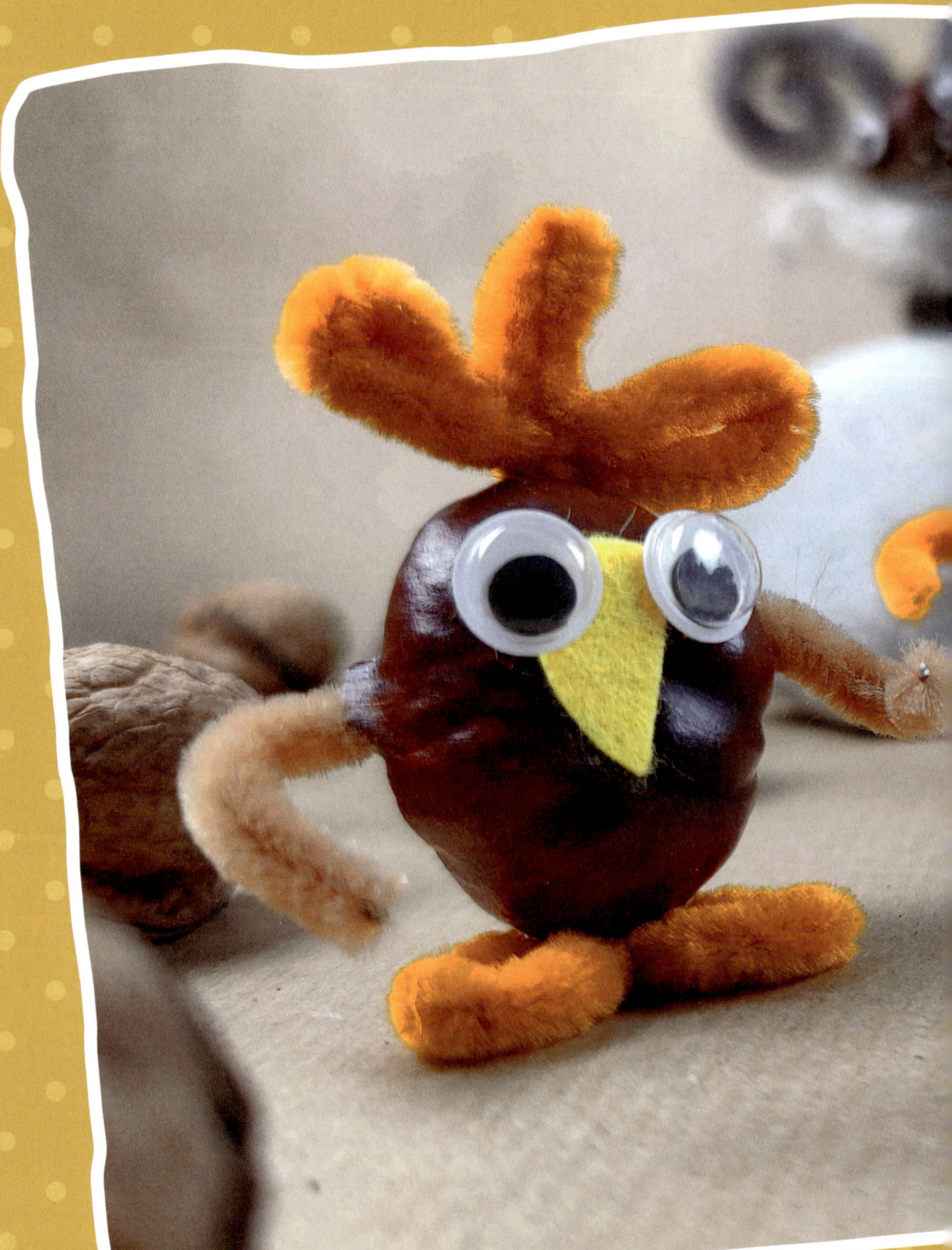

Kastanien, Nüsse & Co.

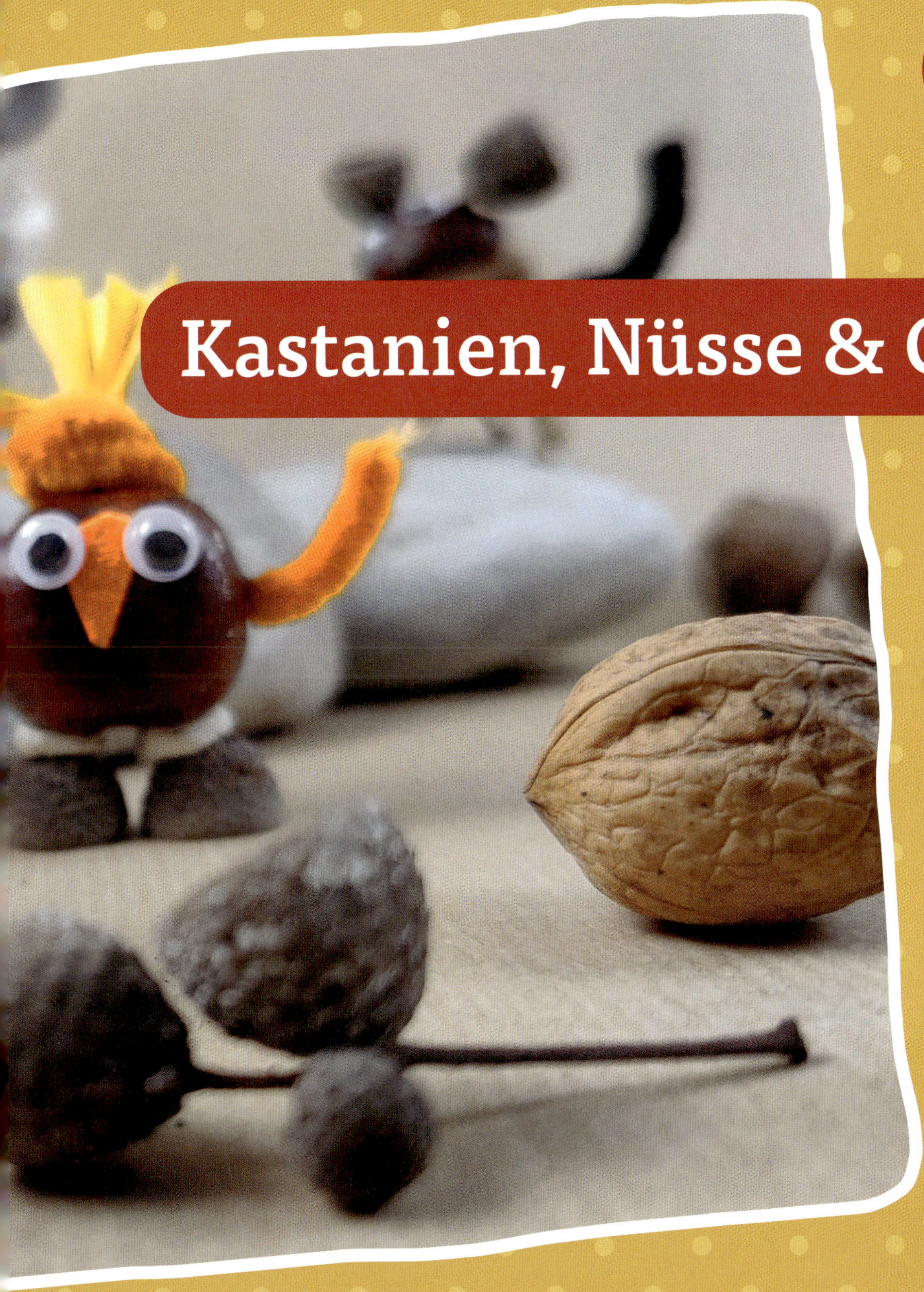

Wandschmuck

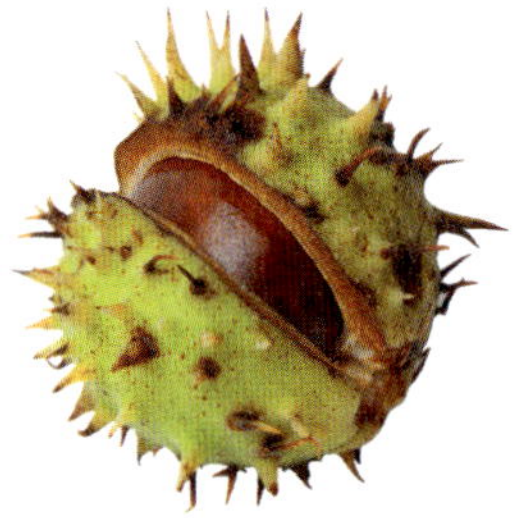

aus Kastanien, Holz und Laub

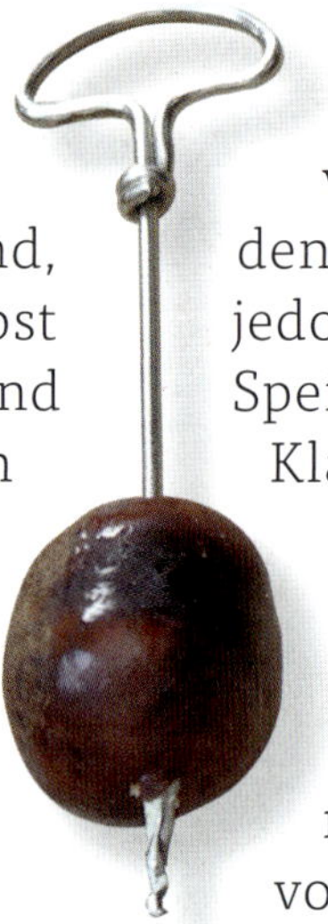

Kühl und glatt liegen Kastanien in der Hand, wenn wir sie im Herbst aufsammeln. Manche sind noch in ihrer stacheligen Schale verborgen, wie einen Schatz kannst du sie vorsichtig dort herausholen. Sind die Kastanien noch frisch, lassen sich mühelos Löcher in sie hineinbohren. Doch wenn sie austrocknen, werden sie hart und stumpf, ihre Oberfläche schrumpelig. Um sie zum Basteln wieder weich zu bekommen, kannst du sie in Wasser einlegen. Sie saugen sich voll, bekommen ihren Glanz und ihre glatte Form zurück und lassen sich leicht verarbeiten. Später werden sie wieder eintrocknen, jedoch kannst du sie mit Speiseöl einreiben oder mit Klarlack lackieren, damit sie weiterhin glänzen. Kastanien zu sammeln macht Spaß, auch wenn du nichts damit basteln möchtest. Eine Schale voller glatter Kastanien ist in jedem Fall dekorativ, und du wirst sehen, dass fast niemand widerstehen kann, hineinzugreifen und die Finger wie durch ein Bällebad gleiten zu lassen. Manche Tiere fressen Kastanien, vielleicht gibt es in deiner Nähe eine Sammelstelle, wo du sie abgeben kannst. Aus Rosskastanien lässt sich ein Waschsud herstellen, den man anstelle von Waschmittel benutzen kann. Dazu findest du viele Tipps im Internet.

Das brauchst du:

- circa 25 Kastanien, getrocknetes Laub, 1 Aststück
- Ahle
- Schmuckdraht oder starker Nylonfaden, , Bindfaden

Die Anleitung zu diesem dekorativen Wandschmuck findest du auf den folgenden Seiten.

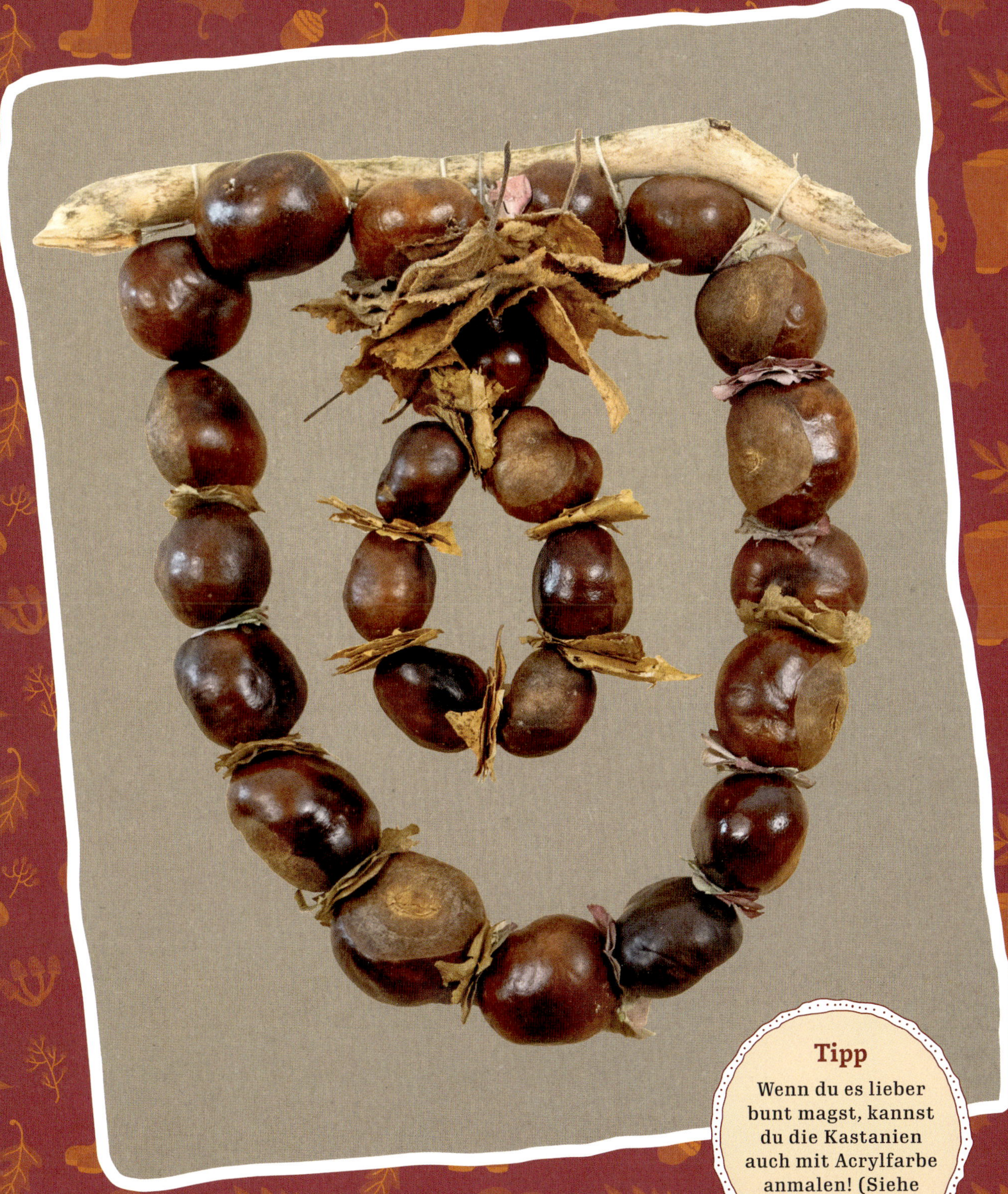

Tipp

Wenn du es lieber bunt magst, kannst du die Kastanien auch mit Acrylfarbe anmalen! (Siehe Seite 50)

Lege dir einen Vorrat an Kastanien zu, so hast du immer genug zu Hause, wenn du etwas damit basteln möchtest. Für den Wandschmuck brauchst du ungefähr 25 Stück. Zwischen den Kastanien habe ich getrocknete Blätter aufgefädelt, du kannst aber genauso buntes Papier oder kleine Stoffreste dafür nehmen.

1 Die Kastanien mit einer Ahle durchbohren. Dabei solltest du dir unbedingt von Erwachsenen helfen lassen, denn wenn du mit der Ahle abrutscht, kannst du dich damit verletzen. Spitzes Werkzeug immer vom Körper weggerichtet verwenden, um Finger und Augen vor Verletzungen zu schützen!

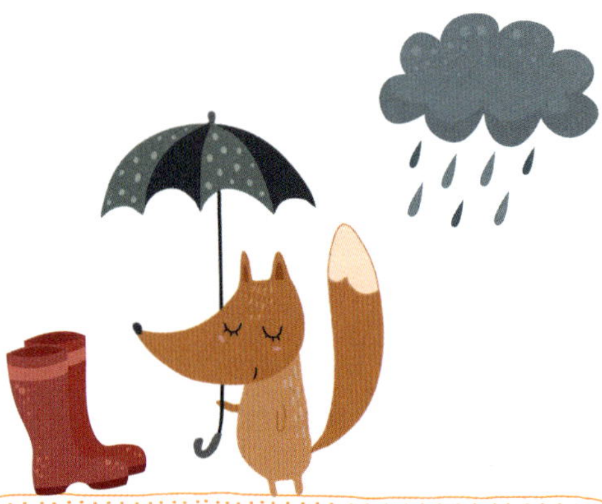

Auch bei Schmuddelwetter macht es Spaß, Kastanien zu sammeln, dann glänzen sie besonders schön.

2 Die Kastanien für die äußere Kette mit einem Schmuckdraht oder Nylonfaden auffädeln, zwischen den Kastanien Blätter mit aufziehen. Die Enden des Drahtes miteinander verknoten.

3 Ebenso eine weitere, kleinere Kette auffädeln, die in die große hineinpasst.

4 Ein Stück Schmuckdraht oder Nylonfaden an der kleinen Kette befestigen und eine oder zwei Kastanien, von dort wegführend, auffädeln.

5 Die große Kette an mehrern Stellen an dem Aststück festbinden, sodass sie möglichst rund hängt. Anschließend die kleine Kette einpassen. Die ein oder zwei Kastanien, die im Schritt 4 hinzugefügt wurden, dienen dabei als Abstandhalter. Eventuell die zweite Kastanie wieder entfernen, falls die kleine Kette sonst nicht frei hängt. Zum Abschluss nach oben noch ein paar Blätter auffädeln. Zum Aufhängen eine Fadenschlaufe am Ast befestigen, fertig!

Den Wandschmuck kannst du mit Federn oder Bändern verzieren.

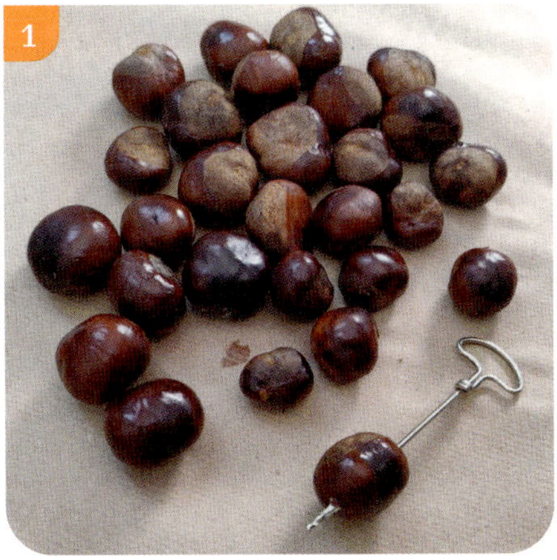

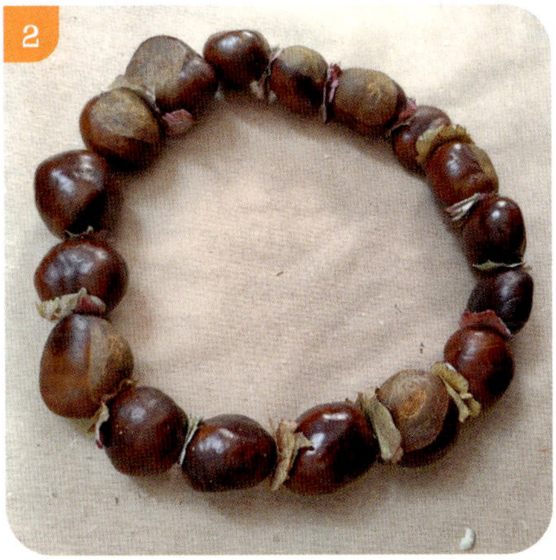

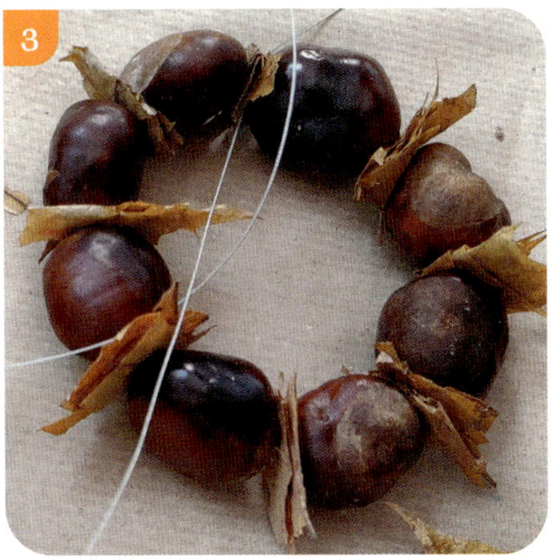

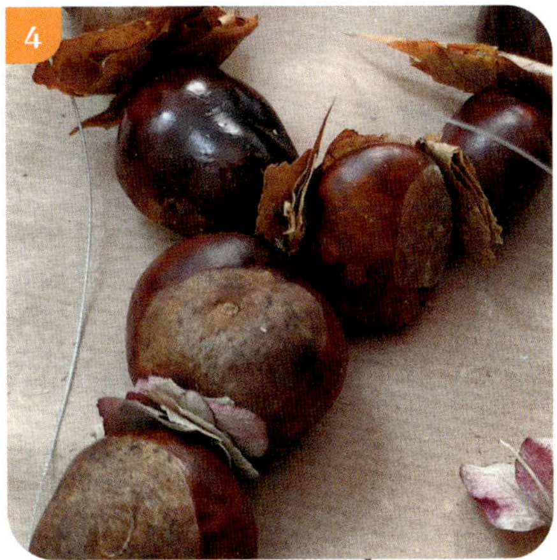

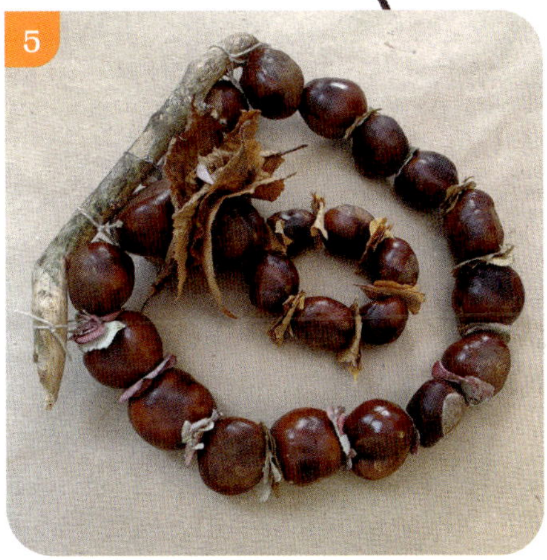

Um die kleine Kette einzupassen, das Ganze mit dem Ast hochhalten. Nur frei hängend lässt sich die nötige Größe bestimmen, da das Gewicht der Kastanien die Ketten nach unten zieht. Das lässt sich nicht beurteilen, wenn der Wandschmuck auf dem Tisch liegt.

Lustige Vögel

und andere Wesen aus Kastanien

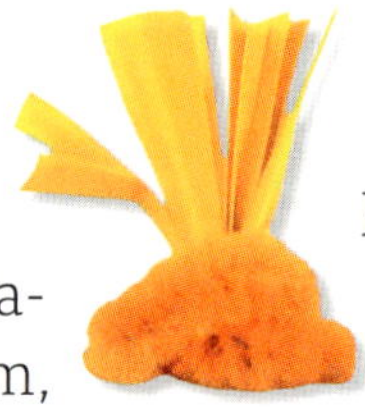

Pfeifenputzer haben im Kern einen Draht, dadurch halten sie die Form, in die du sie biegst. Sie lassen sich leicht in die Kastanien stecken, wenn du Löcher hineingebohrt hast. Hast du von einer Seite zur anderen durchgebohrt, was am besten bei frischen Kastanien geht, kannst du den Pfeifenputzer ganz durchschieben. So halten die Arme der Figuren am besten. Die Füße der Figur links bestehen aus Fruchtbechern von Eicheln. Diese Hütchen sind so hart, dass sie sich nicht von Hand durchbohren lassen. Ich habe sie mit Klebepads befestigt. Klebepads sollten am Basteltisch nie fehlen! Mit ihnen kannst du fast alles zusammenkleben, auch unebene Oberflächen. Sie riechen nicht und benötigen keine Trocknungszeiten.

Im Prinzip kannst du mit (fast) allem Kastanienfiguren oder -tiere bauen. Wollreste, Nägel und Zahnstocher für Haare, Fell und Beine hast du vielleicht zu Hause, Pfeifenputzer gibt es im Drogeriemarkt oder Bastelladen. Kronkorken eignen sich als Kopfbedeckungen, Watte als Haare. Im Park oder Wald findest du die Naturmaterialien.

Wenn du mehrere Figuren gebastelt hast, kannst du dir mit ihnen Geschichten ausdenken und Szenen fotografieren. Meine beiden Vögel machen gerade eine Bergtour und bewundern die Aussicht. Wem sie wohl begegnen werden?

Das eignet sich:

- Kastanien
- Pfeifenputzer
- Fruchtbecher von Eicheln
- farbiges Papier, selbstklebender Moosgummi, Wollreste
- selbstklebende Wackelaugen
- Klebepads, Bastelkleber
- spitzes Werkzeug oder Ahle
- Schere, Hammer

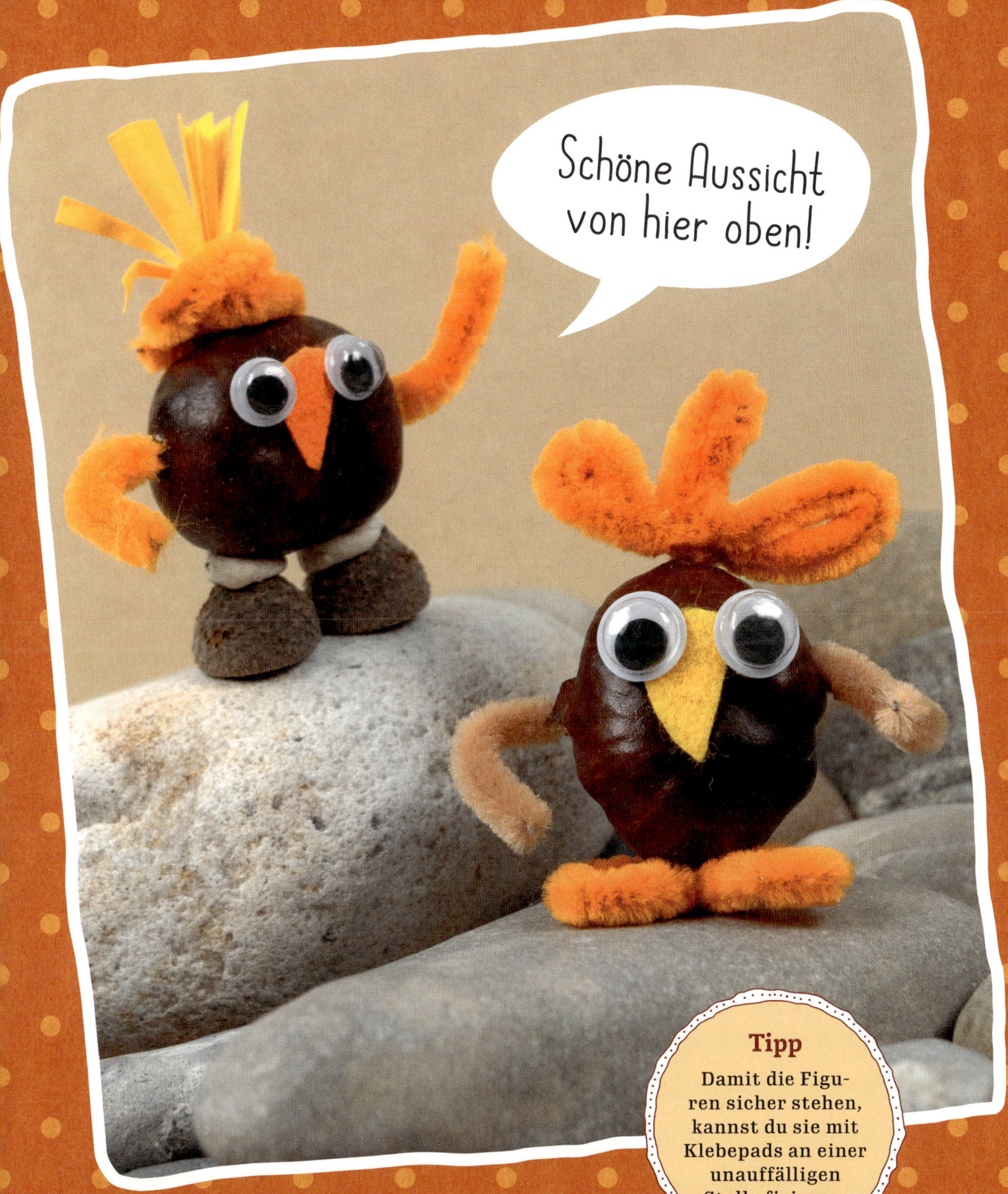

Tipp

Damit die Figuren sicher stehen, kannst du sie mit Klebepads an einer unauffälligen Stelle fixieren.

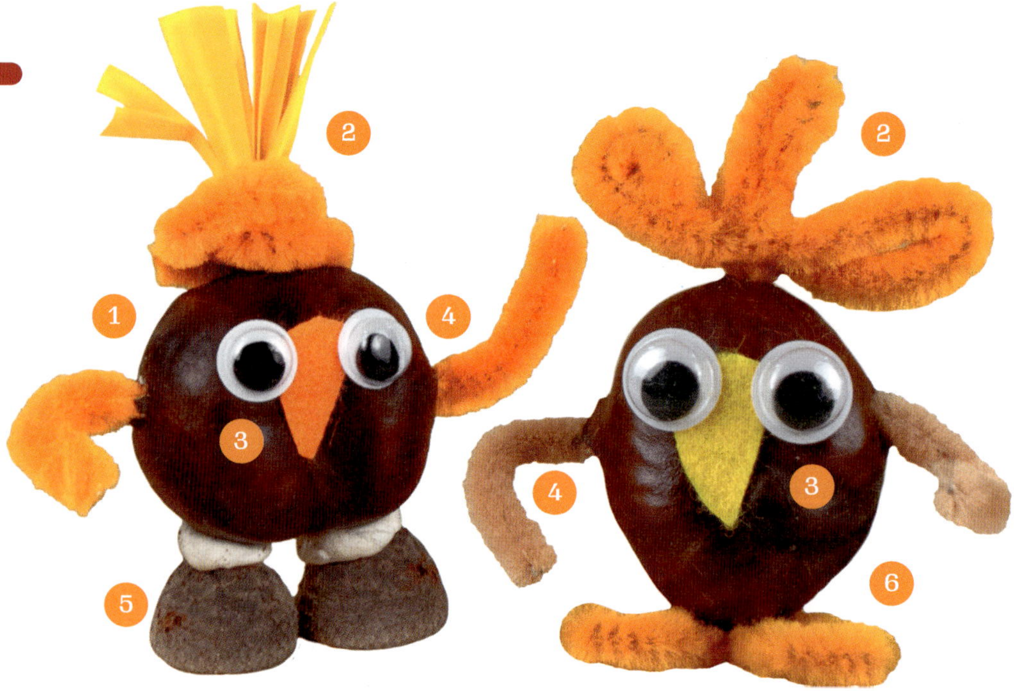

Je frischer die Kastanien sind, desto leichter ist es, Löcher hineinzubohren oder Nägel hineinzuschlagen. Lege die Kastanien über Nacht in Wasser ein, wenn sie sehr hart sind. Das macht die Schale wieder weicher und glatter.

1 Mit einer Ahle Löcher für Arme und Kopfschmuck bohren.

2 Ein farbiges Papier mehrfach zu einem Dreieck falten. An der Spitze halten und von oben Streifen hineinschneiden. In das Loch schieben und ein Stück Pfeifenputzer wie einen Turban drumherumlegen. Alternativ ein Stück Pfeifenputzer in drei Schlaufen legen, die beiden Enden zusammendrehen und in das Kopfloch schieben.

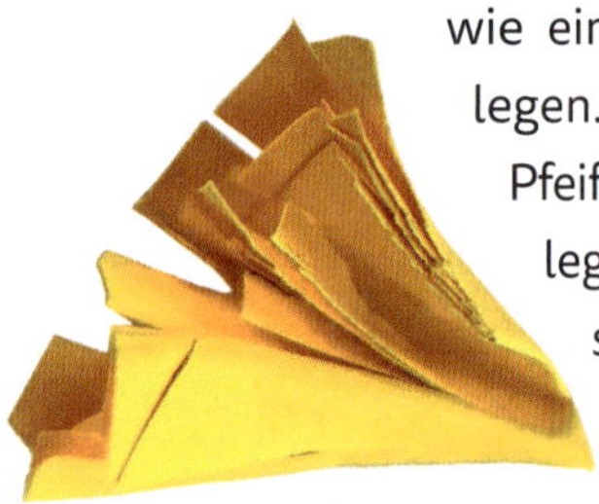

3 Einen Schnabel aus selbstklebendem Moosgummi schneiden und aufkleben. Daneben die Wackelaugen befestigen.

4 Pfeifenputzer als Arme in die seitlichen Löcher stecken.

5 Mit zwei kleinen Kugeln aus Klebepads die Fruchtbecher als Füße an der Kastanie befestigen ...

6 ... oder aus einem Stück Pfeifenputzer eine Acht formen. Mit einem Klebepad als Füße an der Kastanie andrücken, sodass das Klebepad die Figur stabilisiert.

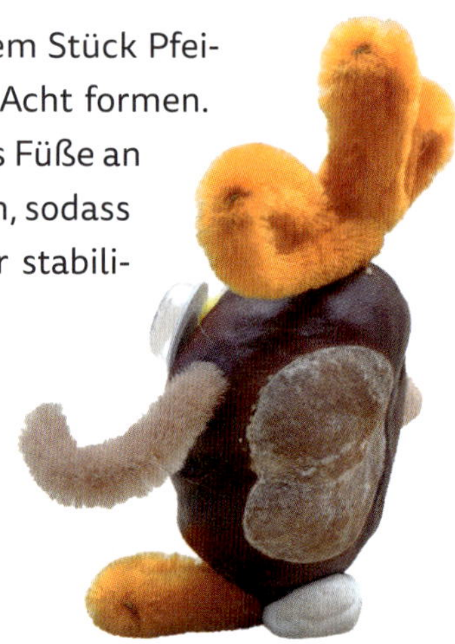

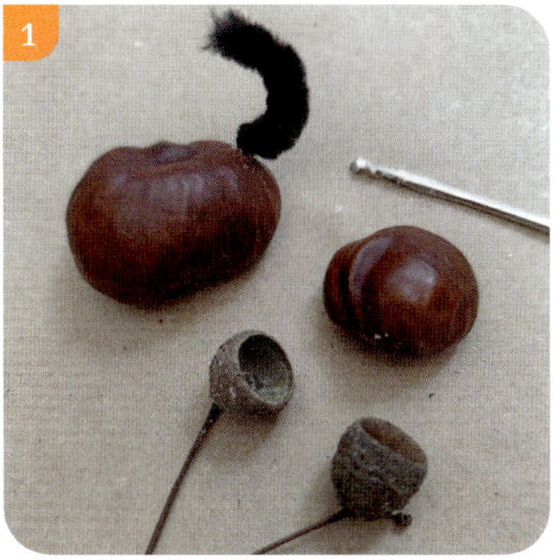

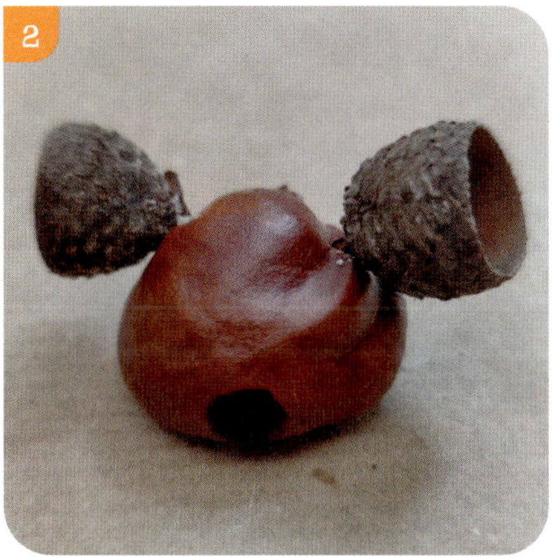

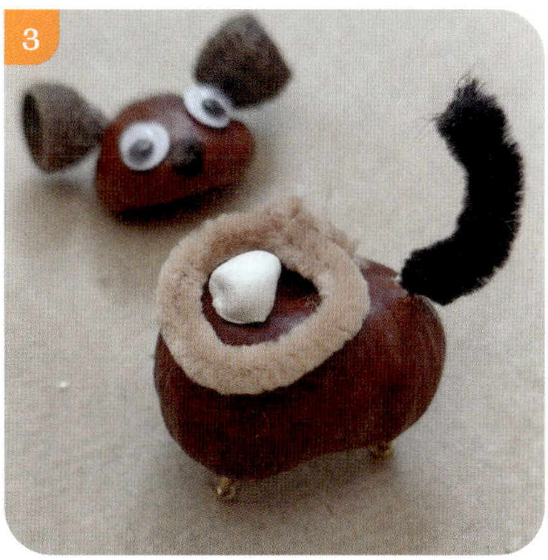

1 In eine Kastanie ein Loch für den Schwanz bohren, in eine kleinere zwei Löcher für die Ohren.

2 Die Stiele der Fruchtbecher so einkürzen, dass sie sich in die Löcher am Kopf schieben lassen. Eine schwarze Nase aufmalen.

3 Mit einem Hammer vier Nägel in die Unterseite der großen Kastanie schlagen.* Auf den Kopf Wackelaugen aufkleben. Dafür Bastelkleber verwenden, falls sie auf der unebenen Oberfläche nicht halten. Ein Klebepad aufsetzen, wo der Kopf sitzen soll. Für das Halsband einen Ring aus Pfeifenputzer darumlegen und den Kopf aufdrücken.

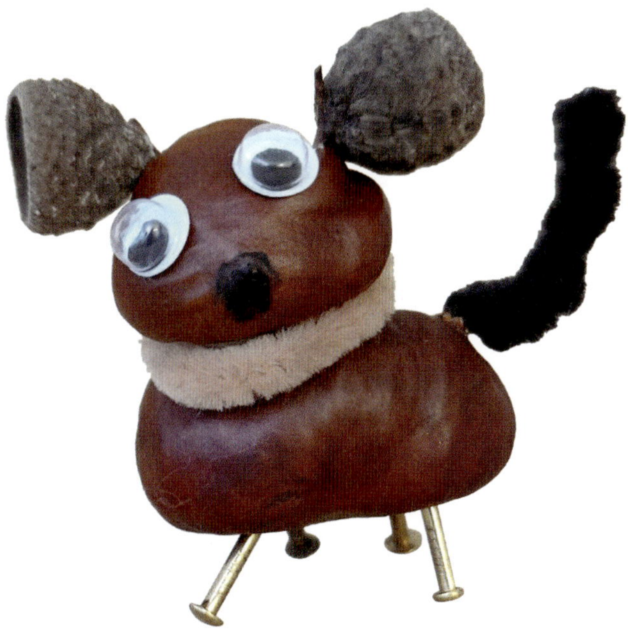

*Wenn du kleine Löcher vorbohrst und die Nägel dort mit der Spitze hineindrückst, geht das Hämmern leichter. Lass dir am besten dabei helfen, damit du dich nicht verletzt.

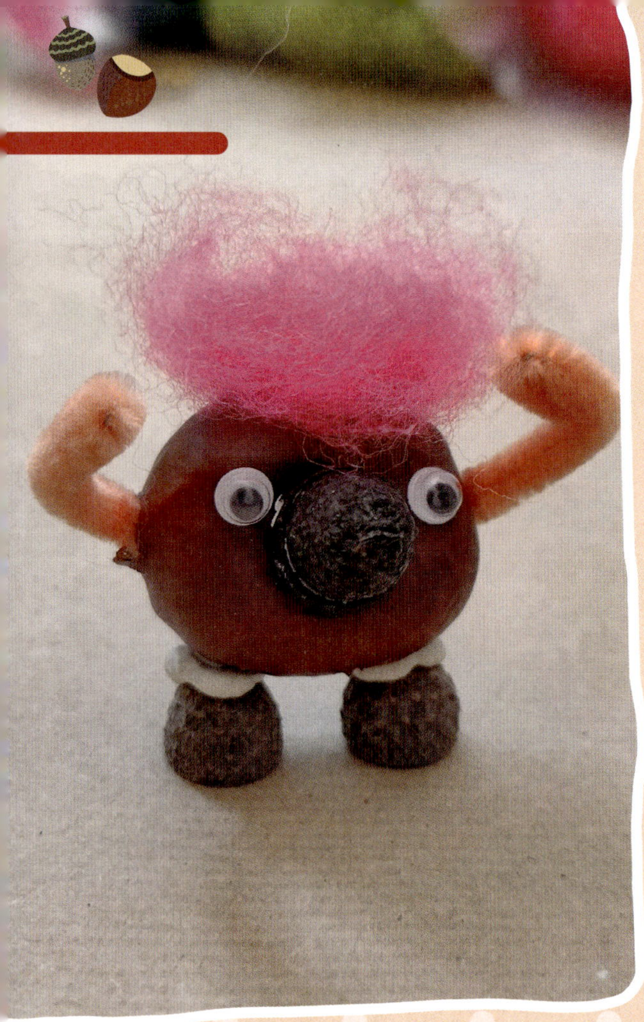

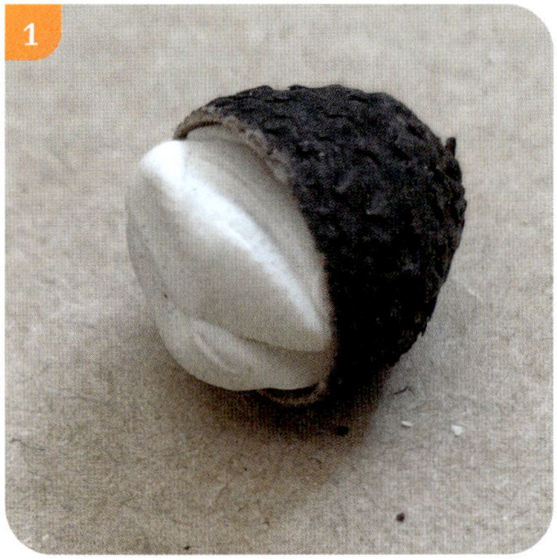

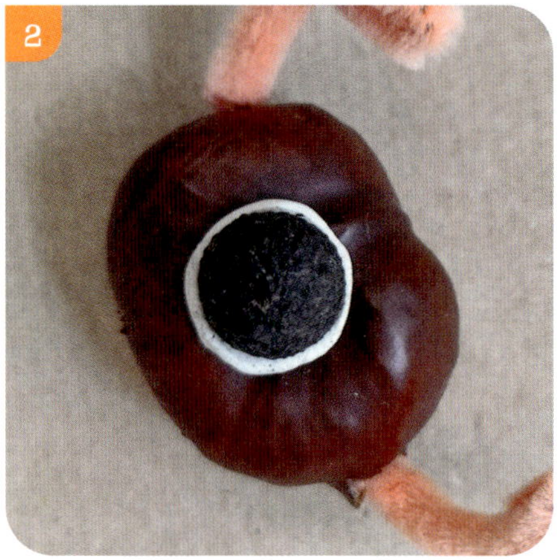

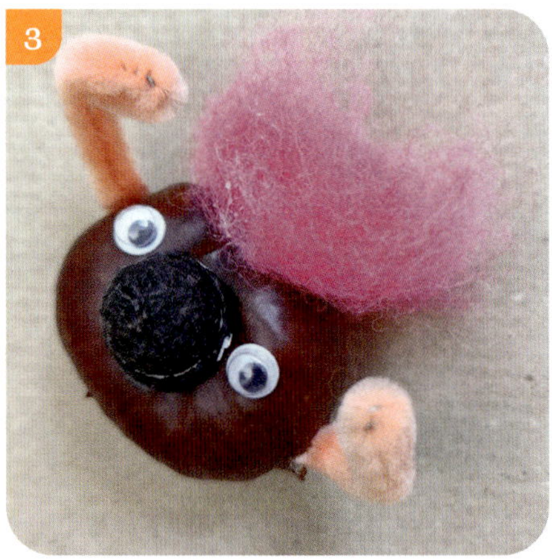

Für Arme und Beine wie auf Seite 46, Schritt 1, 4 und 5 verfahren.

1 Einen Fruchtbecher mit Filzstift schwarz anmalen und mit einem Klebepad ausfüllen.

2 Die Nase auf die Kastanie setzen und fest andrücken.

3 Den weißen Kleberand mit dem Filzstift schwärzen, Wackelaugen aufkleben und Zupfwolle oder Wollreste mit Bastelkleber auf dem Kopf befestigen.
Arme und Beine dran – fertig!

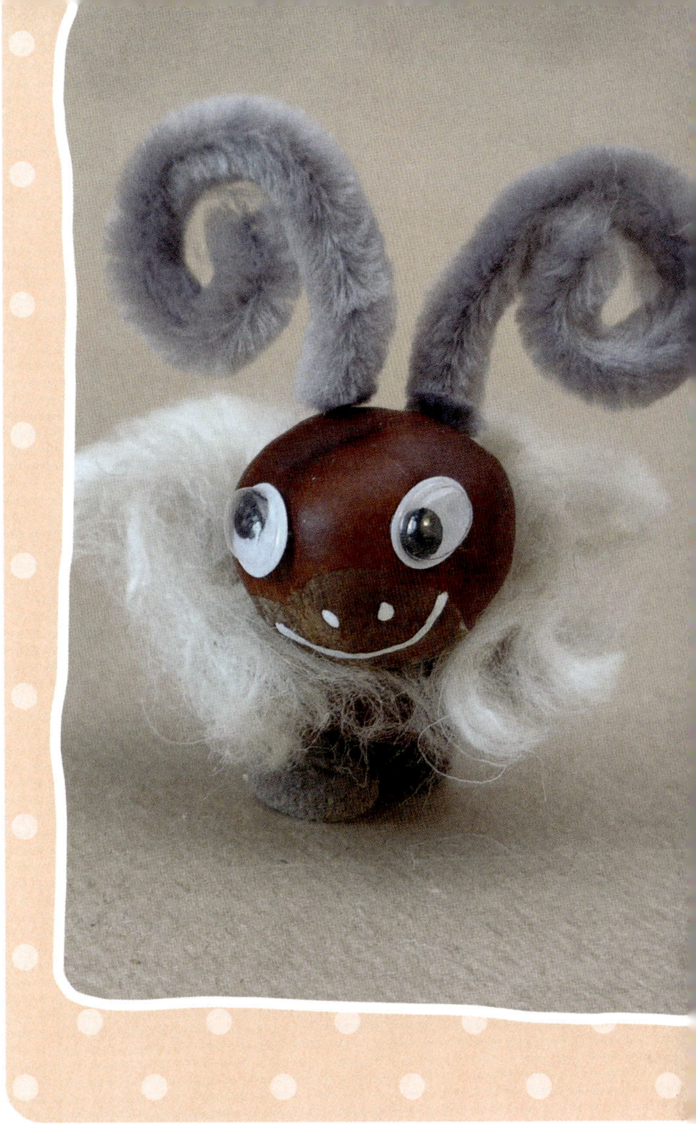

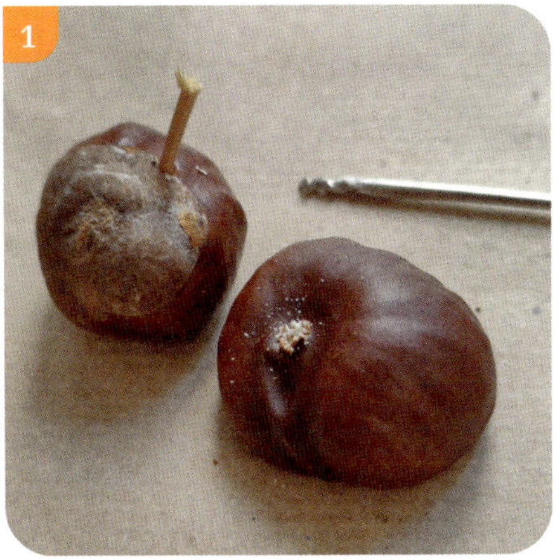

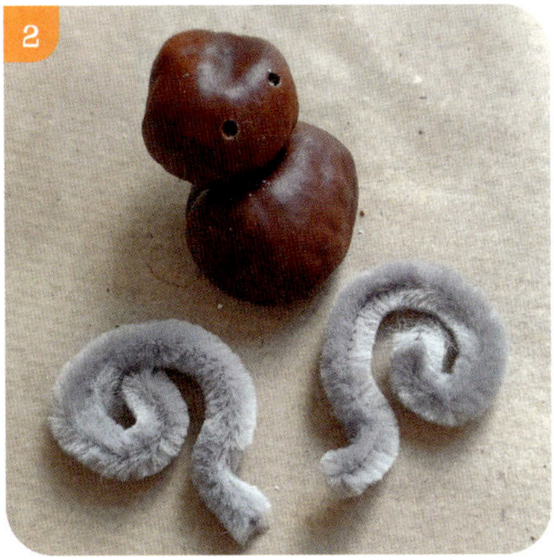

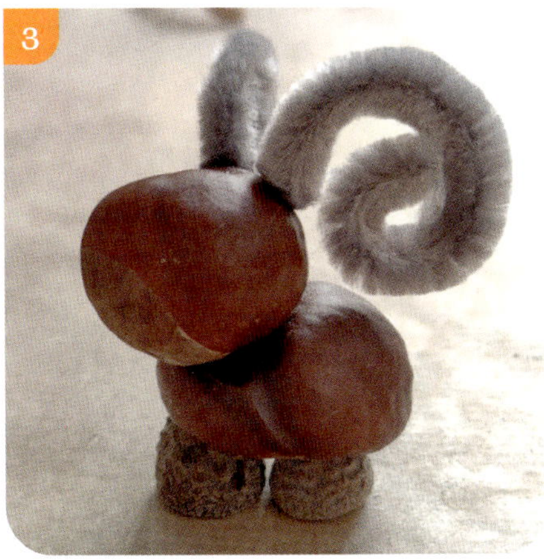

1 In eine größere und eine kleinere Kastanie jeweils ein Loch bohren und einen halben Zahnstocher hineinstecken. In die kleine Kastanie noch zwei Löcher für die Hörner bohren.

2 Den Kopf aufsetzen, dafür den Zahnstocher ggf. kürzen. Pfeifenputzer zu Hörnern drehen.

3 Hörner einsetzen, Wackelaugen aufkleben, Mund und Nasenlöcher aufmalen und mit Bastelkleber Zupfwolle oder Wollreste auf den Rücken des Schafs kleben. Beine wie auf Seite 46, Schritt 5.

Kastanien anmalen

mit Acrylfarben

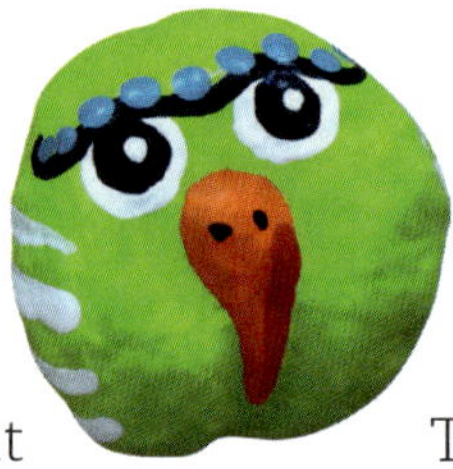

Frisch vom Baum gefallen, sind Kastanien rund und glänzend. Doch im Laufe der Zeit werden sie ein bisschen schrumpelig und matt. Darüber kannst du dich ärgern oder das Beste daraus machen und sie anmalen! Dafür müssen sie sogar gut trocken sein, denn dann hält die Farbe besser. Außerdem bildet sich bei manchen durch das Austrocknen in der Mitte eine Form, die an einen Vogelschnabel erinnert. Das kannst du betonen und Augen und einen Schnabel dazumalen – fertig ist die Eule. Auf der unebenen Oberfläche empfiehlt sich das Malen mit einem Pinsel. Er passt sich den Unebenheiten der Oberfläche an. Acrylfarbe aus der Tube oder Flasche ist für Kastanien besser geeignet als Acryl- oder Pigmentmarker, da man sie dicker auftragen kann. »Patio Paint« von Rayher hat genau die richtige Konsistenz, auch um mit einem Dottingwerkzeug Punkte aufzutragen.

Abschließend habe ich die bemalten Kastanien lackiert, denn sie sind sehr empfindlich gegen Stöße – die Farbe geht leicht ab. Ich verwende dafür wasserlöslichen Klarlack, den ich mit dem Pinsel auftrage. Ober- und Unterseite nacheinander lackieren, denn Acrylfarben verbinden sich nicht mit der Oberfläche des bemalten Gegenstandes – die Farbe liegt wie ein Film darauf. Klebt die Kastanie durch den Lack an der Unterlage fest, besteht die Gefahr, dass die Farbe sich von der Kastanie ablöst, wenn du sie hochhebst.

Das brauchst du:

- **getrocknete Kastanien**
- **Acrylfarben**
- **feine und mittlere Pinsel**
- **Klarlack**

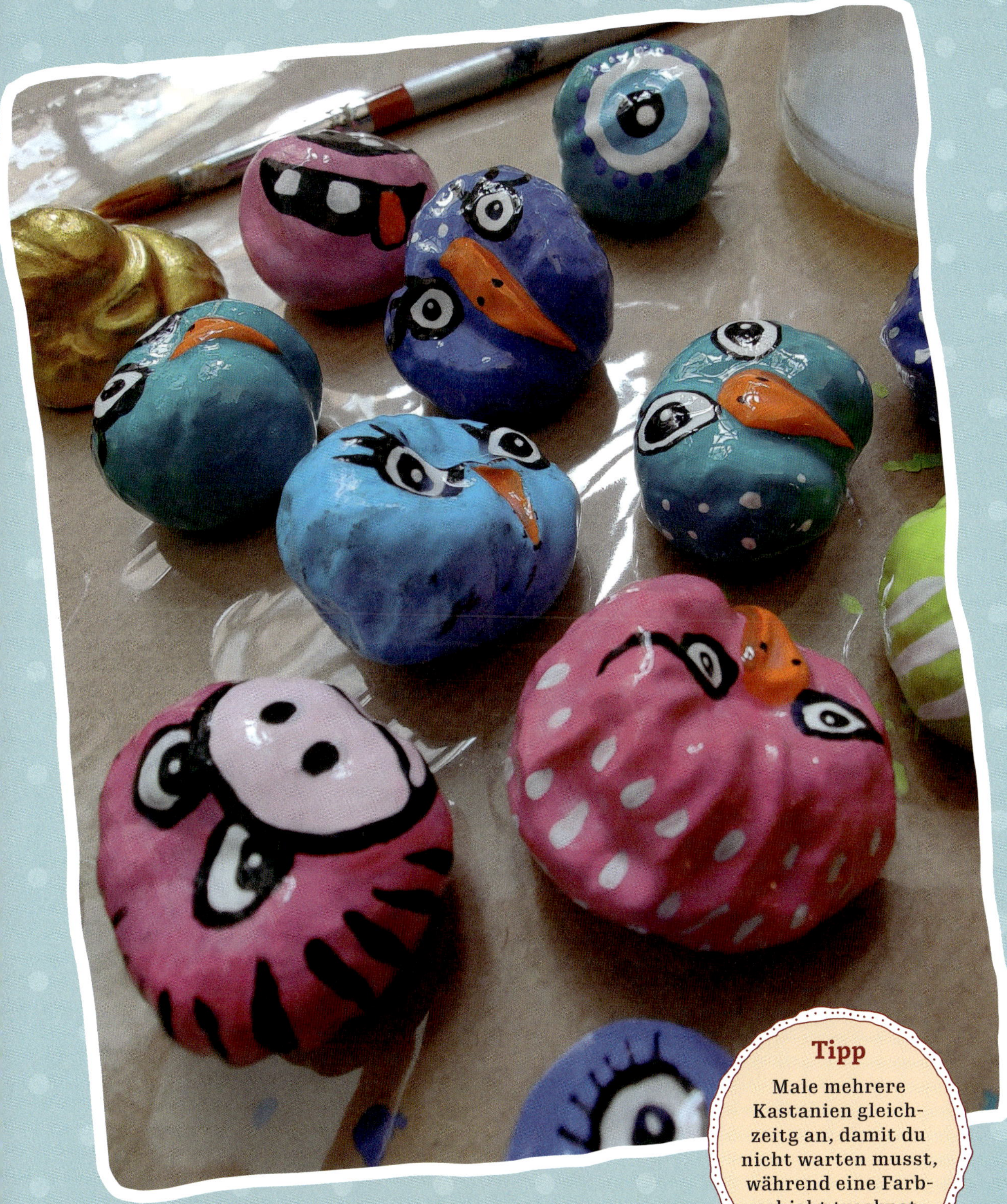

Tipp

Male mehrere Kastanien gleichzeitg an, damit du nicht warten musst, während eine Farbschicht trocknet.

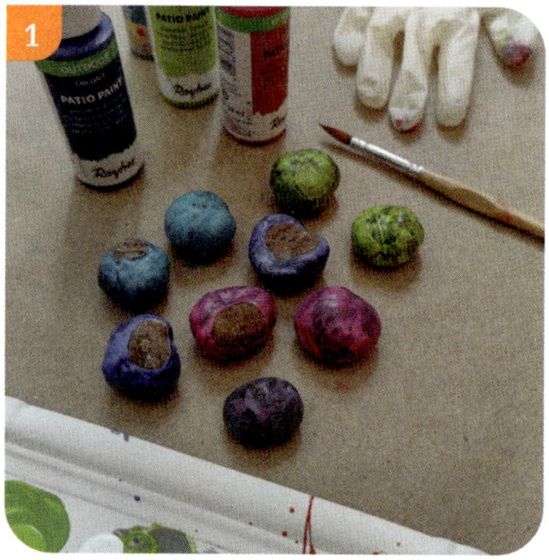

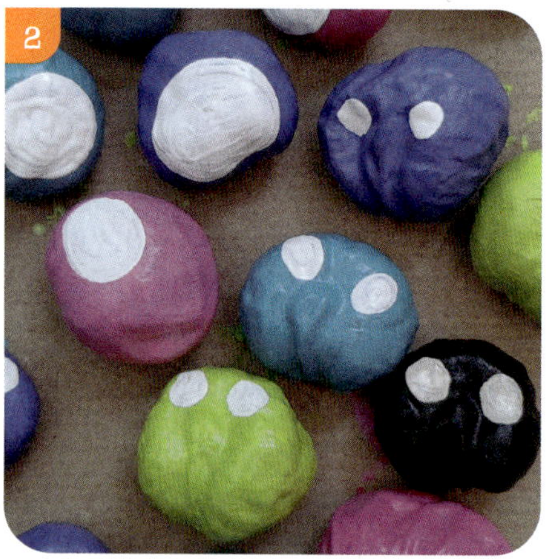

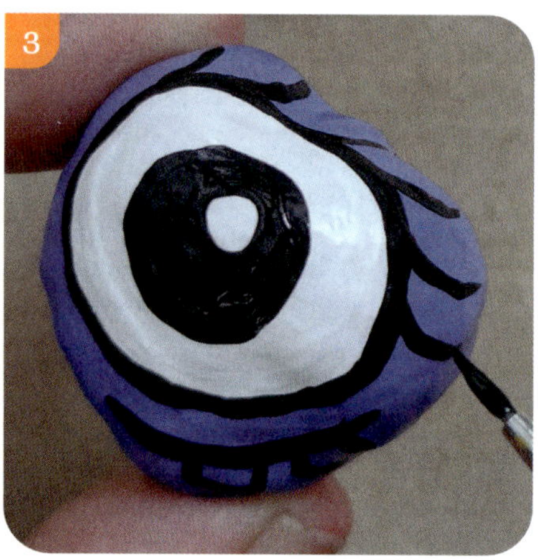

Zur Vorbereitung den Arbeitstisch mit Pack- oder Zeitungspapier abdecken. Zum Farbenmischen einen alten Teller oder einen Pappteller verwenden. Pinsel nach dem Malen nicht eintrocknen lassen, sondern rasch auswaschen, dafür einen Tropfen Spülmittel in das Wasserglas geben. Zum Malen Latexhandschuhe tragen.

1 Die gut durchgetrockneten Kastanien mit Pinsel und Acrylfarbe bemalen. Die erste Schicht dient als Grundierung und ist nicht deckend. Trocknen lassen.

2 Eine zweite oder dritte Farbschicht auftragen, dazwischen trocknen lassen. Mit weißer Farbe große Punkte für Monster oder Augensteine aufmalen, für die Eulen zwei kleinere Punkte neben die Erhebung setzen, die der Schnabel wird.

3 Mit schwarzer Farbe und feinem Pinsel die Augen umranden, Pupillen hineinmalen und Wimpern ergänzen. Bei den großen Augen dabei ein Glanzlicht in der Pupille freilassen, das kann man aber auch später aufsetzen. Den Monstern einen lachenden Mund mit ein oder zwei Zähnen und Zunge malen.

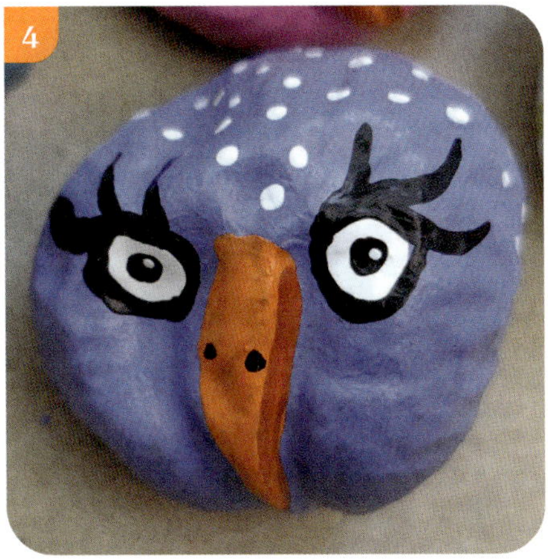

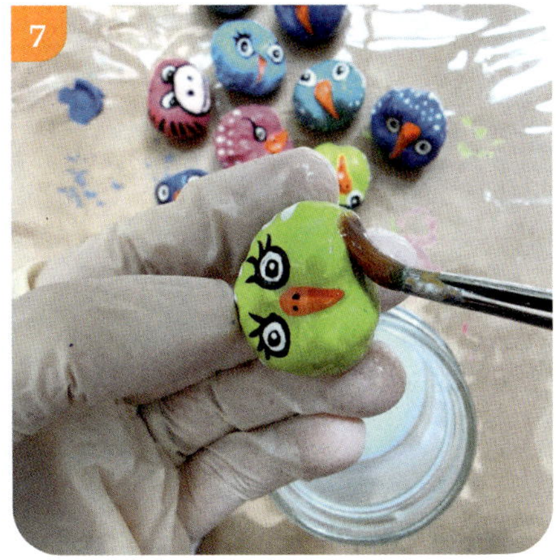

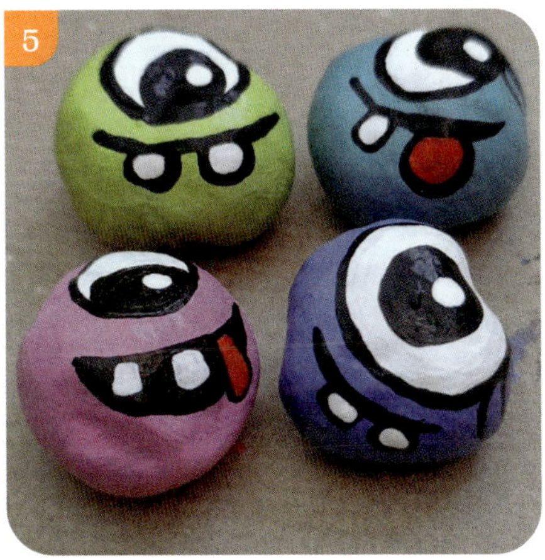

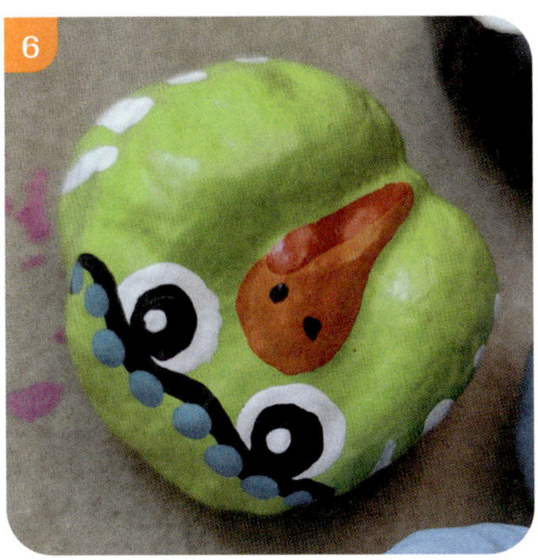

4 Die schnabelförmige Wulst orangefarben als Schnabel anmalen, trocknen lassen und in einem dunkleren Ton einen Pinselstrich als Schatten an die rechte Kante malen. Zwei schwarze Punkte als Nasenlöcher aufsetzen.

5 Die Zähne der Monster weiß, die Zungen rot ausmalen. Glanzlichter in die Pupillen setzen.

6 In die Augen der Eulen Glanzlichter setzen, dafür eventuell ein Dottingwerkzeug verwenden. Nach Belieben die Eulen mit Punkten oder Strichen verzieren.

7 Trocknen lassen und die Kastanien mit wasserlöslichem Klarlack lackieren. Dafür möglichst den Tisch mit Folie abdecken, damit der Lack beim Trocknen nicht an der Unterlage kleben bleibt. Ober- und Unterseite nacheinander lackieren und zwischendrin trocknen lassen.

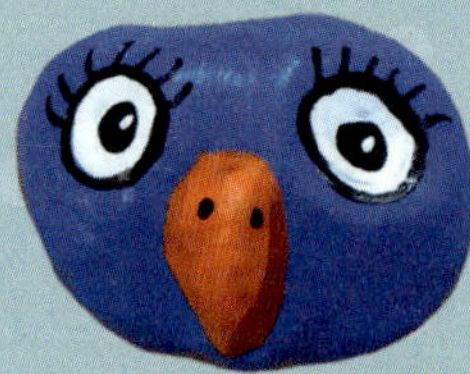

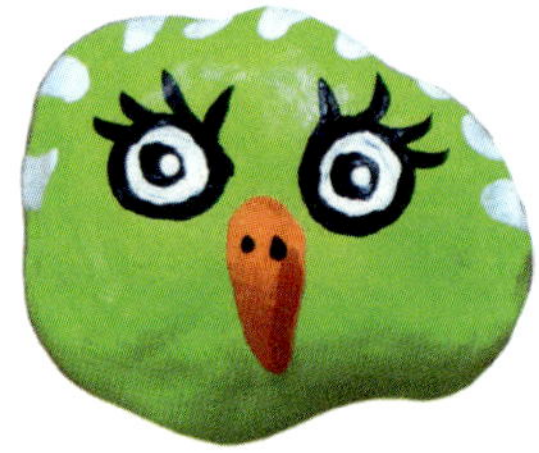

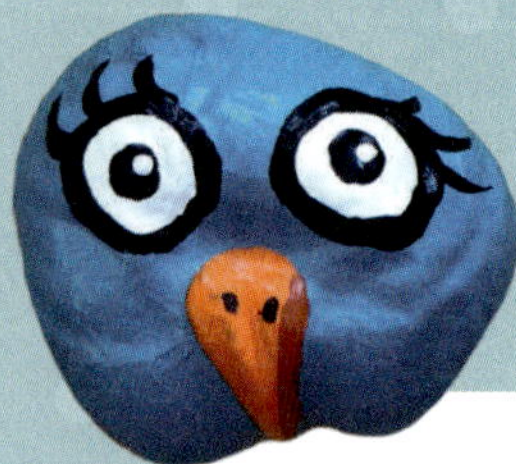

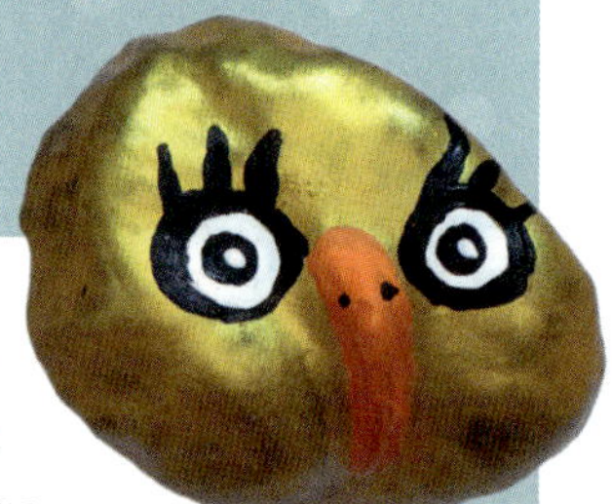

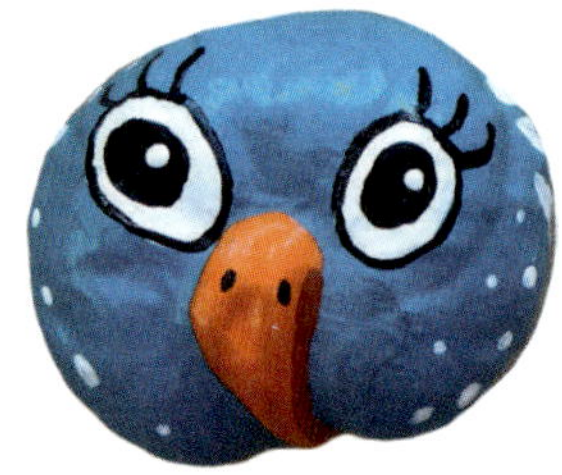

1 Die »Narbe« der Kastanie eignet sich gut, um daraus eine Schnauze entstehen zu lassen. So hat sich ein Tigerbär unter die Eulen geschlichen.

2 Ein paar weiße Punkte oder Striche sind dekorativ und erinnern an Federn.

3 Mit oder ohne Wimpern, die Augenumrandung weglassen und ein Stirnband malen, oder Tigerstreifen auch für Eulen? Probiere aus, was dir gefällt!

1

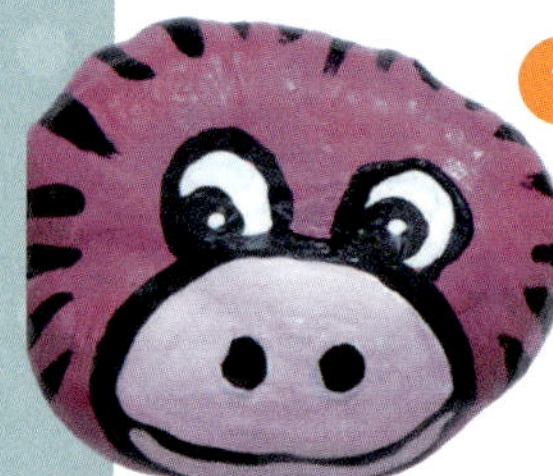

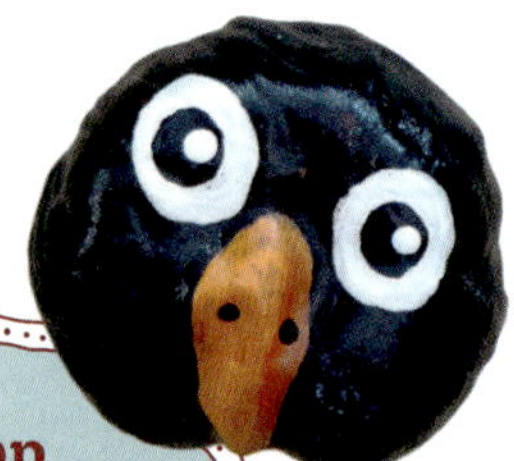

Tipp

Glanzlichter machen Augen lebendig. Mit zwei Punkten kannst du die Blickrichtung bestimmen.

2

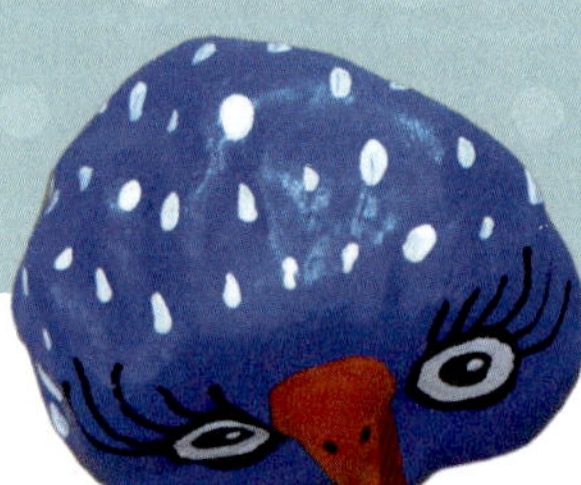

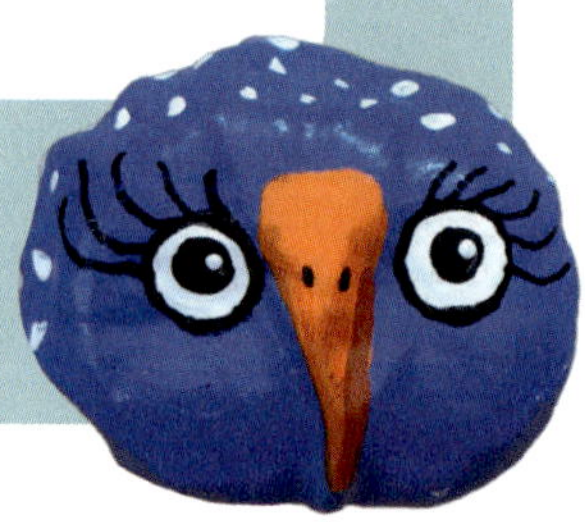

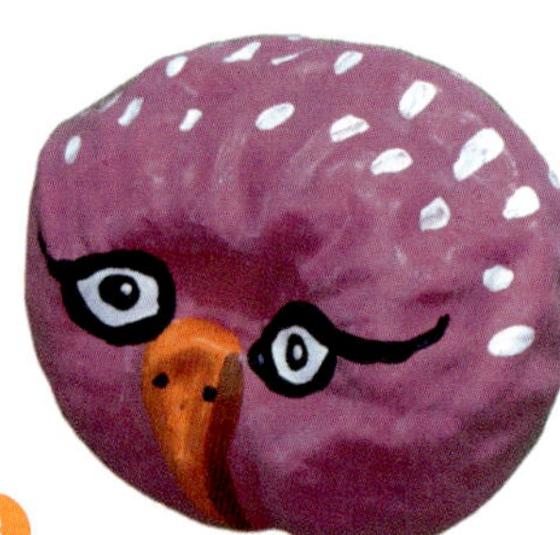

3

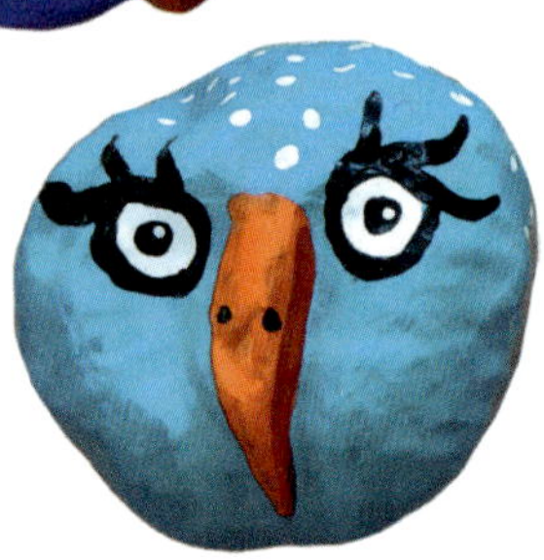

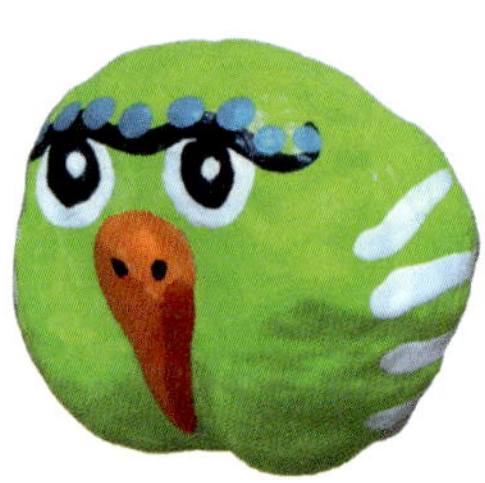

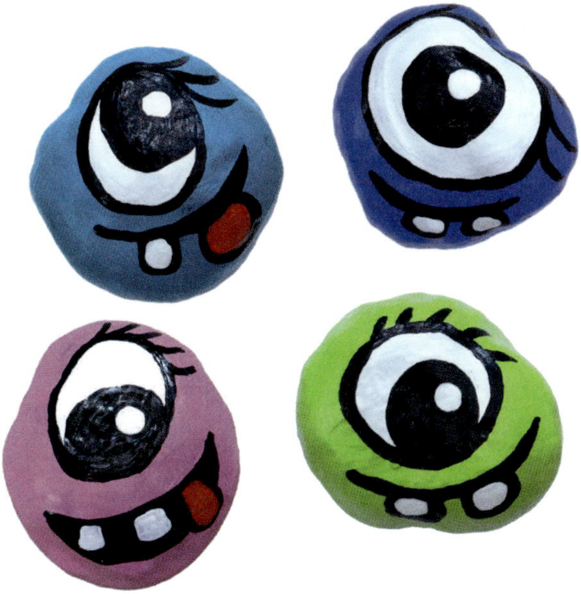

5 Durch ihre unebene Oberfläche eignen sich Kastanien am besten für einfache Motive.

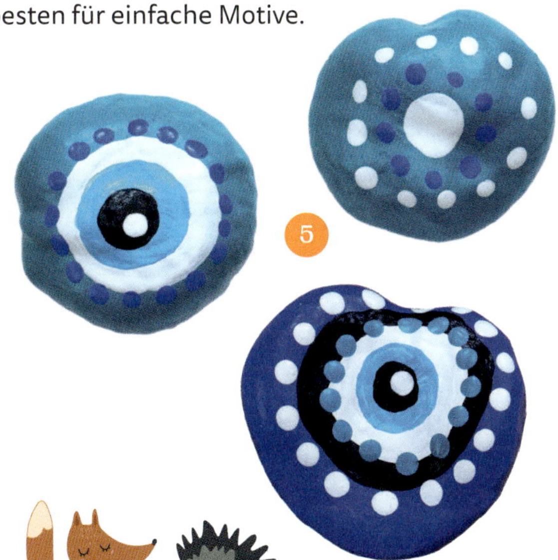

5

4 Einfarbig angemalt werden Kastanien schnell zu Spielsteinen oder Goldklumpen. Malst du null bis neun Punkte auf, kannst du Kastanien wie Würfel verwenden. Wer die Null zieht, muss aussetzen.

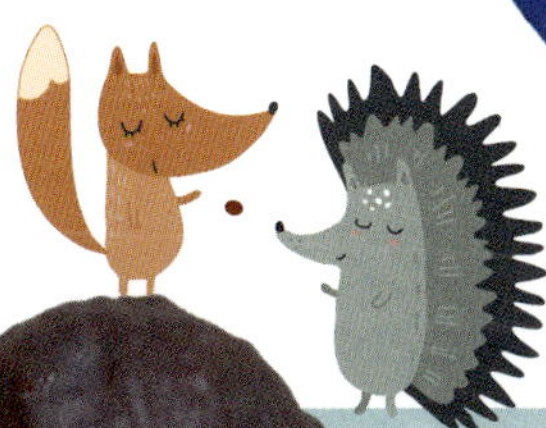

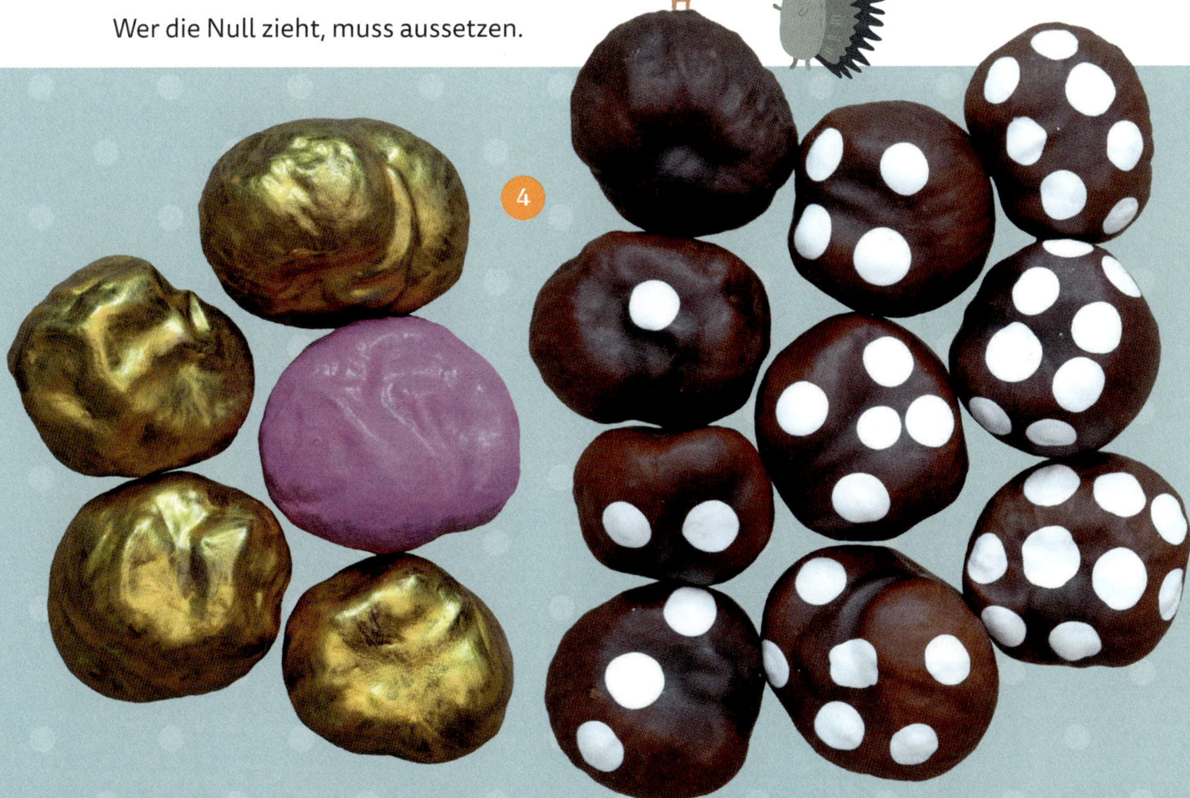

4

Monster und Eulen

Spielen mit Bewegung

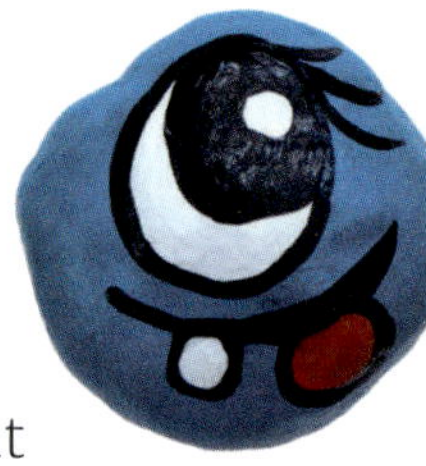

Die bemalten Kastanien der vorhergehenden Seiten eignen sich wunderbar, um damit zu spielen. Ich habe mir das Spiel »Monster und Eulen« ausgedacht und das Spielfeld auf ein Geschirrtuch aufgemalt. Wenn du außerdem ein Federmäppchen dazu passend bemalst, kannst du das Spiel darin aufbewahren und überallhin mitnehmen, zum Beispiel in den Park. Wird das Tuch draußen einmal schmutzig, kannst du es einfach waschen. Du kannst natürlich jedes beliebige Brettspiel auf ein Geschirrtuch übertragen und dir dementsprechende Spielkastanien dazumalen, die auch einfarbig sein können.

Das Spielfeld zu »Monster und Eulen« findest du mit der Anleitung auf den folgenden Seiten.

Das brauchst du:

- bemalte Kastanien
- Textilmarker in Gelb, Orange, Türkis und Schwarz
- Geschirrtuch oder Stoffrest
- Federmäppchen zum Bemalen, z. B. von Rayher

Auf Stoff zu malen geht sehr einfach – manche Textilmarker muss man nach dem Trocknen nicht einmal fixieren, andere lediglich von der Rückseite kurz bügeln.

1 Den Stoff bügeln, damit keine Falten die Zeichnung behindern. Den Tisch abdecken und in das Täschchen Pappe einlegen, damit die Farbe nicht auf die andere Seite oder die Tischplatte durchschlägt.

2 Mit den Textilmarkern das Motiv direkt aufmalen oder mit Bleistift oder Schneiderkreide vorskizzieren und nachzeichnen. Mit Schwarz beginnen und anschließend die farbigen Flächen malen. Trocknen lassen und je nach Gebrauchsanleitung der Textilmarker fixieren.

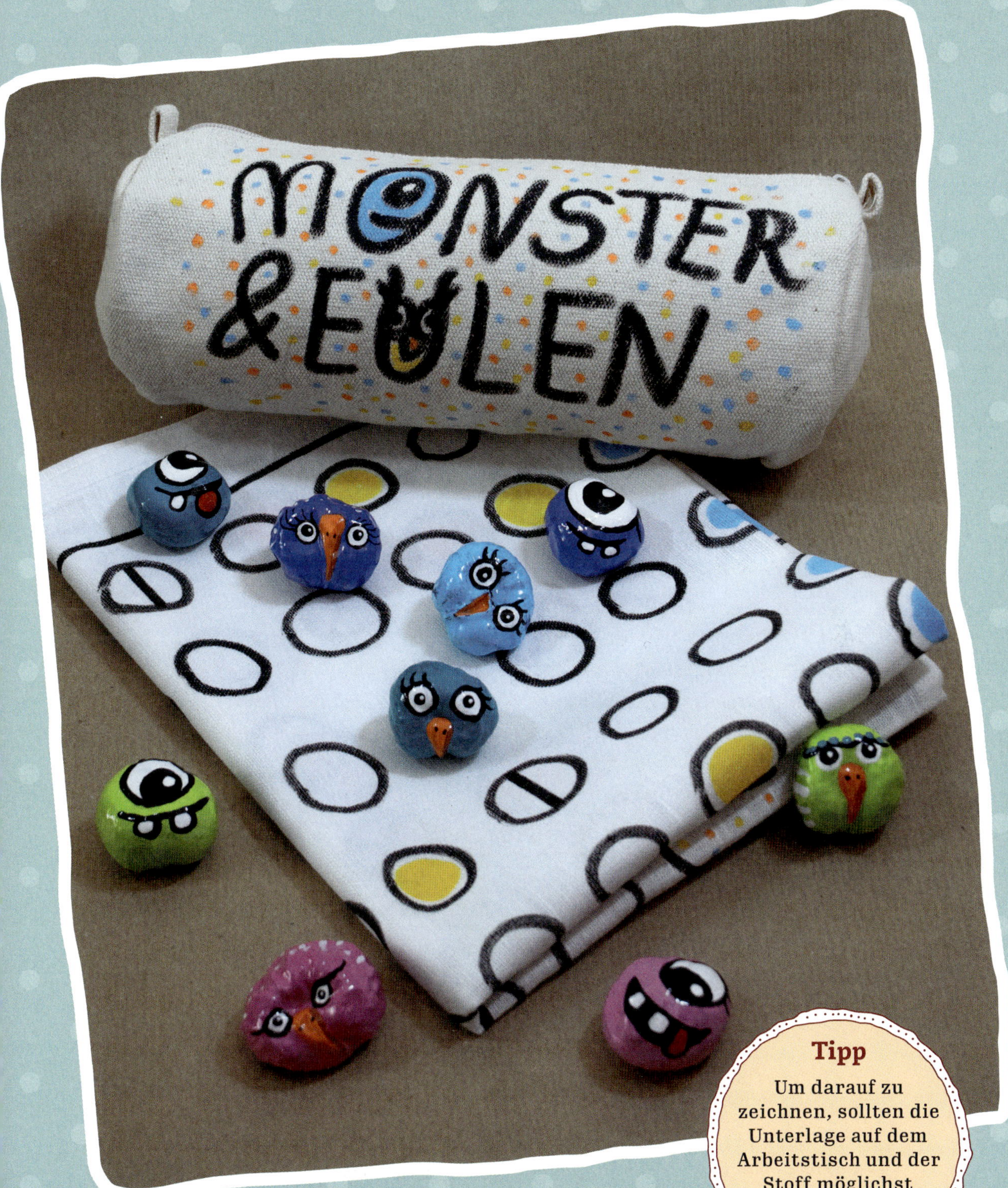

Tipp

Um darauf zu zeichnen, sollten die Unterlage auf dem Arbeitstisch und der Stoff möglichst faltenfrei sein.

MONSTER & EULEN

Jede Eule und jedes Monster kann allein spielen, oder ihr bildet Gruppen: Monster gegen Eulen. Durch die ungerade Zahl von neun Feldern könnte auch eine besonders mutige Eule oder ein Monster allein gegen zwei Gruppen spielen. Nicht alle Felder müssen besetzt sein, das Spiel funktioniert ab zwei Spielern.

Die Felder mit Zusatzfunktionen sind bis auf die türkisfarbenen in jeder Reihe anders verteilt. Wenn du es lieber für alle gleich verteilt haben möchtest, kannst du die Felder auch in allen Reihen gleich anordnen. Gewürfelt wird mit einem Würfel, oder ihr zieht Kastanien mit ein bis sechs Punkten (s. S. 55) aus dem Täschchen.

Der oder die jüngste Spieler*in beginnt. Wer am Zug ist, würfelt einmal oder zieht eine Punkte-Kastanie und geht dementsprechend viele Felder Richtung Ziel. Kommt er oder sie dabei auf eines der folgenden Felder, gelten folgende Regeln. Ihr könnt euch auch eigene Regeln ausdenken!

- ⊗ Zurück zum Start
- (orange) Ein Feld zusätzlich gehen
- (blau) In der nächsten Runde aussetzen und stattdessen zehn Kniebeugen machen
- (gelb) Mit einem Mitspieler oder einer Mitspielerin deiner Wahl eine Minute auf der Stelle hüpfen
- ⊖ Noch einmal würfeln, wenn die Augenzahl nicht direkt ins Ziel führt …

… denn ins Ziel musst du genau hineintreffen! Jedes Mal, wenn die Zahl nicht passt, muss eine Eule *Huhu!* und ein Monster *Huaah!* rufen und mit den Armen auf- und abwedeln. Wer zuerst im Ziel ist, hat gewonnen.

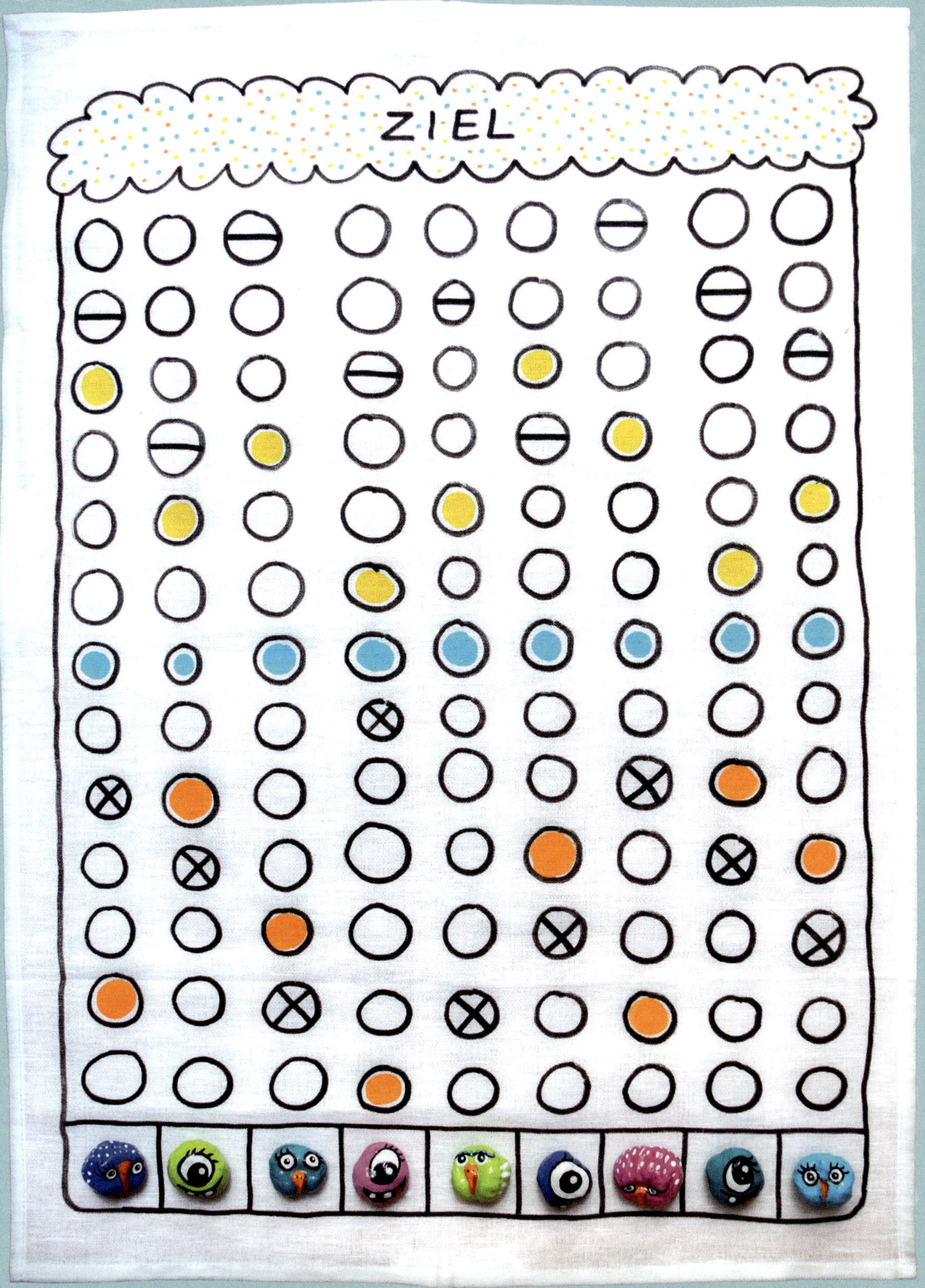
ZIEL

Kastaniensäckchen

zum Barfußtraining

Unsere Füße stecken viel zu oft in Schuhen und haben es verlernt, über Stock und Stein zu gehen. Das merken wir vor allem im Sommer beim Baden, wenn am Ufer des Sees spitze Steine anstelle von feinem Sand liegen. Das Barfußgehen kannst du zu Hause trainieren und deine Füße darauf vorbereiten, über Steine zu gehen: Fülle dafür eine Stofftasche oder einen alten Kopfkissenbezug mit Kastanien und trete darauf herum. Am Anfang kann das ganz schön wehtun, aber wenn du jeden Tag ein bisschen übst, gewöhnen sich deine Füße daran. Du trainierst damit die sogenannte Lederhaut, die dafür verantwortlich ist, wie schmerzempfindlich deine Füße sind. Auch unter dem Schreibtisch kannst du zwischendrin den Kastaniensack treten, das hilft gegen kalte Füße und macht wach. Was man nie benutzt, verkümmert – das gilt nicht nur für das Gehirn, sondern auch für die Füße. Dabei sind deine Füße mit das Wichtigste an deinem Körper. Sie müssen dich ein Leben lang tragen, da haben sie schon etwas Aufmerksamkeit verdient.

Das brauchst du:

- circa 1 kg getrocknete Kastanien
- Stofftasche oder ausrangierter Kopfkissenbezug
- circa 30 cm selbstklebendes Klettband

1 Eine Stofftasche oder einen kleinen Kopfkissenbezug mit Textilmarkern verzieren. Auf circa 30 × 40 cm zusammenlegen, dabei überschüssigen Stoff oder Henkel einfach nach innen klappen. Mit getrockneten Kastanien füllen.

2 Die offene Seite zunähen oder mit selbstklebendem Klettband verschließen. Das Säckchen sollte so viel wie nötig, aber locker gefüllt sein, sodass es sich gut darauf treten lässt.

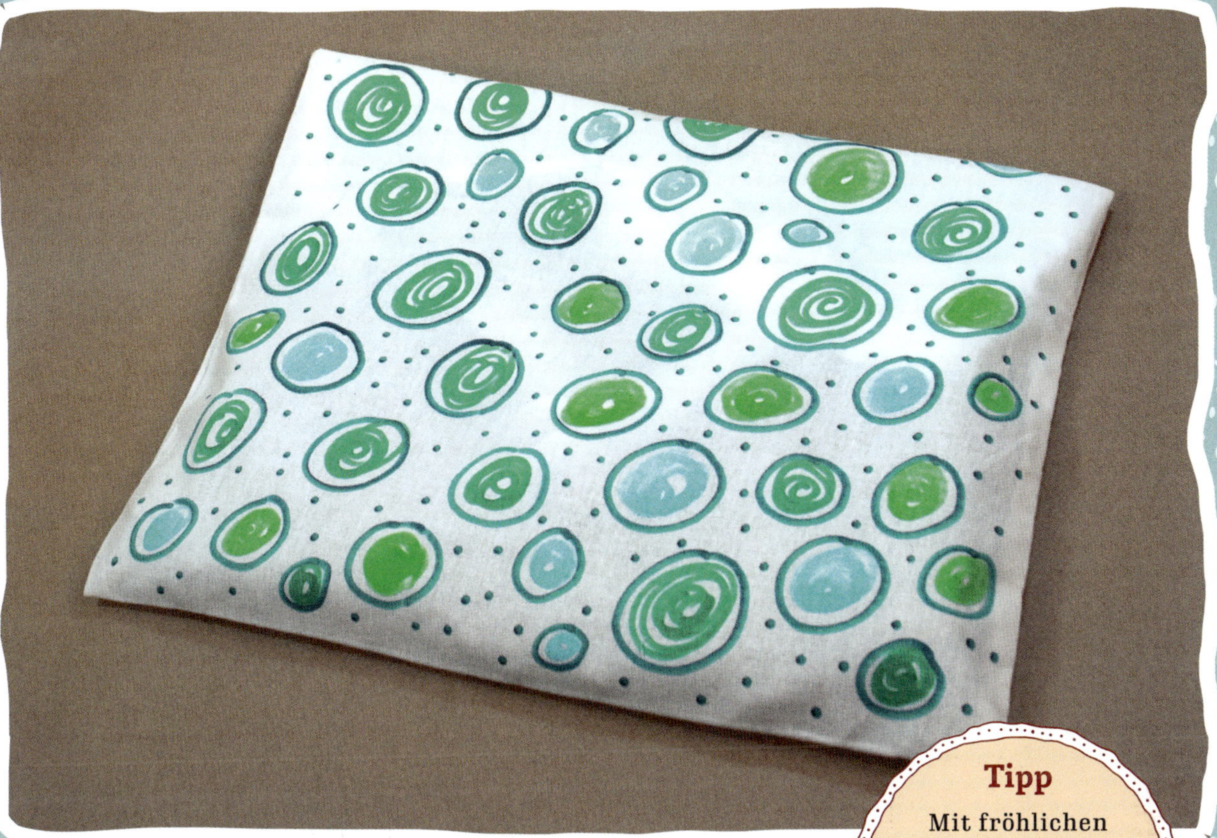

Tipp

Mit fröhlichen Mustern bemalt, wird das Kastaniensäckchen zu einem Geschenk, über das sich viele freuen!

Durch die Kastanien wird dein Barfußtrainer nicht so schwer wie mit Steinen. Der Vorteil eines Klettverschlusses ist, dass du die Kastanien herausnehmen und das Säckchen waschen kannst.

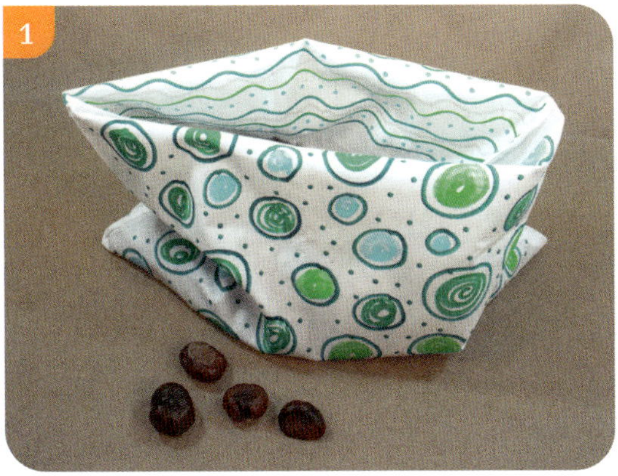

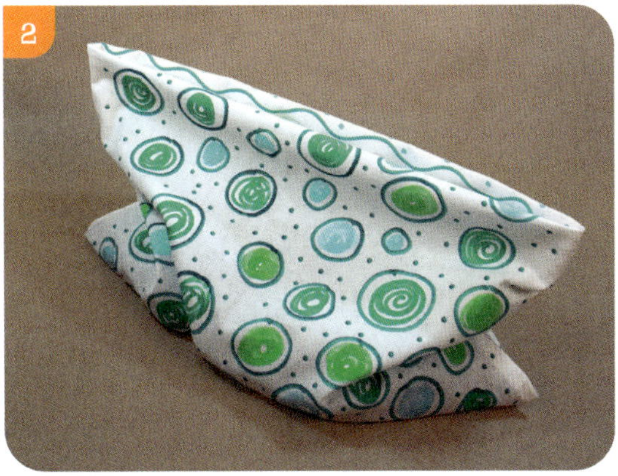

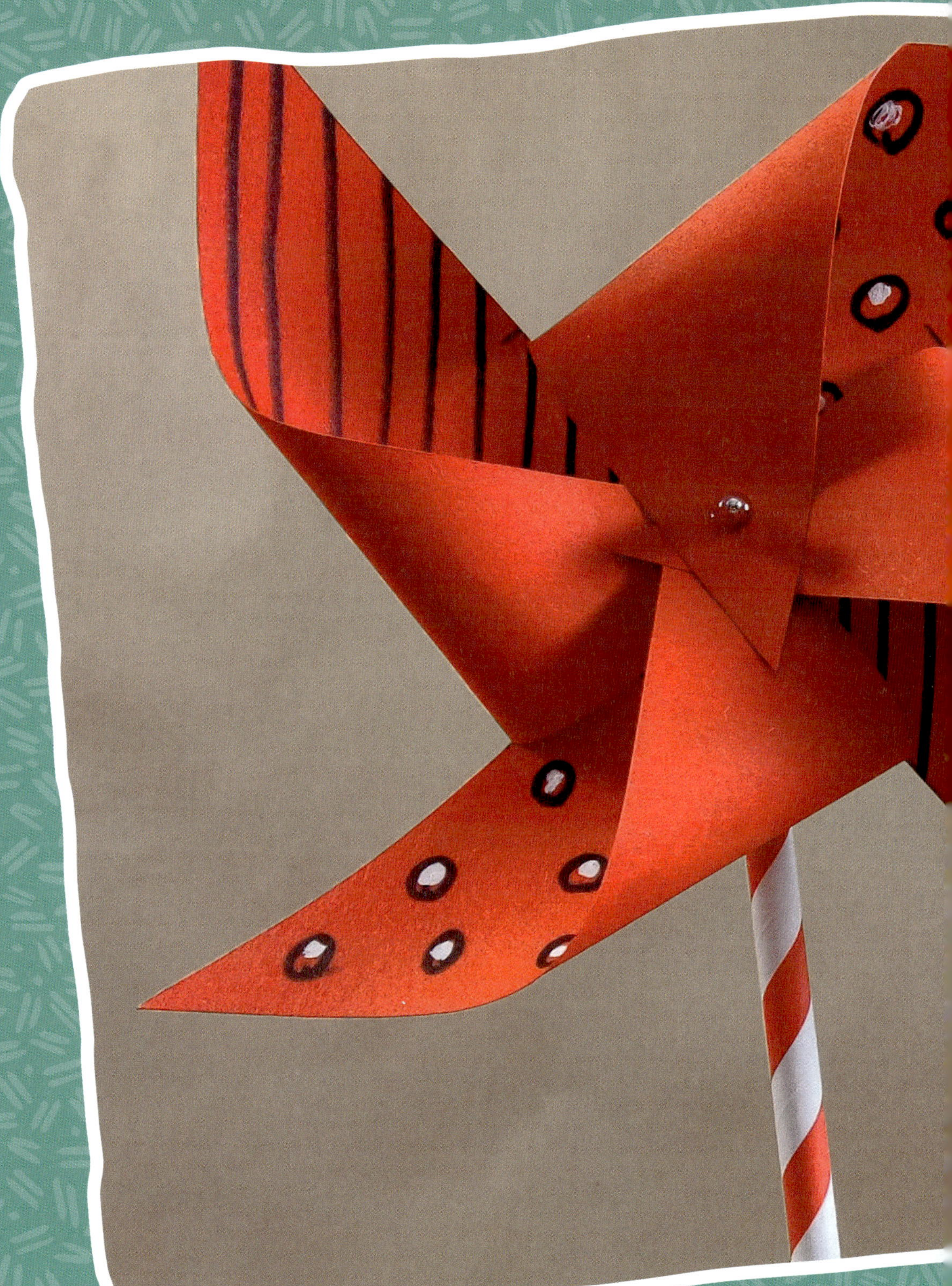

Basteln mit Papier

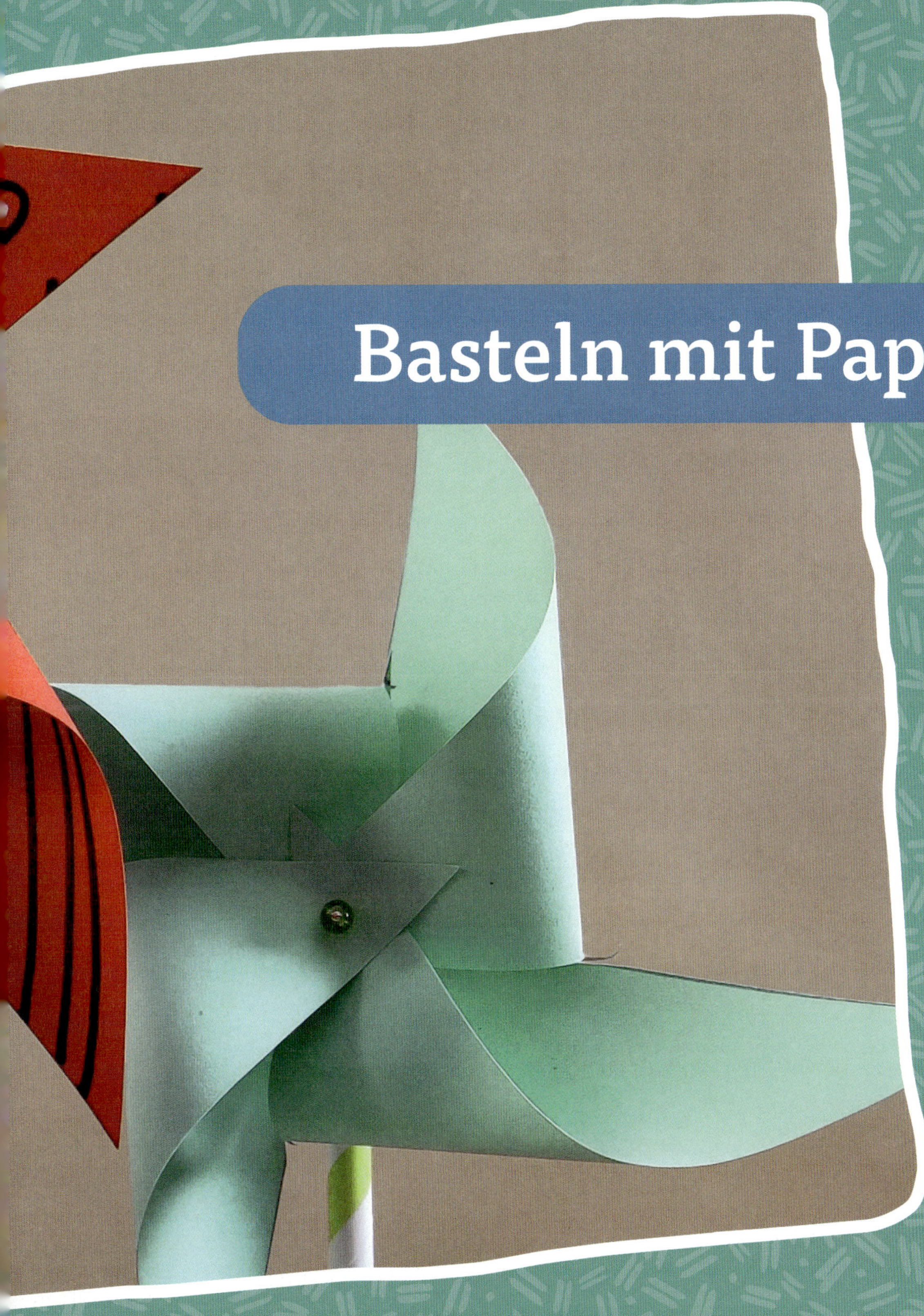

Einfaches Faltboot

aus Papier

Dieses kleine Papierschiffchen kennst du vielleicht schon, aber es darf in keinem Bastelbuch fehlen. Das Schiffchen schwimmt auf Wasser, und bemalen kannst du es natürlich auch.

1 Ein rechteckiges Blatt Papier zur Hälfte zusammenlegen, sodass ein kleineres Rechteck entsteht. Nochmals zur Hälfte zusammenlegen und wieder aufklappen.

2 Von der geschlossenen Kante ausgehend, die Hälften zur Mitte falten.

3 Den Rand unterhalb des so entstandenen Dreiecks nach oben falten. Das Ganze umdrehen und auf der anderen Seite den Rand ebenfalls nach oben falten. Kanten fest andrücken.

Das brauchst du:

- 1 Blatt Papier

4 Die überstehenden Ränder auf der Vorder- und Rückseite um das Dreieck nach hinten knicken. In die Öffnung hineingreifen, das Dreieck auseinanderziehen und zu einem Quadrat flach drücken.

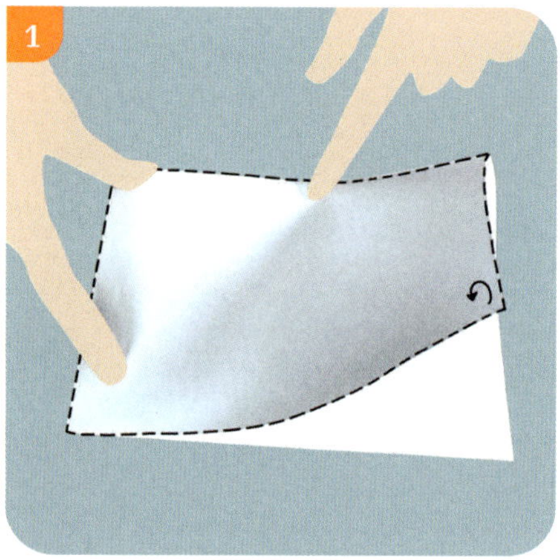

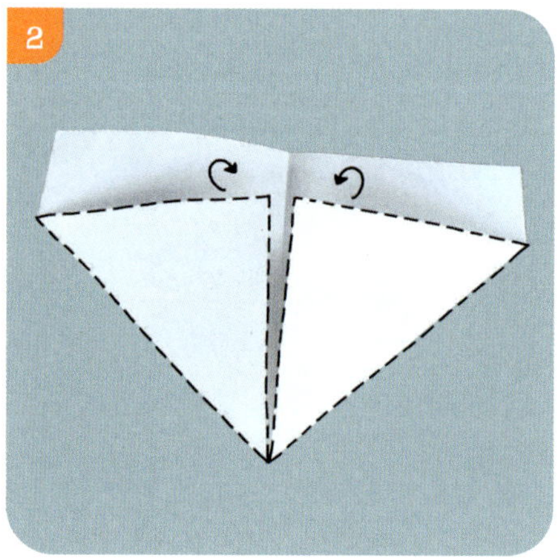

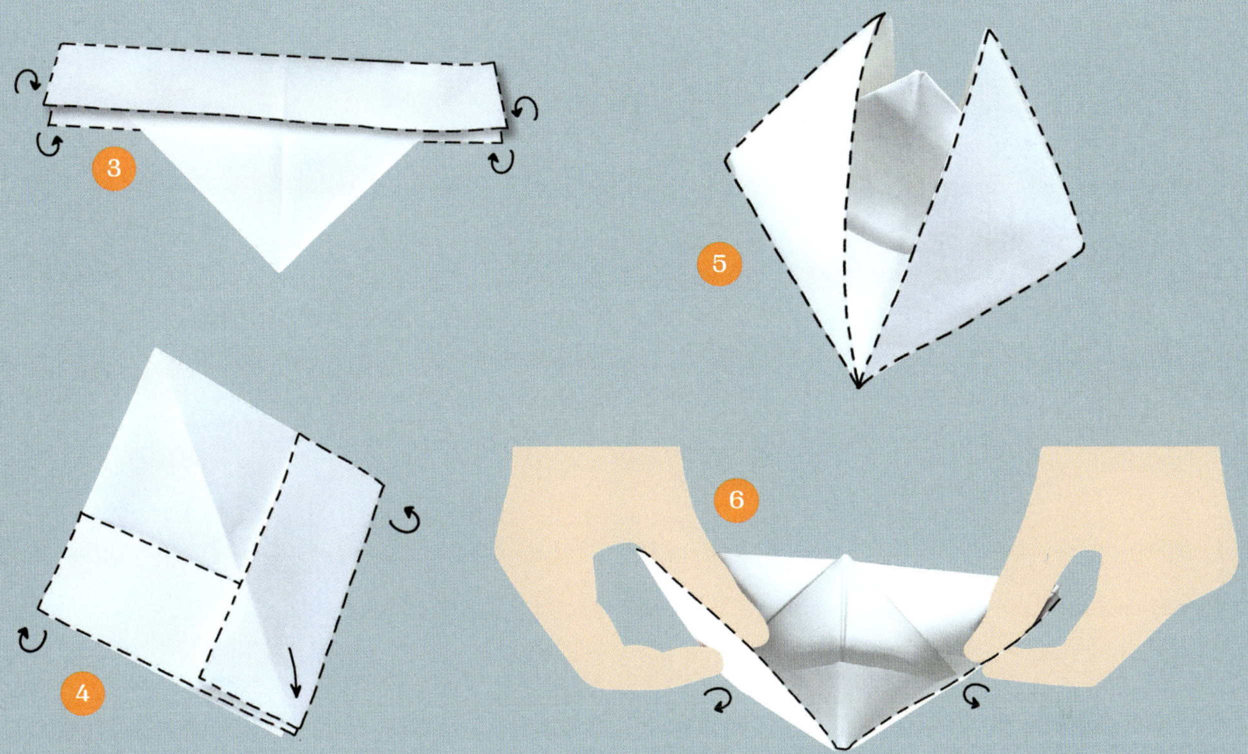

5 Von der offenen Seite aus zur geschlossenen Spitze umknicken, sodass ein Dreieck entsteht. In das Dreieck hineingreifen und es auseinanderziehen. Zu einem Quadrat flach drücken. An der offenen Seite vorsichtig auseinanderziehen, jetzt kommt gleich das Schiffchen zum Vorschein! Die beiden oberen Spitzen ergeben Bug und Heck.

6 Die mittlere Spitze zur Längsseite flach drücken und alles gut glatt streichen. Von unten in das Schiffchen hineingreifen und das Dreieck in der Mitte auseinanderschieben. Die Längsseiten so auseinanderbiegen, dass das Schiffchen eine hübsche Form hat. Ahoi!

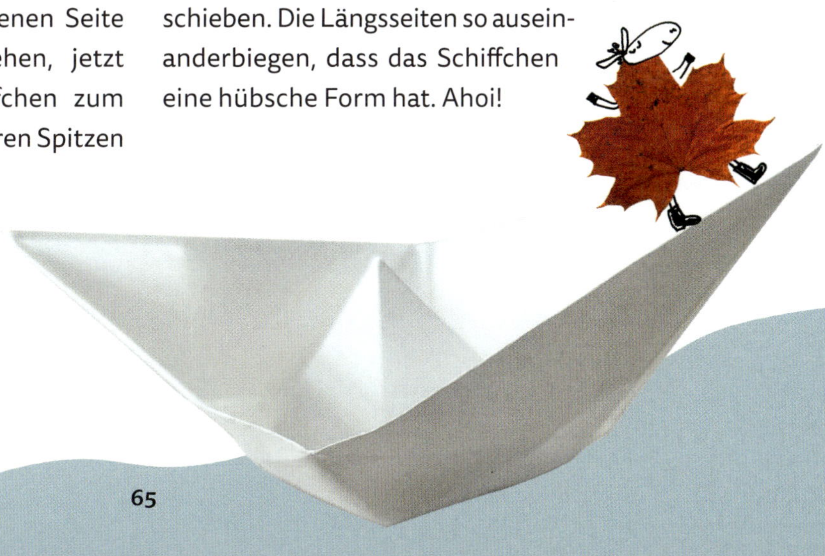

Pfeffer oder Salz?

Gefaltetes Orakel

Mit »Pfeffer oder Salz«, auch »Himmel oder Hölle« genannt, kannst du Orakel spielen! Von außen sehen alle Viertel gleich aus, es lässt sich in zwei Richtungen öffnen. Du hältst das »Pfeffer oder Salz« geschlossen einem anderen Mitspieler hin, der muss sagen, in welche Richtung es sich öffnen soll. Geöffnet gibt das Orakel eine Antwort auf deine Frage. Je nachdem, was du hineinmalst, lautet sie: Geld oder Liebe, Ja oder Nein, Pfeffer oder Salz?

1 Ein quadratisches Blatt Papier zu einem Dreieck falten, wieder öffnen und in die andere Richtung noch mal ein Dreieck falten, sodass ein Falzkreuz entsteht.

Das brauchst du:

- 1 Blatt Papier
- Stifte

2 Das Quadrat, mit den Talfalten nach oben zeigend, öffnen, die vier Ecken nacheinander zur Mitte hin falten.

1

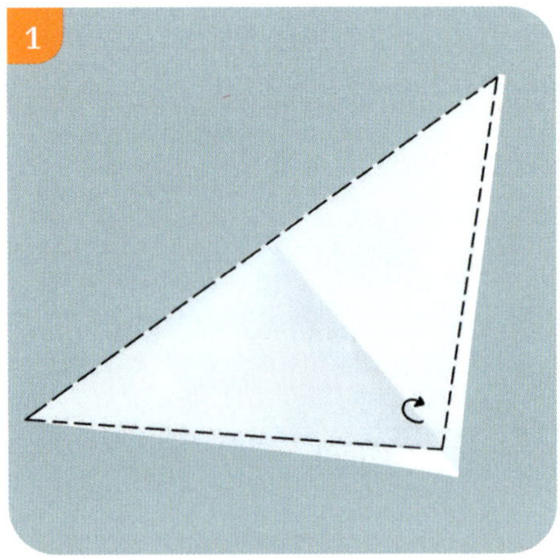

2

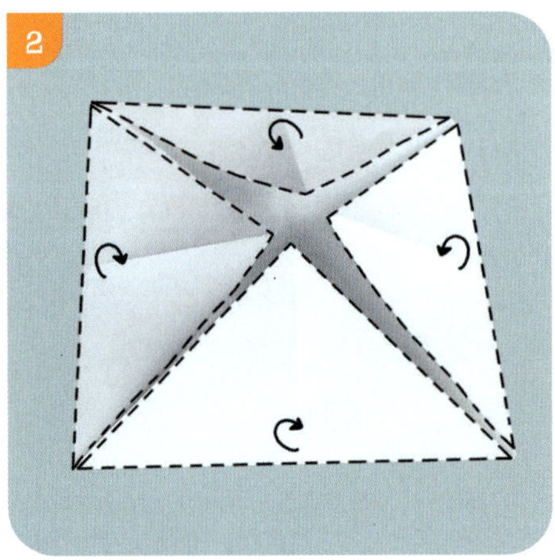

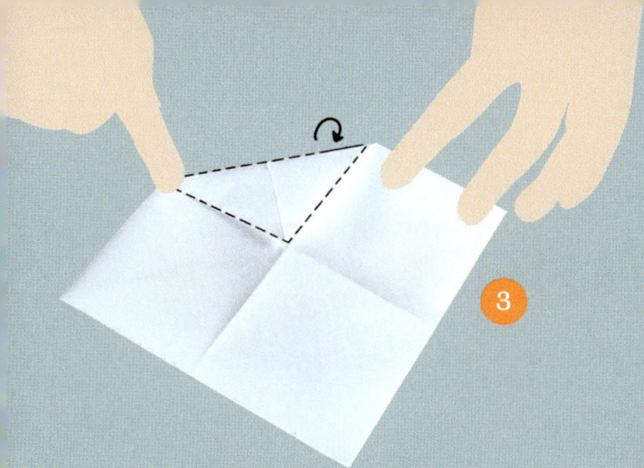

3

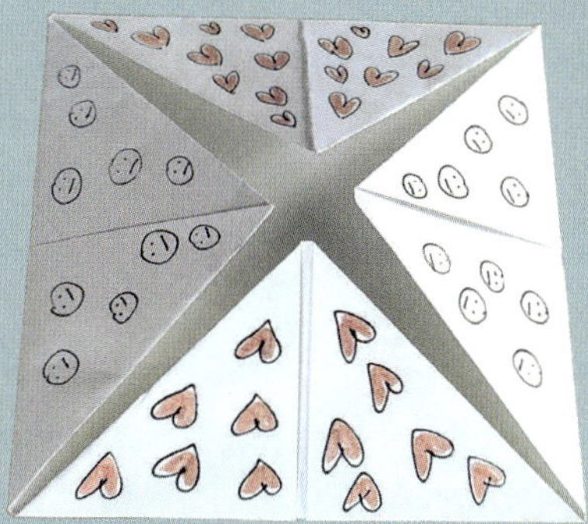

4

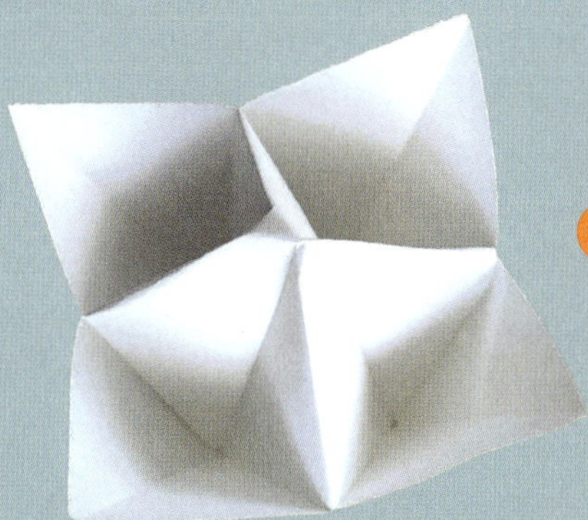

5

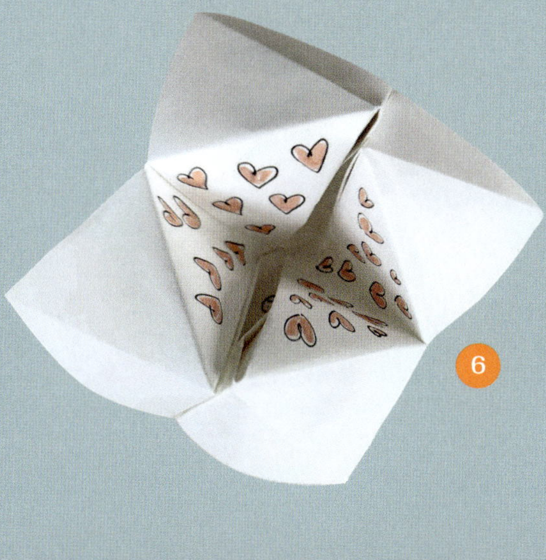

6

3 Das so entstandene Quadrat wenden und wieder alle Ecken zur Mitte hin falten.

4 Die sich gegenüberliegenden Dreiecke mit den jeweils gleichen Motiven deiner Wahl bemalen.

5 Von der Rückseite die Finger in die »Taschen« schieben und diese aufbiegen.

6 Von unten hineingreifen und entlang der vom Mitspieler bestimmten Richtung öffnen und schließen. Es zeigt sich dabei nur eines der beiden aufgemalten Motive – wie die Herzchen.

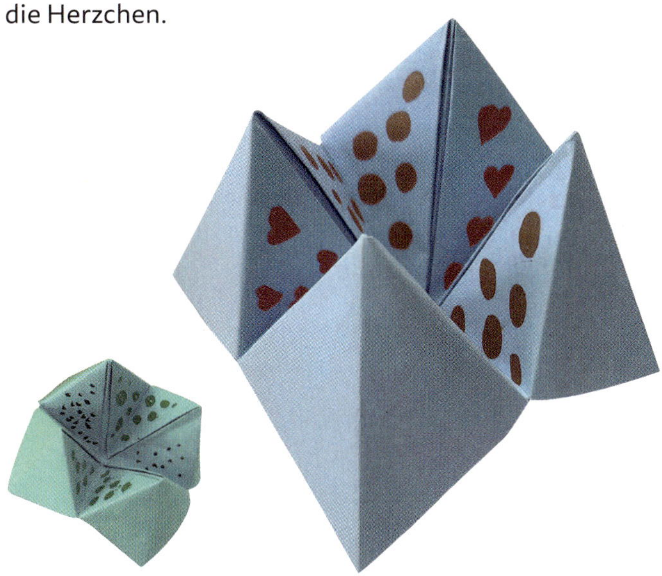

Probier aus, wie winzig oder riesig sich »Pfeffer oder Salz« bauen lässt. Für das Objekt gut geeignet sind auch farbige Papiere.

Schnelles Windrad

aus Tonpapier

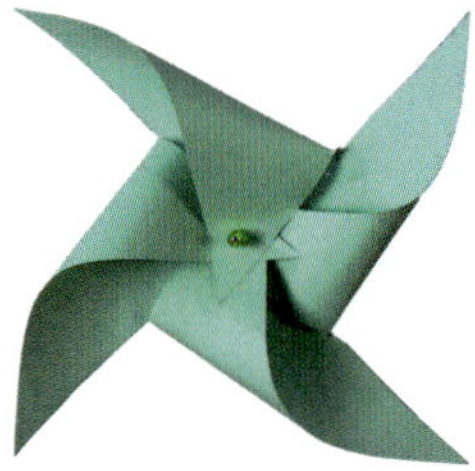

Ein Windrad aus buntem Papier sieht dekorativ aus und dreht sich schnell im Wind, wenn es locker genug gebaut ist.

1 Aus farbigem Tonpapier ein Quadrat von 12 × 12 cm ausschneiden. Mit Lineal die Diagonalen einzeichnen, indem du die gegenüberliegenden Ecken miteinander verbindest. Von den Ecken aus gemessen, nach 5 cm eine Markierung einzeichnen und bis dorthin einschneiden.

2 Die sich gegenüberliegenden Dreiecke mit zwei verschiedenen Mustern oder Farben bemalen

3 Mit einer Stecknadel eine oder zwei kleine Perlen auffassen. Sie dienen als Abstandshalter zum Papier, damit das Windrad sich leicht drehen kann. Nacheinander je eine Ecke der vier so entstandenen Dreiecke von oben mit der Stecknadel durchbohren, zur Mitte biegen und mit der Nadel »auffädeln«. Die Stecknadel durch die Mitte des Quadrats bohren.

4 Auf der Rückseite eine weitere Perle auffädeln, die Stecknadel durch den Papierhalm schieben und ihr Ende in ein kleines Stück Korken stecken. Die Einzelteile nicht zu fest verbinden, sonst kann der Wind das Windrad nicht drehen.

Das brauchst du:

- buntes Tonpapier 12 × 12 cm
- 1 Papierhalm
- 1 Stecknadel
- 2–3 kleine Perlen
- 1 kleines Stück Korken
- Lineal, Schere, Stifte

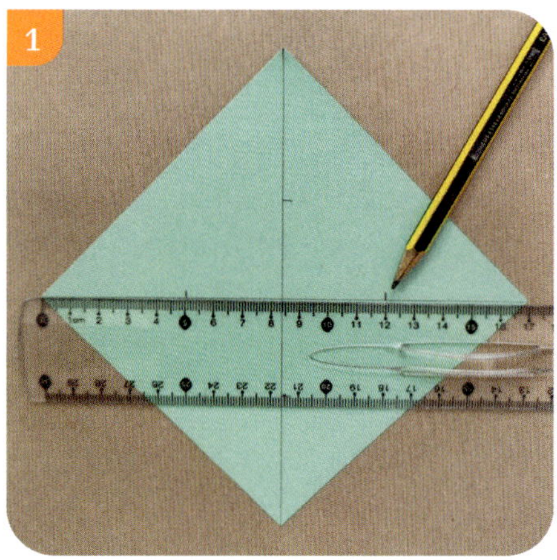

2

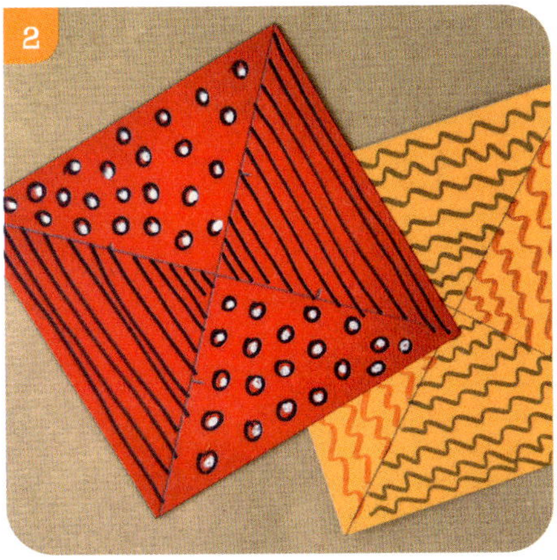

3

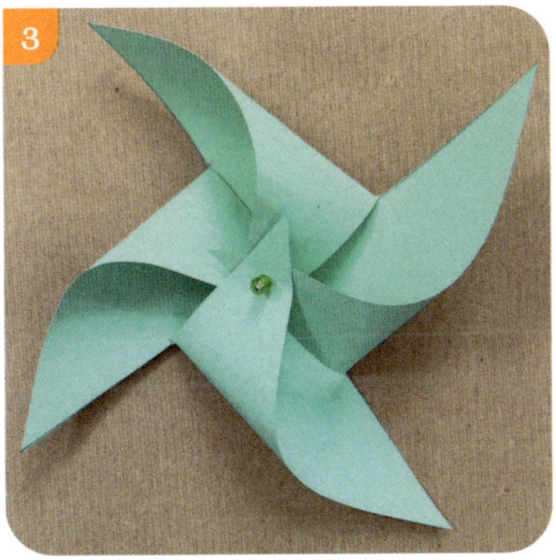

4

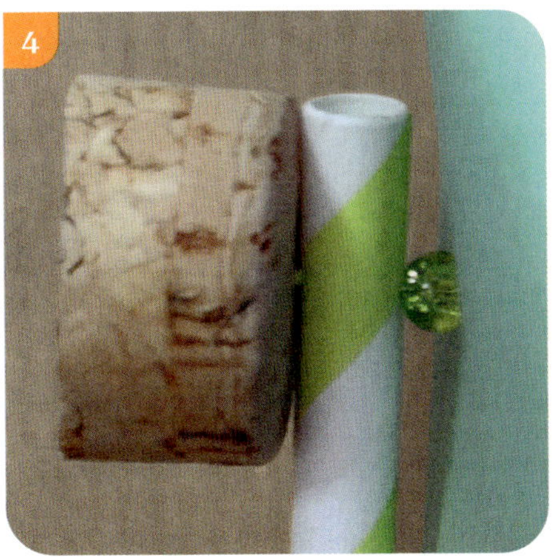

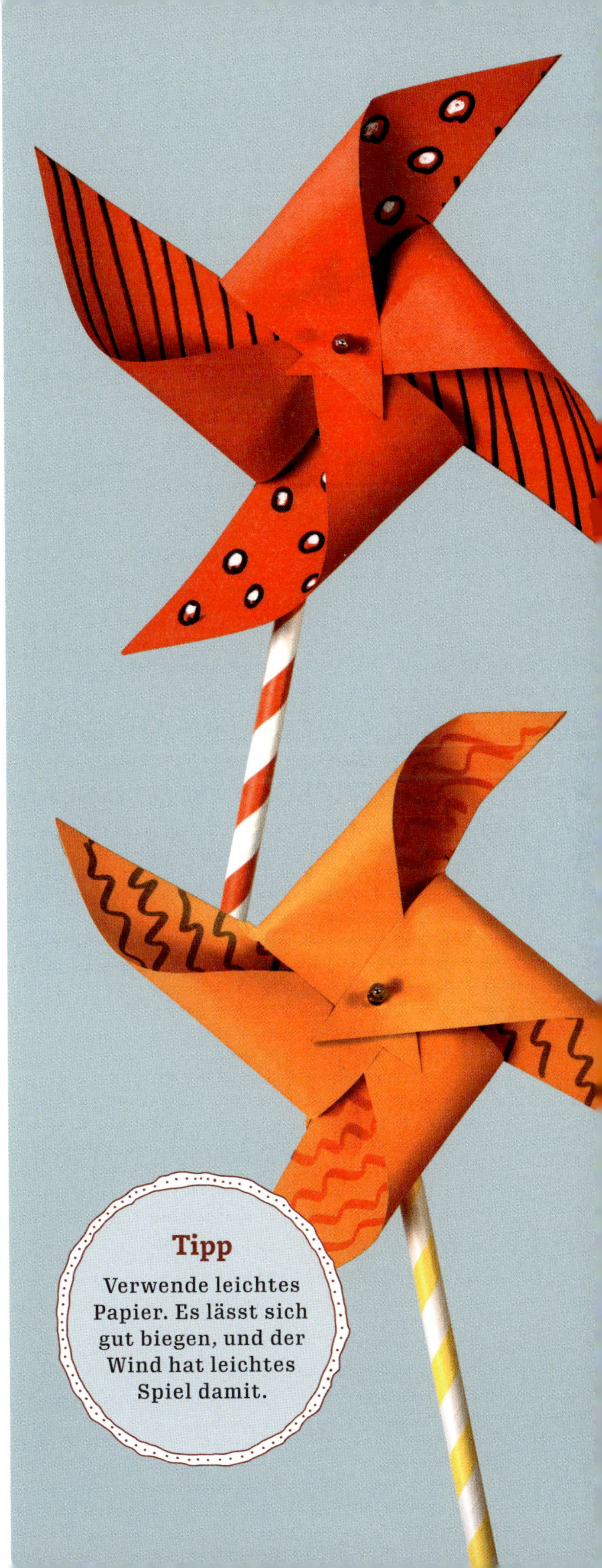

Tipp

Verwende leichtes Papier. Es lässt sich gut biegen, und der Wind hat leichtes Spiel damit.

Alpaka im Rahmen

3D-Bild mit Tieren und Pflanzen

Wenn draußen der Wind bläst und die Tage dunkler werden, wünschst du dir vielleicht ein fröhliches Bild für dein Zimmer. Wie wäre es mit einem Bild, bei dem du die Figuren austauschen kannst, dein eigenes, kleines Wandtheater? Du kannst dafür einen alten Schuhkarton oder einen Pappmaché-Rahmen mit Holzsteckboden verwenden. In dessen Rillen lassen sich Tiere und Pflanzen nach Lust und Laune hin- und herschieben und austauschen. Die Figuren dürfen nicht zu fein gezeichnet sein, sonst wird das Ausschneiden schwierig, und sie sind nicht stabil genug, um aufrecht zu stehen. Das Papier sollte Kartonstärke haben, du kannst dafür auch die unbedruckten Innenseiten von Müslikartons oder Teeschachteln nehmen – die Rückseiten wird man nicht sehen. Ab Seite 113 findest du Vorlagen, die du nachzeichnen oder kopieren und auf Karton aufkleben kannst. Wenn du als Rahmen einen Karton ohne Holzsteckboden verwendest, dann klebe deine Figuren auf einen Streifen Pappe auf, den du nach hinten umknickst. Mit einem Klebepunkt darunter kannst du sie am Boden befestigen.

Das brauchst du:

- Pappmaché-Rahmen mit Holzsteckboden (z. B. von Rayher) oder Schuhkarton
- Acyrlfarben, Pinsel
- weißer Fotokarton DIN A 4 oder leere Kartons von Müsli, Tee etc.
- schwarzer Filzstift, Buntstifte oder bunte Filzstifte
- Schere, Klebepunkte

Mit einem oder zwei LED-Teelichtern beleuchtet, wird dein Bild zum Gutenachtbild, das dich sanft in deine Träume begleitet.

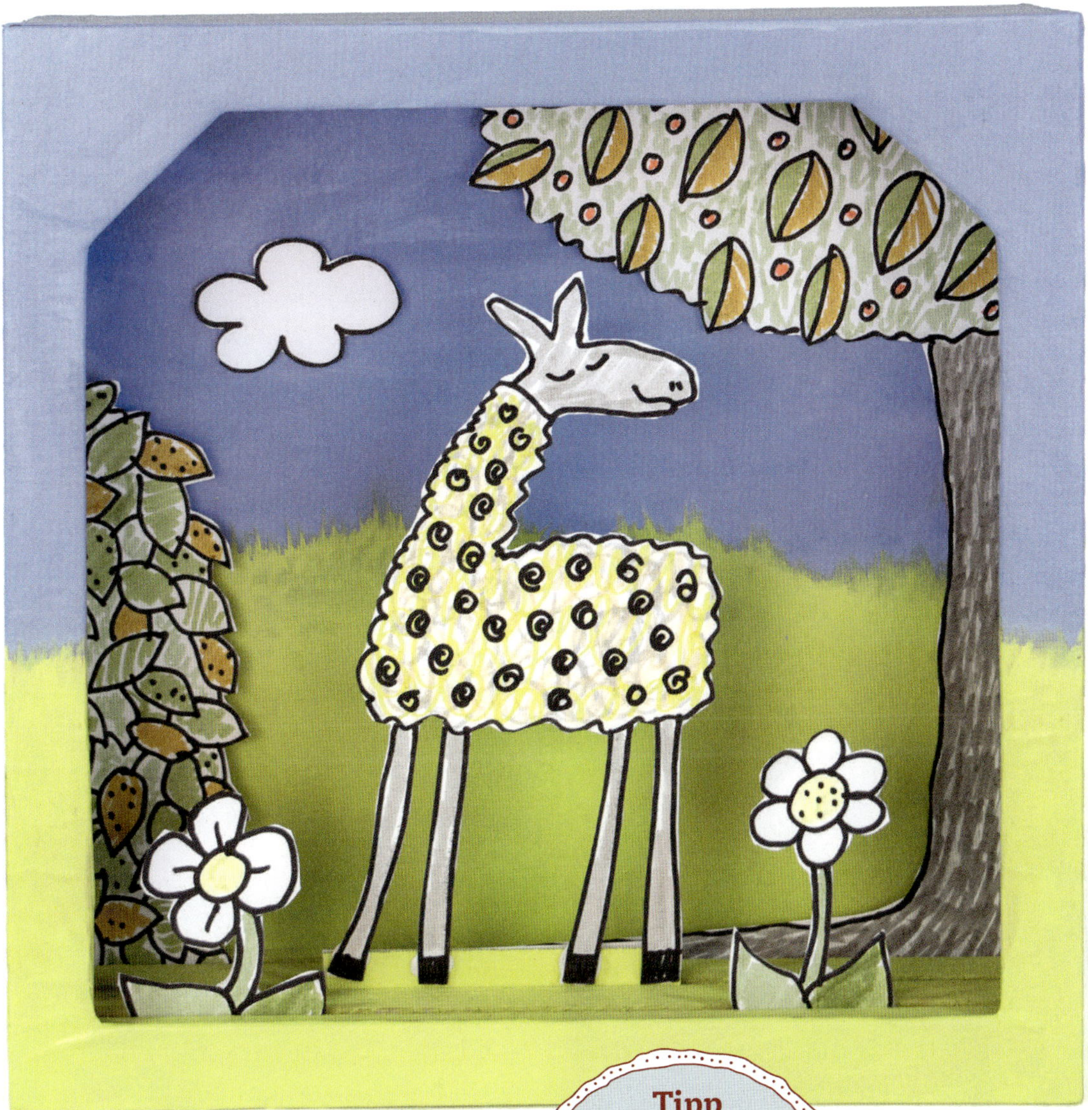

Tipp

Male die Figuren nicht flächendeckend aus, sondern lass dazwischen ein bisschen Weiß – das macht das Bild lebendiger.

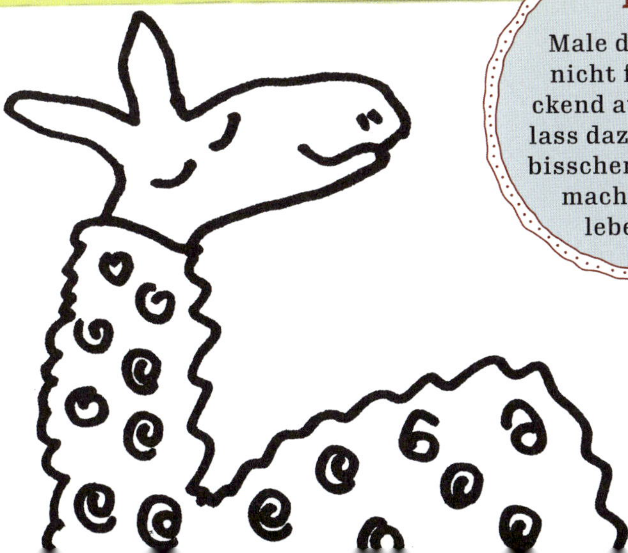

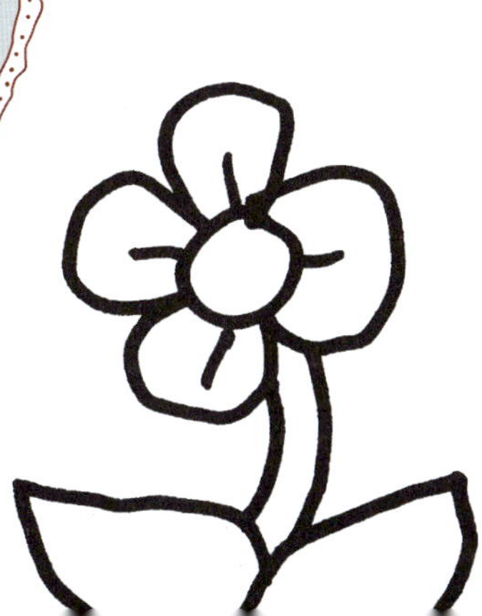

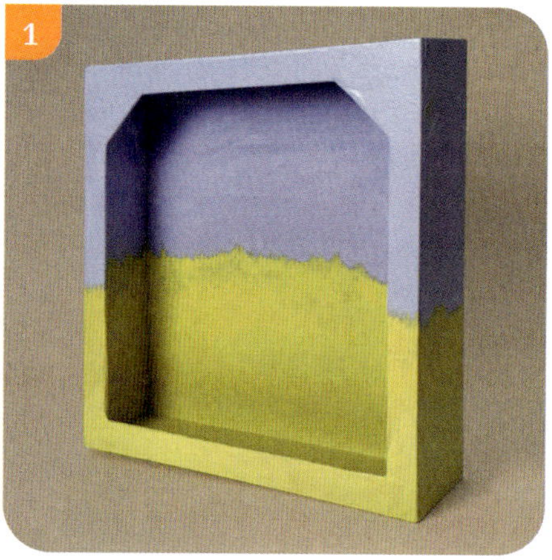

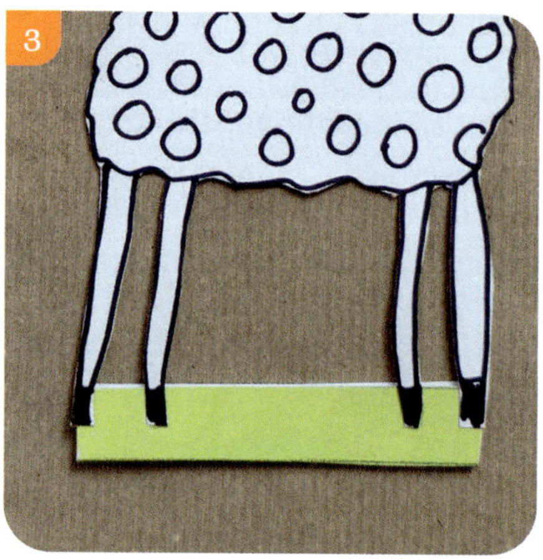

Im Herbst ist der Himmel oft strahlend blau und die abgeernteten Felder leuchten in Strohgelb. Diese Farben ergeben auch einen schönen Hintergrund für die ausgeschnittenen Tiere und Pflanzen.

1 Den Rahmen mit Acrylfarbe an allen Seiten außer der Rückseite bemalen. Erst die blaue Fläche für den Himmel und dann das Strohgelb für das Feld malen. Dabei den Pinsel ohne Druck nach oben schnell ausstreichen, das ergibt eine Struktur wie Halme. Probiere das auf einem Blatt aus, bevor du es auf dem Rahmen versuchst. Den Holzsteckboden ebenfalls in Strohgelb anmalen. Für die Pappstreifen in Schritt 3 einen halben Fotokarton in Strohgelb bemalen. Trocknen lassen.

2 Mit dickerem schwarzen Filzstift Tiere und Pflanzen auf weißen Fotokarton zeichnen oder die Vorlagen ab Seite 113 kopieren und auf Karton aufkleben. Mit einer Schere ausschneiden, dabei zunächst die Grundform ausschneiden und dann die Details, indem du die Schere immer wieder neu ansetzt und von außen nach innen schneidest.

3 Pappstreifen in 15 mm Höhe aus dem gelb bemalten Fotokarton ausschneiden und die Beine der Tiere mit Klebepunkten so aufkleben, dass die Hufe über den Rillen des Holzsteckbodens stehen. Überstehenden Rand links und rechts abschneiden.

4 Damit die Figuren fest in den Rillen stehen, muss die Basis etwas dicker sein. Dafür auf die Rückseite des gelben Pappstreifens Klebepunkte aufbringen und einen Kartonstreifen dagegenkleben.

5 Auf diese Weise mehrere Figuren anfertigen und in den Rahmen stellen. Die Wölkchen mit einem Klebepunkt auf der Rückwand des Rahmens befestigen.

6 Probiere aus, wie eine Blume wirkt, die größer als das Alpaka ist. Oder ob es dir besser gefällt, wenn du ganz viel in den Rahmen stellst oder eher wenig. Bei einem Bild, das du zeichnest, brauchst du einen Radiergummi, wenn du etwas entfernen möchtest – hier nimmst du es einfach heraus und kannst mit den einzelnen Elementen immer wieder neue Zusammenstellungen erfinden.

Wenn du mit deiner Komposition zufrieden bist, male die Figuren mit Filz- oder Buntstift an. Setze dabei die Farbe sparsam ein – weniger ist manchmal mehr.

Ab Seite 113 findest du Beispiele zu Kompositionen und Vorlagen für die Motive.

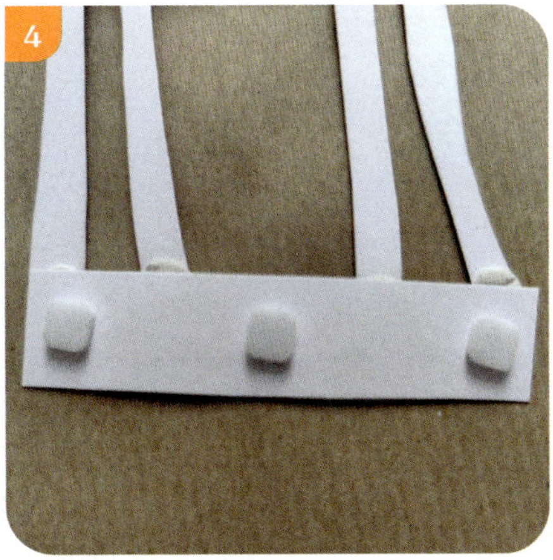

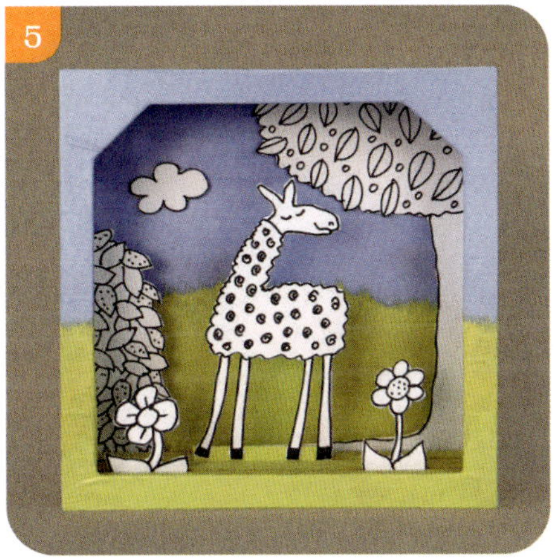

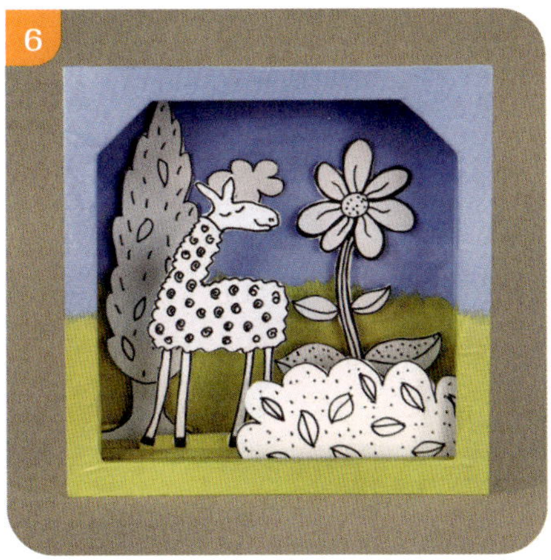

Karte statt Kuchen

Schnelle Karten aus Muffinpapier

Du musst ganz schnell eine Geburtstagskarte basteln, die trotzdem gut aussehen soll? Schnapp dir einen farbigen Fotokarton, ein paar bunte Muffin-Papierförmchen, und im Nu wirst du eine hübsche Karte gebastelt haben. Drückst du die Muffinförmchen flach, ergeben sie einen perfekten Kreis – wie bei der linken Karte. Damit die Förmchen ihre Rillen behalten, klebe sie mit dem Boden auf und drücke nur diesen fest an. Die Anleitung ist für die rechte Karte.

1 Ein Papierförmchen mittig falten, den Boden mit Kleber einstreichen, oben über die Karte schieben und mittig festkleben. Drei weitere Förmchen mittig falten und durchschneiden. Von oben beginnend, überlappend festkleben, dabei unten einen Rand von 15 mm frei lassen.

2 Entlang der unteren Kante die Förmchen mit Dekotape abschließen. Mit einem Motivstanzer oder Locher die zusammengefaltete Karte seitlich lochen.

3 Mit Fineliner beschriften, ein Band durch das Loch ziehen und eine Schleife binden. Fertig!

Das brauchst du:

- Fotokarton DIN A 5/6
- kleine Papier-Muffinförmchen
- Klebestift, Schere
- Dekotape
- Motivstanzer oder Locher
- Geschenkband für Schleife
- Fineliner schwarz
- Buntstift weiß und grün
- Filzstift grün und rot

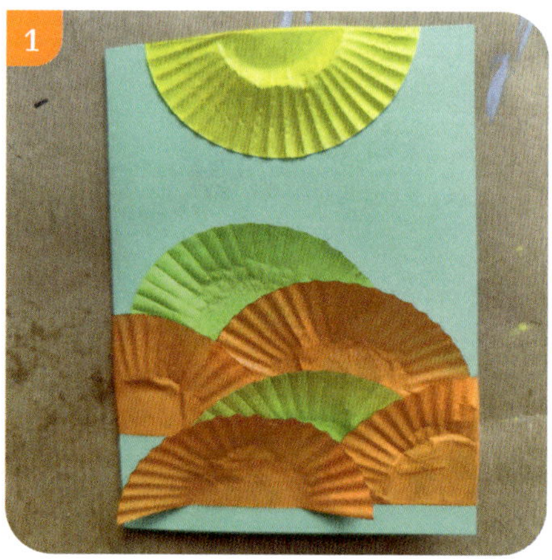

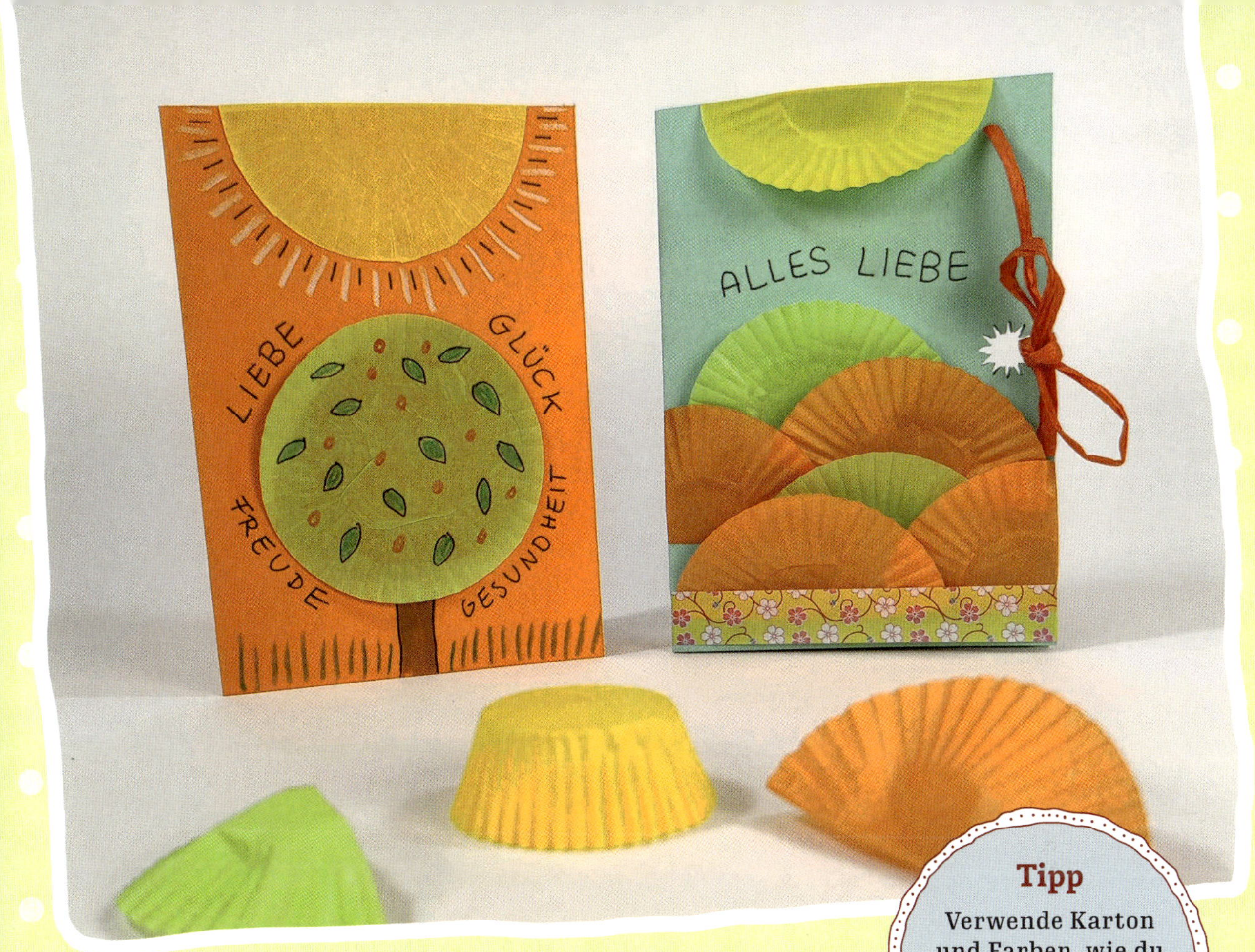

Tipp

Verwende Karton und Farben, wie du sie zu Hause hast. Gemusterte Förmchen eignen sich auch sehr gut!

Die linke Karte ist eine einfache Postkarte, die rechte eine Doppelkarte zum Aufschlagen.

2

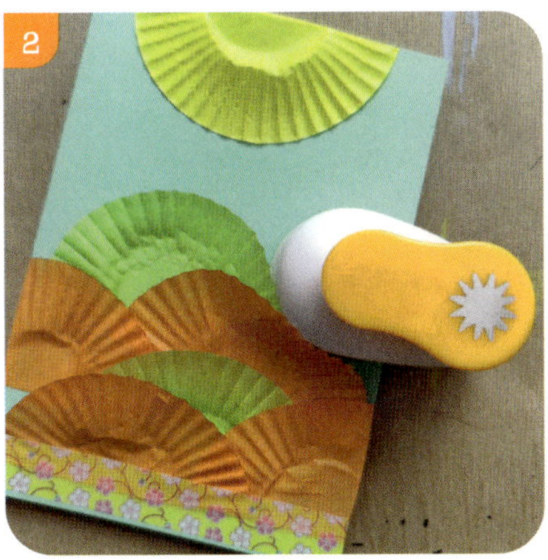

3

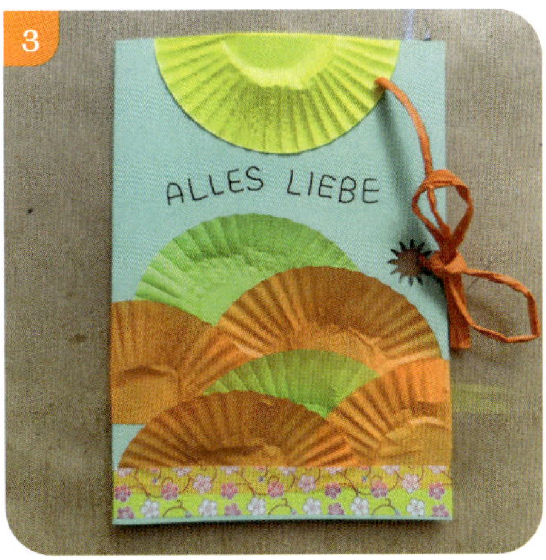

Überraschungskarte
aus farbigem Fotokarton

Diese etwas aufwendigere Karte eignet sich besonders für Überraschungsgeschenke. Von außen sind nur die Blattsilhouetten und der grüne Hintergrund zu sehen. Sobald man die Karte aufklappt, erfährt man die Überraschung: Zusammen Drachensteigen lassen, ein Ausflug zum Ponyhof oder ein Besuch im Tierpark? Wenn das neue Schuljahr begonnen hat, ist ein gemeinsamer Ausflug bei schönem Herbstwetter ein willkommener Ausgleich. Das Symbol für das Geschenk bleibt unter dem Laub verborgen, bis die Karte geöffnet wird. Auch Geldgeschenke lassen sich so liebevoll verpacken, indem du innen ein Minikuvert aufklebst, in das du Geld legst. Links in die weiße Fläche kannst du etwas hineinschreiben.

Das Prinzip der Karte kannst du dem jeweiligen Geschenk anpassen und anstelle der Blätter Pferdesilhouetten verwenden oder Löwen und Affen. Vorlagen dazu findest du ab Seite 113.

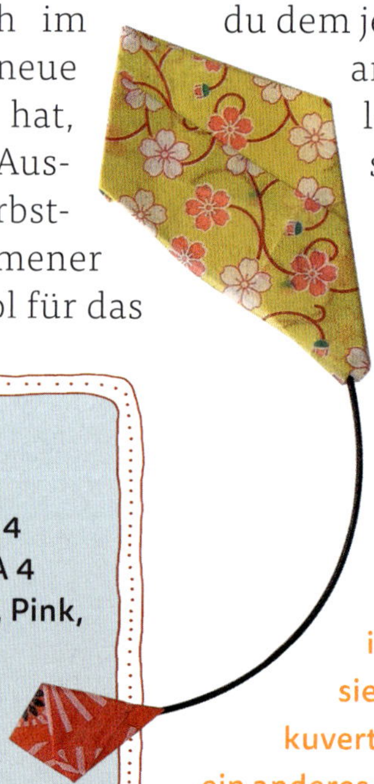

Das brauchst du:

- 2 Fotokartons weiß DIN A 4
- jeweils 1 Fotokarton DIN A 4 in Rot, Dunkelrot, Orange, Pink, Dunkelgrün, Hellblau
- Klebestift, Schere
- Dekotape, Klebeband
- 7 cm schwarze Kordel oder Bindfaden
- Buntstifte in Weiß und Rot

Das Format der Karte ist 14,5 × 14,5 cm. Wenn sie in ein normales Briefkuvert passen soll, musst du ein anderes Format verwenden.

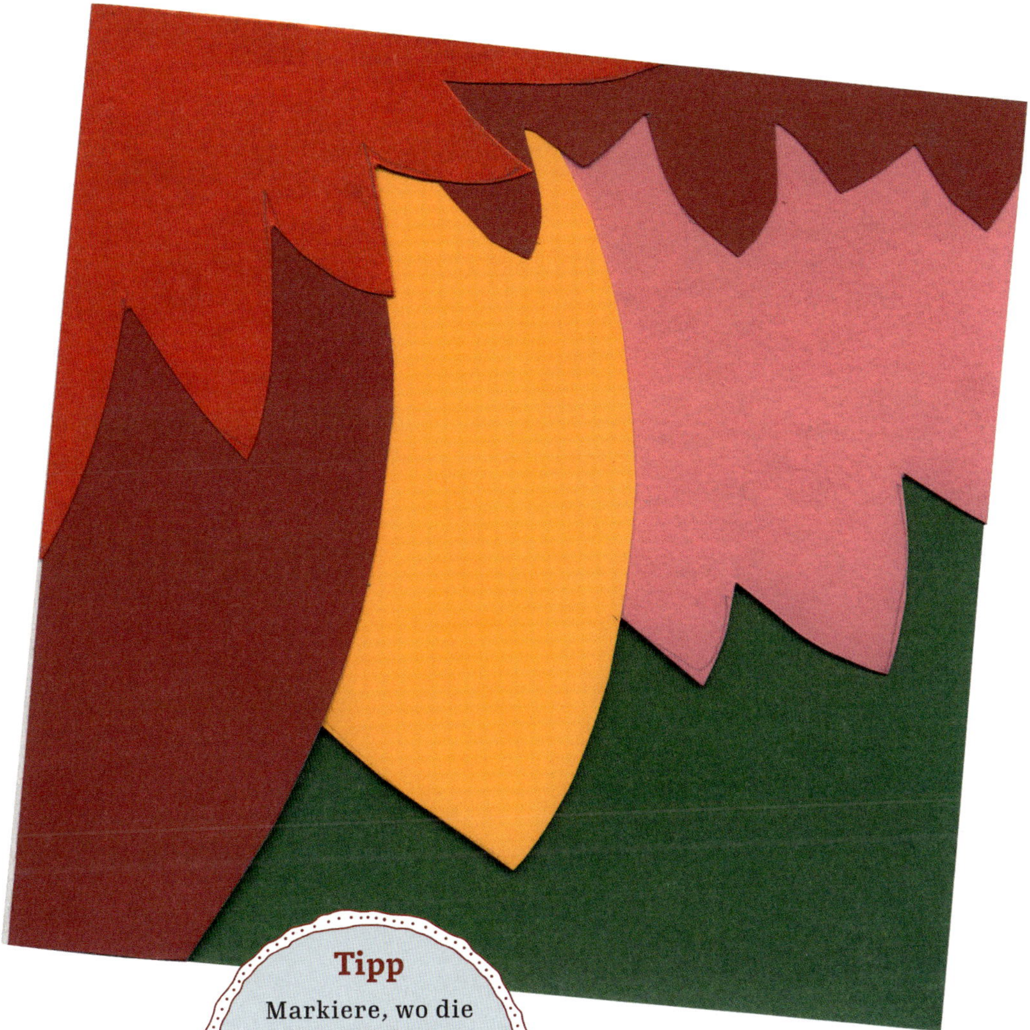

Tipp

Markiere, wo die grüne Fläche verdeckt ist und schreibe nur dort hinein. So bleibt der Inhalt eine Überraschung.

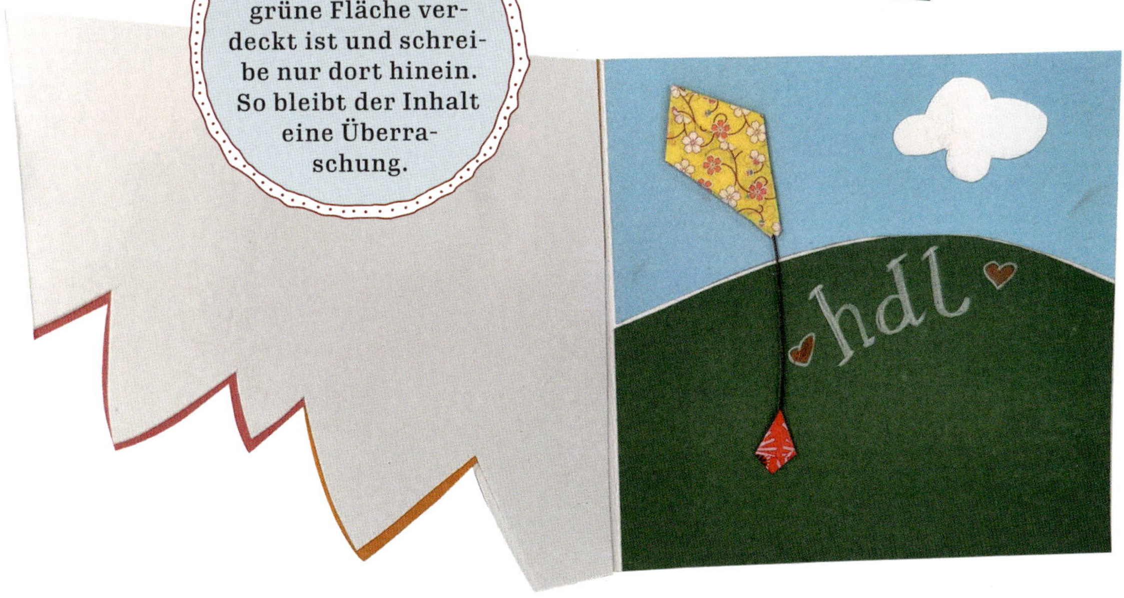

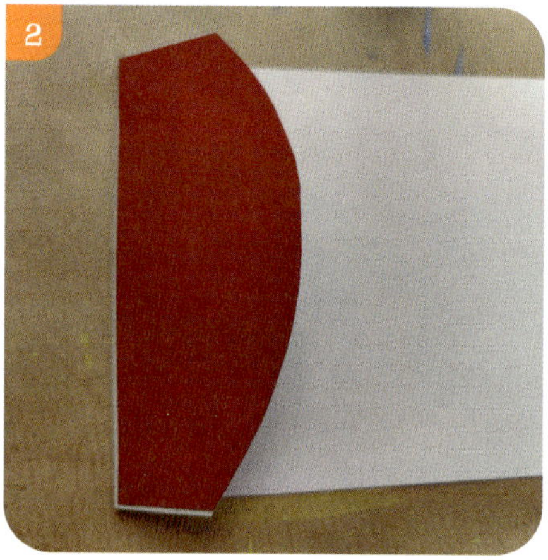

1 Aus einem weißen Fotokarton eine Fläche von 29,7 × 14,5 cm ausschneiden. In der Mitte falten, sodass es eine quadratische Doppelkarte ergibt. Auf der Vorderseite einen Bogen von circa 5 cm Breite anzeichnen und abschneiden. Einen dunkelroten Karton darunterlegen und mit etwas Abstand den Bogen nachzeichnen und ausschneiden.

2 Den weißen Bogen mit Kleber einstreichen. Den roten Bogen auflegen und andrücken. Mit der Schere nachschneiden, sodass es eine deckungsgleiche Kante ergibt.

3 Eine Blattform auf orangefarbenem Karton aufzeichnen. Dafür den Karton bündig mit der Oberkante und überlappend mit dem roten Bogen in die Karte einlegen, die Blattform aufzeichnen und ausschneiden. Den roten Bogen dort mit Kleber einstreichen, wo er auf dem orangefarbenen Blatt aufliegt. Das orangefarbene Blatt einlegen, Karte zuklappen und fest andrücken.

4 Ein pinkfarbenes Blatt ebenso aufzeichnen, ausschneiden und am orangefarbenen Blatt festkleben. Darüber rechts eine dunkelrote und links eine rote abschließende Silhouette aufkleben. Einen grünen Karton in der Größe von 14,5 × 10 cm in die Karte einlegen und markieren, wo er von den Blättern verdeckt wird.

5 Einen Hügel darauf zeichnen und ausschneiden. Das ausgeschnittene Gegenstück des Hügels bündig zur Unterkante eines blauen Kartons in der Größe von 14,5 × 8 cm auflegen, den Bogen darauf anzeichnen und so den blauen Himmel ausschneiden. Beide Flächen aneinanderstoßend auf die innere rechte Seite der aufgeklappten Karte einkleben, Oberkante des Himmels bündig mit der Karte abschneiden. Eine Wolke aus weißem Karton ausschneiden und aufkleben. Für den Drachen eine größere und eine kleinere Raute ausschneiden. Die Enden einer circa 7 cm langen Schnur mit Klebeband darauf festkleben, sodass die Schnur genau auf die schmalen Ecken trifft. Rauten mit Dekotape umwickeln und den Drachen mit Klebepads in den Himmel einkleben. Die Schnur lose baumeln lassen.

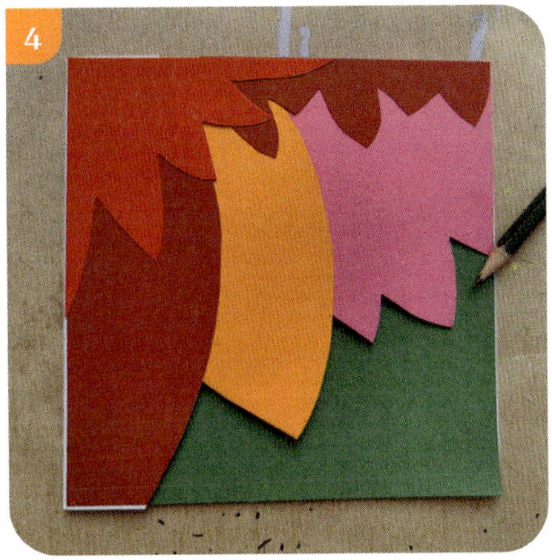

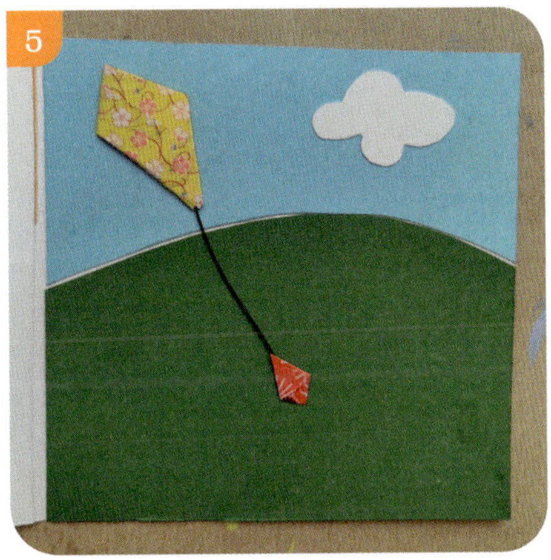

6 Die Gesamtsilhouette der Blätter auf einem weißen Karton in der Größe von 14,5 × 14,5 cm nachzeichnen und etwas kleiner ausschneiden und auf der Rückseite der Blätter aufkleben. Dabei 2 mm Abstand zum Falz lassen, damit sich die Karte gut schließen lässt. Die Kartenränder oben, unten und an der offenen Seite mit Schere oder Lineal und Cutter nachschneiden, sodass es eine deckungsgleiche Kante ergibt. Im verdeckten Teil der grünen Fläche mit Buntstift hineinschreiben.

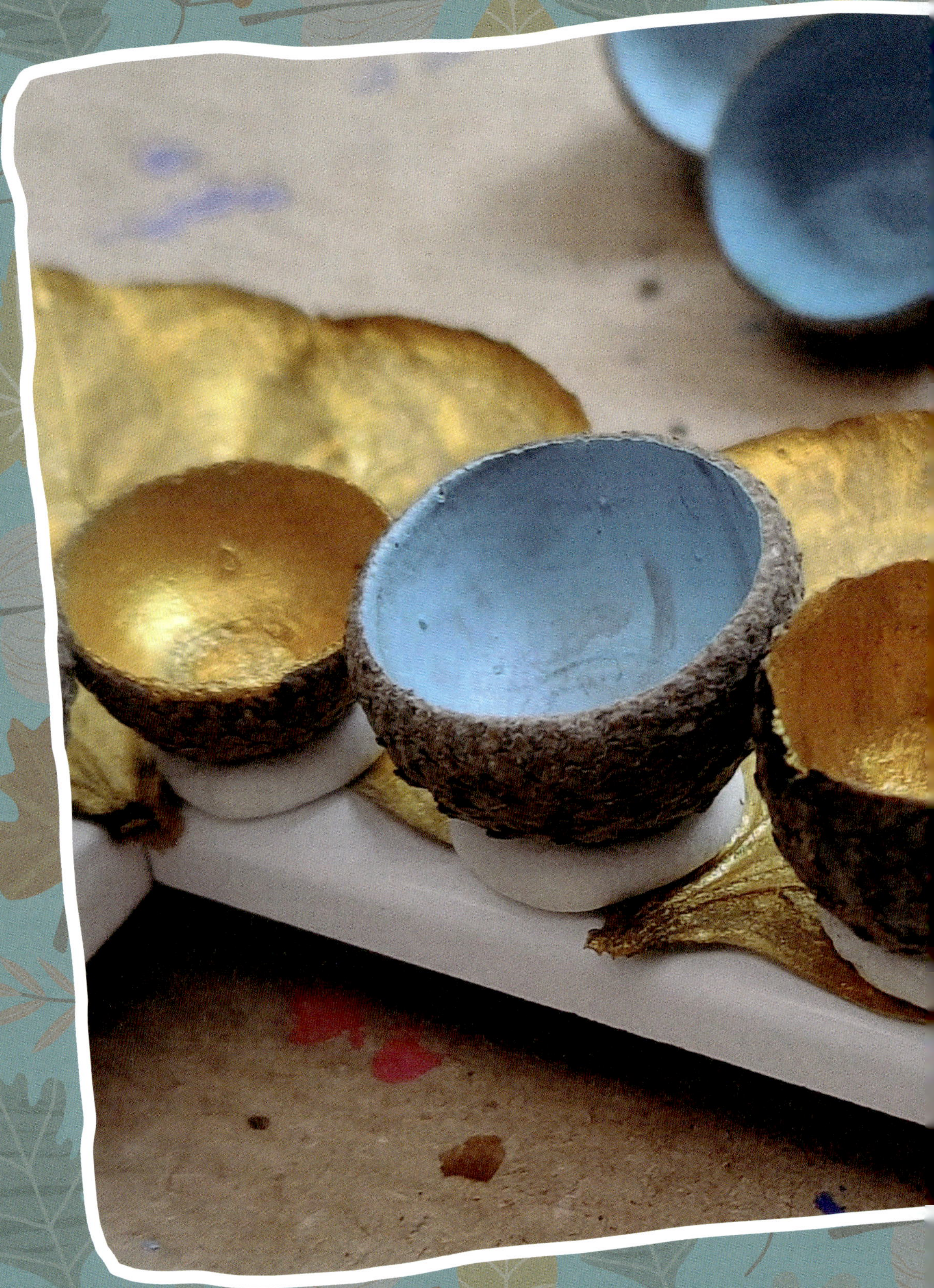

Verzieren & Dekorieren

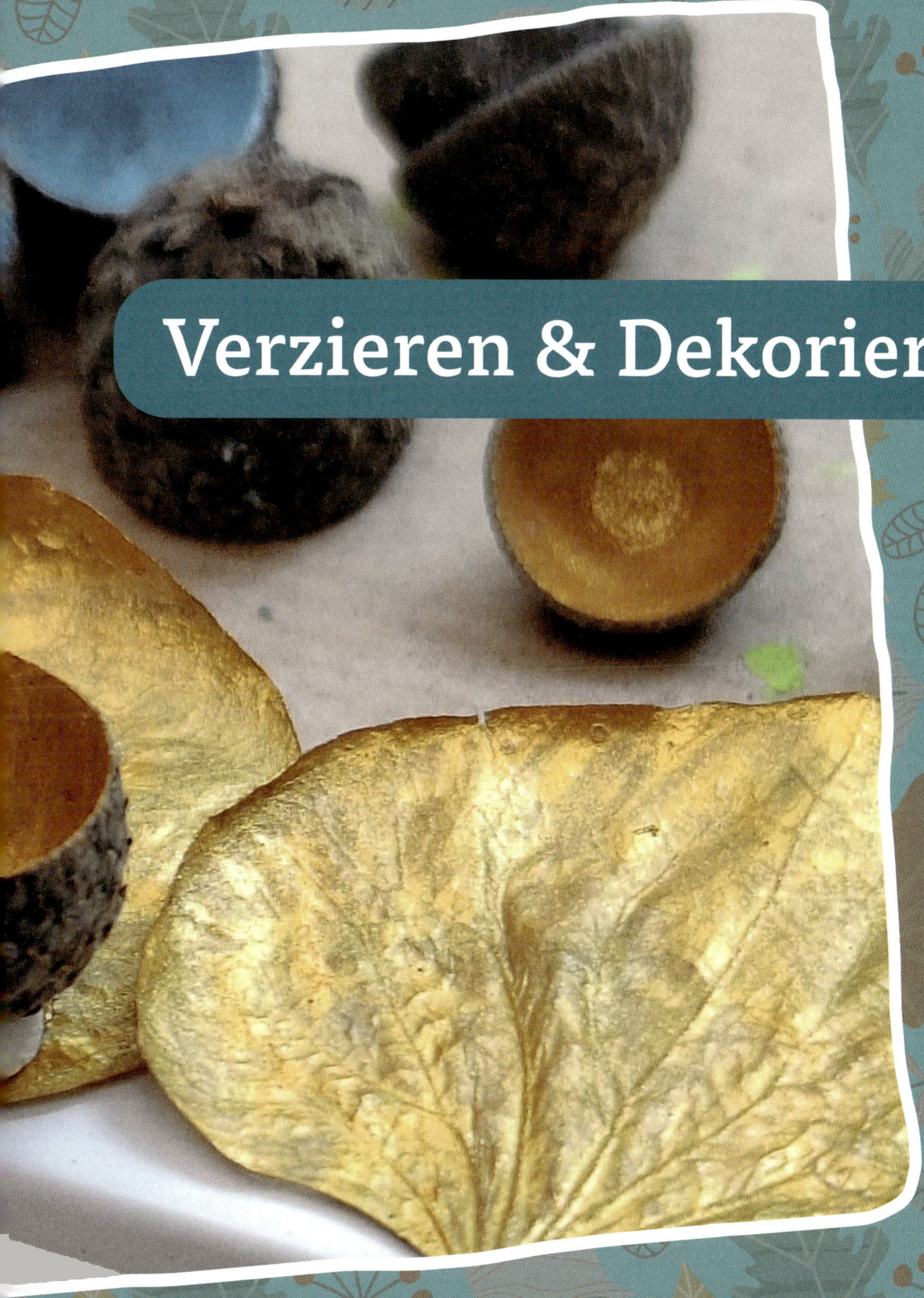

Blattgoldrahmen

mit bunten Hütchen

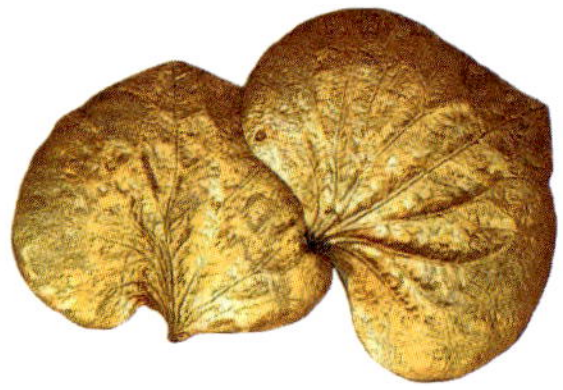

Mit kostbaren Dingen muss man behutsam umgehen, so auch mit diesem Rahmen. Sein goldenes Blattwerk ist sehr empfindlich, und die bunten Hütchen sind mit Klebepads aufgesetzt. Hängt der Rahmen jedoch erst einmal an der Wand, kann ihm fast nichts mehr passieren. Richtiges Blattgold, mit dem man Bilderrahmen vergoldet, ist hauchdünn und sehr teuer. Es ist aus reinem Gold und wird meist nur von denen verwendet, die den Beruf des Vergolders gelernt haben. Du kannst »Blattgold« selbst herstellen, indem du getrocknete Blätter golden anmalst und auf den Rahmen aufklebst. Durch ihre Form und Struktur eignen sich die Blätter getrockneter Hortensienblüten dafür besonders gut. Die goldene Farbe bringt ihre Maserung schön zur Geltung, der fertige Rahmen erinnert an reich verzierte Barockrahmen. Die runden Hütchen – die Fruchtbecher von Eicheln – habe ich innen in verschiedenen Türkistönen und Gold ausgemalt. Wähle die Farbe passend zu dem Bild, das du in dem Rahmen aufhängen möchtest. Ich fand, ein dreidimensionales Bild mit etwas zum Anfassen passt gut zu dem Rahmen, du kannst aber auch eine Zeichnung oder ein Foto damit aufhängen.

Das brauchst du:

- Bilderrahmen mit glattem Rand
- getrocknete Blätter in dazu passender Größe
- Fruchtbecher von Eicheln
- Acrylfarbe in Türkis, Weiß und Gold (z. B. Patio Paint von Rayher)
- Pinsel
- Klebepads, Bastelkleber

Die Anleitung zu dem Schafbild findest du auf Seite 86.

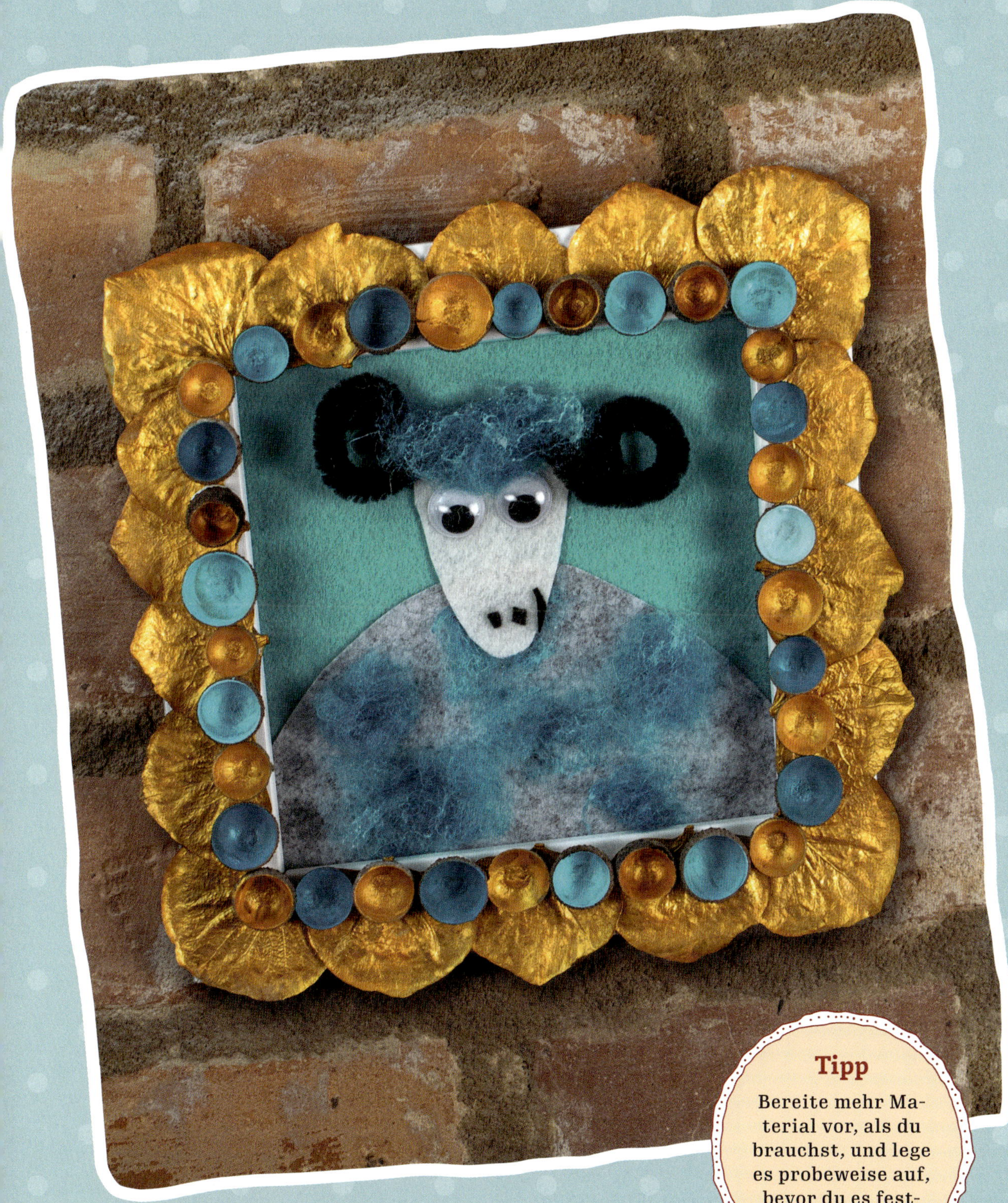

Tipp

Bereite mehr Material vor, als du brauchst, und lege es probeweise auf, bevor du es festklebst.

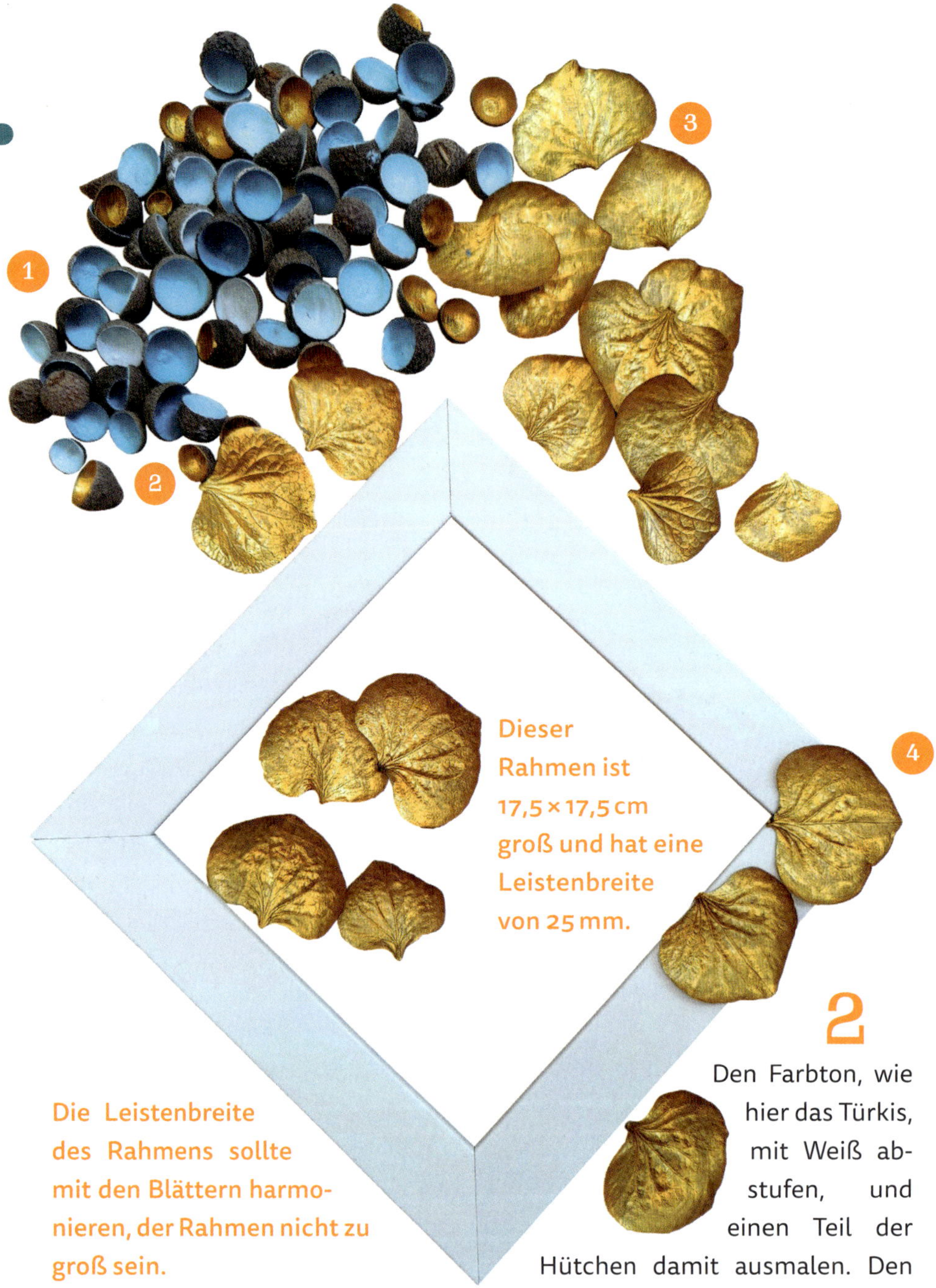

Dieser Rahmen ist 17,5 × 17,5 cm groß und hat eine Leistenbreite von 25 mm.

Die Leistenbreite des Rahmens sollte mit den Blättern harmonieren, der Rahmen nicht zu groß sein.

1 Eine größere Menge Eichel-Fruchtbecher vorbereiten, indem du ihre Stiele entfernst. Für diesen Rahmen brauchst du ungefähr 40 Stück, aber je mehr du hast, desto besser, dann kannst du beim Dekorieren auswählen.

2 Den Farbton, wie hier das Türkis, mit Weiß abstufen, und einen Teil der Hütchen damit ausmalen. Den anderen Teil mit goldener Farbe ausmalen.

3 Die getrockneten Blätter auf der Oberseite mit goldener Farbe anmalen.

Alles gut trocknen lassen.

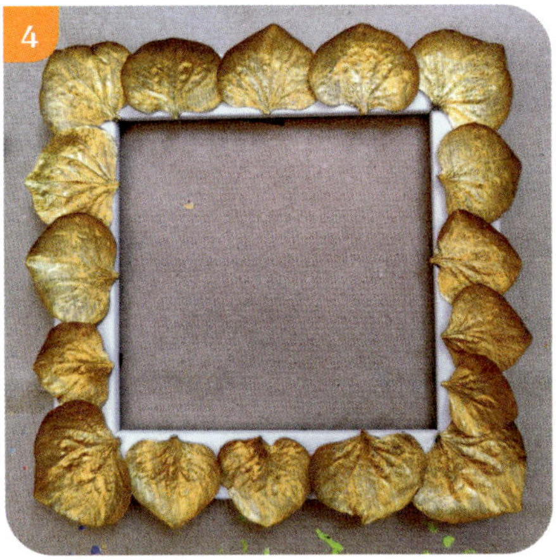

4 Die Blätter mit Flüssigkleber rundum auf den Rahmen aufkleben. Eine Pappe auflegen und vorsichtig beschweren. Trocknen lassen.

5 Aus Klebepads kleine Kügelchen formen, auf die Rückseite der Fruchtbecher setzen und diese an der inneren Kante des Rahmens fest andrücken. Dabei goldene und farbige Hütchen abwechseln.

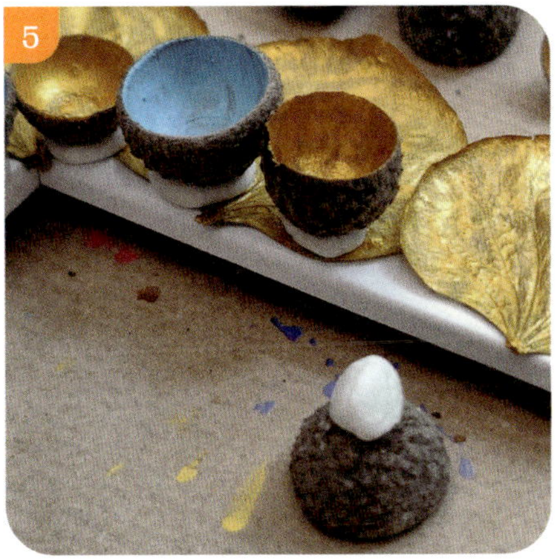

6 Die Fruchtbecher so ausmitteln, dass keine Lücken bleiben. Dabei ist es hilfreich, wenn du mehr Hütchen bemalt hast, als du eigentlich brauchst. Um ein Bild zu rahmen, den Rahmen vorsichtig umdrehen, sodass die Hütchen nicht verrutschen. Zum Aufstellen eignet sich dieser Rahmen nicht, weil die überstehenden Blätter dabei abbrechen würden.

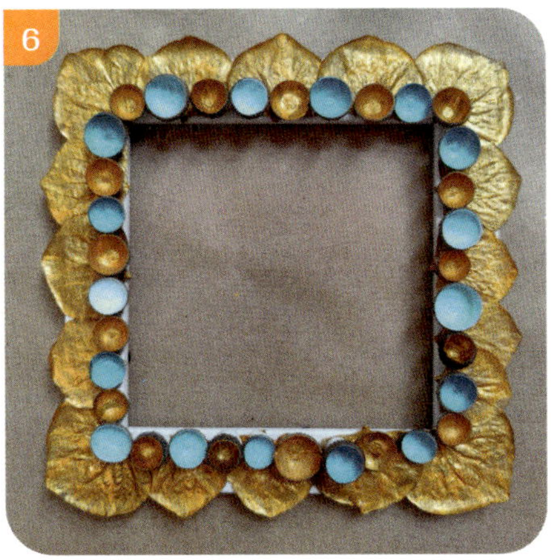

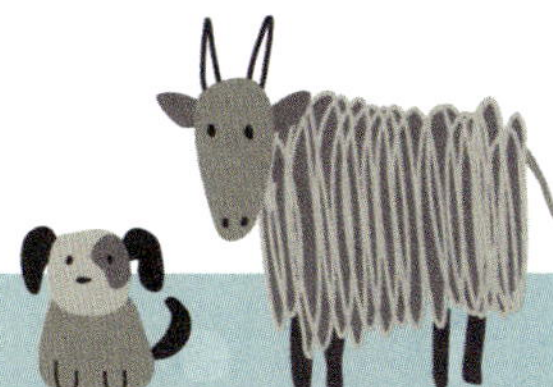

Mit einem selbst gemalten Bild oder einem Foto von dir ist der Blattgoldrahmen ein edles Geschenk zu Weihnachten! Auf der nächsten Seite zeige ich dir, wie einfach das Schafbild geht.

Lustiges Schafbild

mit Wackelaugen

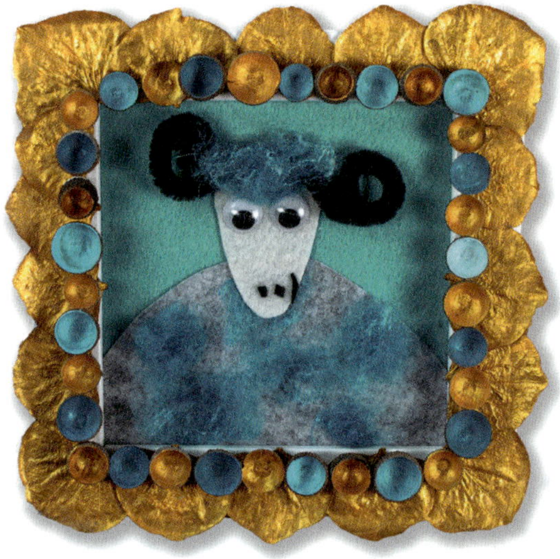

Anleitung Rahmen auf Seite 84

1 Dein Rahmen hat sicher ein Glas oder ein Passpartout. Dieses auf den türkisfarbenen Moosgummi auflegen, nachzeichnen und als Hintergrund für das Bild ausschneiden.

2 Aus selbstklebendem hellgrau meliertem Moosgummi eine Fläche schneiden, die sich, ausgehend von den beiden unteren Ecken, nach oben hin bis ungefähr zur Mitte wölbt. Bündig mit der unteren Kante aufkleben.

3 Ein paar Punkte Flüssigkleber in die graue Fläche setzen und kleine Büschel Zupfwolle darin aufkleben. Aus dem naturweißen Moosgummi die Form für den Kopf ausschneiden und aufkleben.

4 Zwei Wackelaugen aufkleben. Die Stirn mit Kleber einstreichen und ein Büschel Zupfwolle, nach oben zeigend, darin festkleben.

Das brauchst du:

- Moosgummi in Türkis für den Hintergrund
- selbstklebender Moosgummi in Hellgrau meliert, Naturweiß und Schwarz
- Zupfwolle in Türkis
- 2 Wackelaugen
- Pfeifenputzer in Schwarz
- Flüssigkleber, Schere

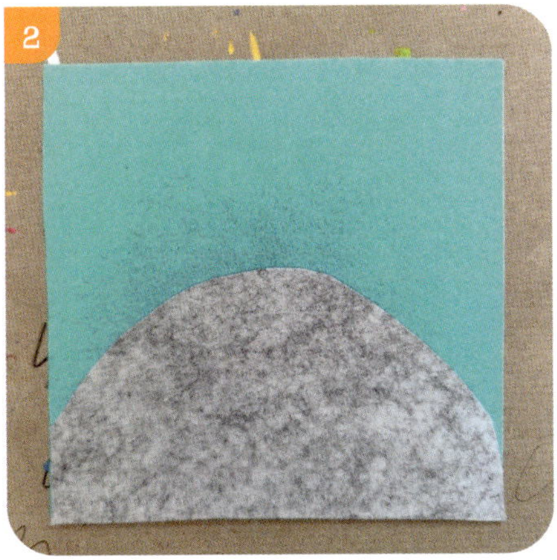

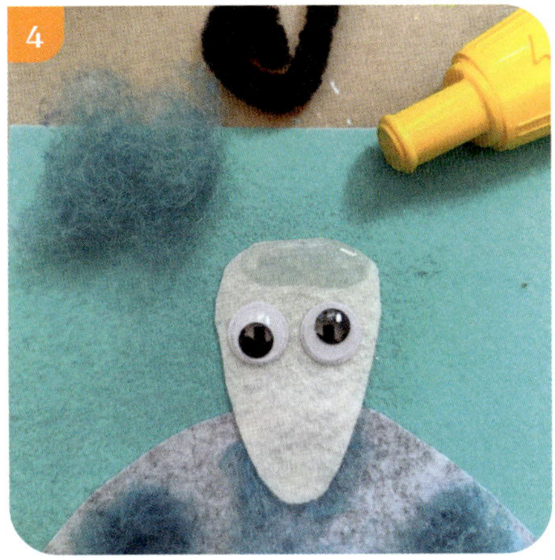

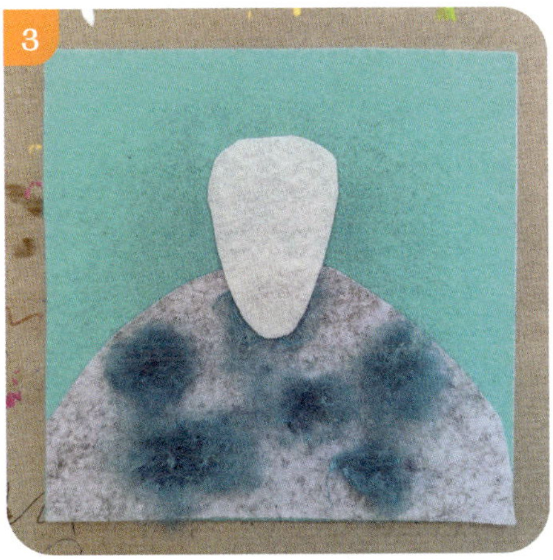

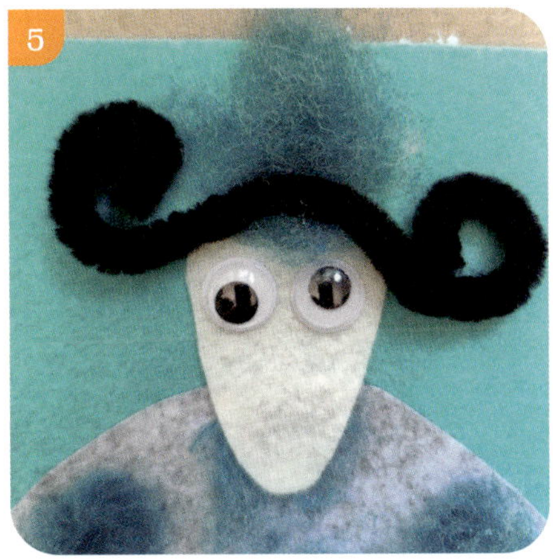

5 Aus einem schwarzen Pfeifenputzer miteinander verbundene Hörner formen. Die Zupfwolle an der Stirn mit Kleber bestreichen, den Hornbogen mittig darin festdrücken und in der Mitte mit Kleber bestreichen. Die Zupfwolle darüberklappen und festdrücken.

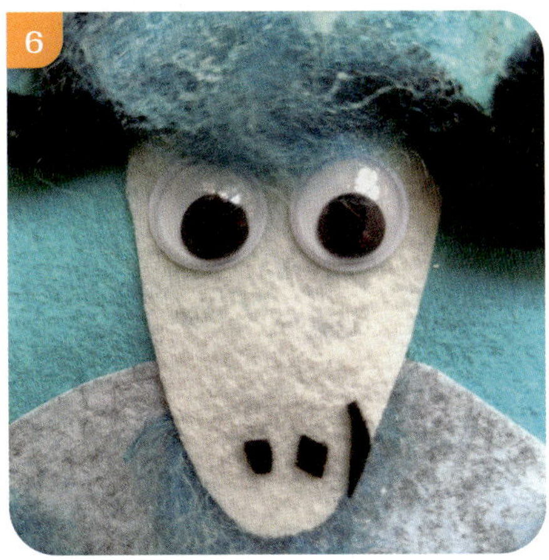

6 Aus dem schwarzen Filz Mund und Nasenlöcher ausschneiden und aufkleben. Fertig ist das Schaf! Vorsichtig in den Rahmen einsetzen und gleich aufhängen.

Postkartenhalter

aus bemaltem Stein und Basteldraht

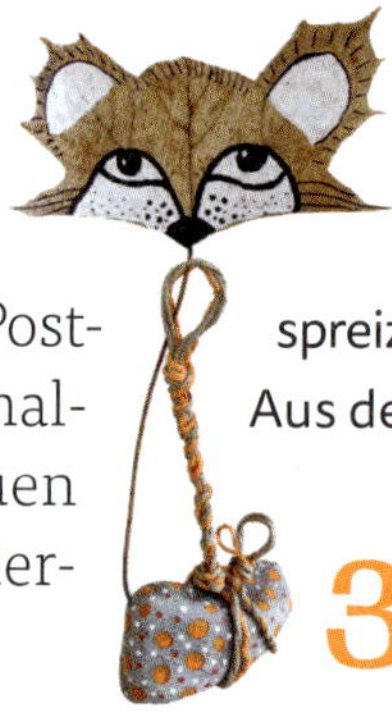

Mit diesem schnell gebauten Halter lassen sich Postkarten, Zeichnungen, bemalte Blätter oder die schlauen Füchse von Seite 12 wunderbar präsentieren.

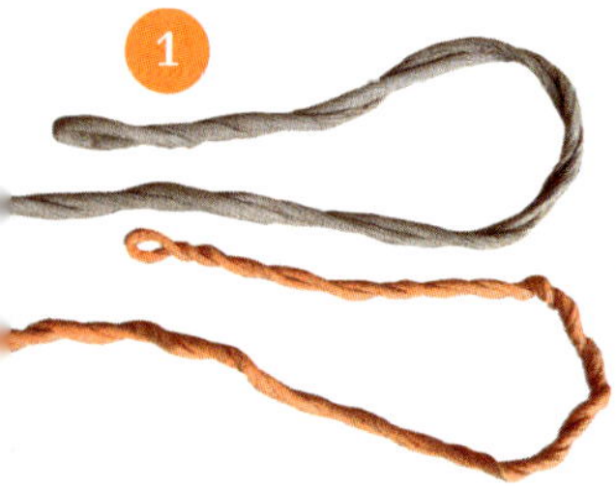

1 2 × 3 m Basteldraht in der Mitte umknicken, zu einer Kordel drehen und aus jeder Farbe eine Schlaufe von circa 5 cm Länge formen.

2 Die Schlaufen aufeinanderlegen und mit den langen Enden so umwickeln, dass sie fest miteinander verbunden sind. Aus dem dritten Strang eine weitere Kordel drehen und damit das Gebilde von der Schlaufe an auf einer Länge von circa 11 cm umschlingen. Den »Fuß« umwickeln, die drei Stränge spreizen und um den Stein schlingen. Aus den Enden Schlaufen formen.

3 Mit Acrylmarkern den Stein mit Punkten bemalen.

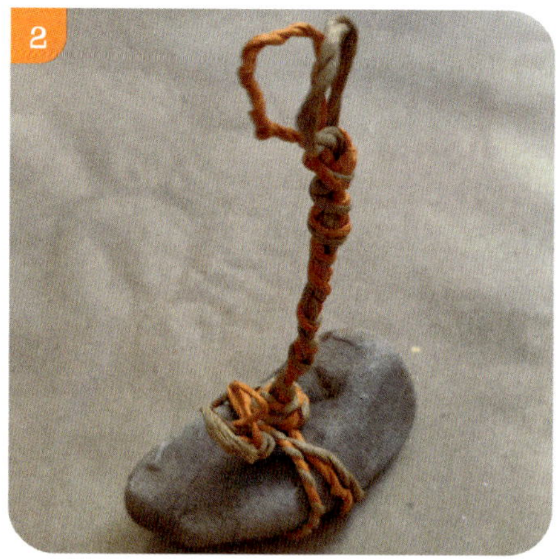

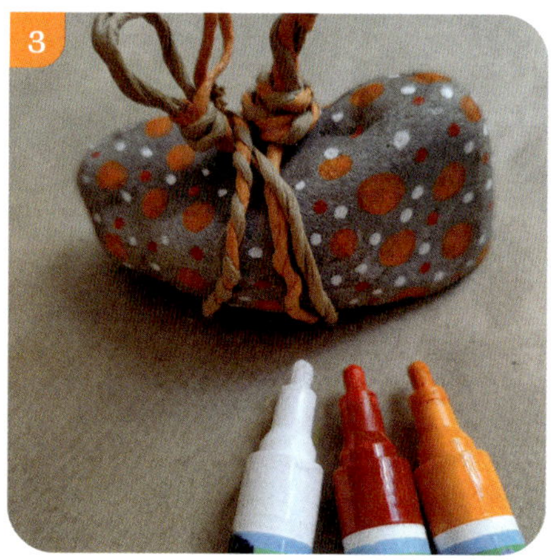

Das brauchst du:

- 3 × 3 m Basteldraht in Orange und Hellbraun
- Stein mittlerer Größe
- Acrylstifte in Orange, Rot und Weiß
- Schere

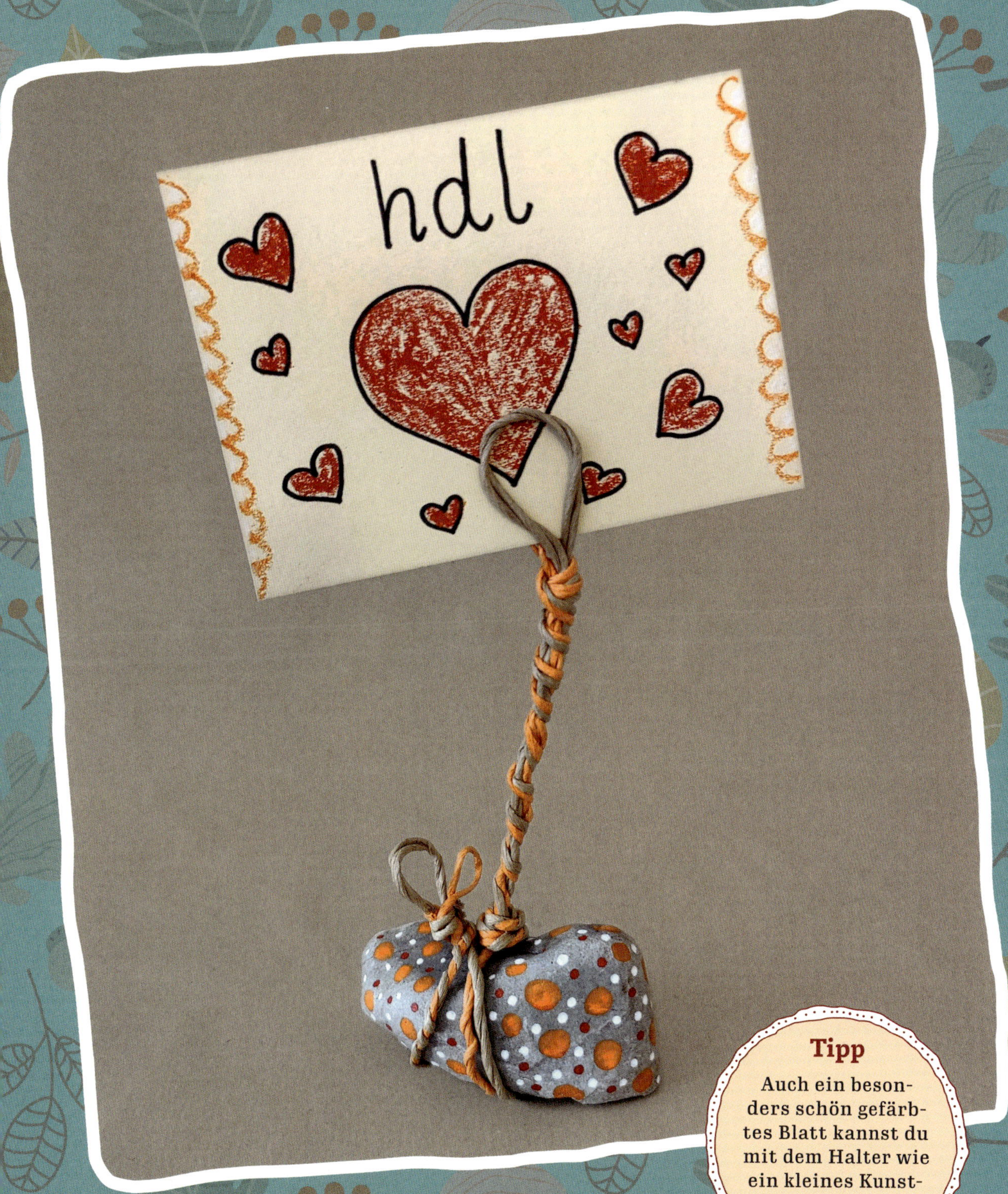

Tipp

Auch ein besonders schön gefärbtes Blatt kannst du mit dem Halter wie ein kleines Kunstwerk in Szene setzen.

Schatzkästchen

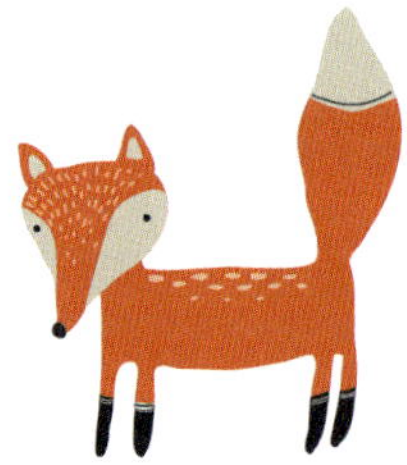

anmalen und dekorieren

Um kleine Fundstücke, Briefe und Souvenirs sicher aufzubewahren, brauchst du unbedingt ein Schatzkästchen. Natürlich könntest du einfach einen Schuhkarton dafür verwenden, ohne dir die Mühe zu machen, ihn zu dekorieren. Doch aus einem simplen Karton ein Schatzkästchen zu zaubern, dauert nicht lange, und du wirst dich jedes Mal freuen, wenn du es in die Hand nehmen wirst. Auch als Geschenk ist ein liebevoll gestalteter Karton willkommen. Im Bastelgeschäft kannst du Schachteln kaufen, die extra dafür gemacht sind, bemalt oder beklebt zu werden. Sie sind stabiler als Schuhkartons, haben keine lästigen Etiketten, die du zuerst entfernen musst, und ihre Oberfläche ist gut für das Bemalen geeignet. Je nach Schuhgröße kann ein Schuhkarton auch ziemlich groß sein, es kommt also letztendlich bei der Auswahl des Kartons auch darauf an, was du in deinem Schatzkästchen aufbewahren möchtest. Wenn sich die Oberfläche deines Kartons nicht gut zum Bemalen eignet, dann beklebe ihn mit farbigem Papier, Borten, selbstklebendem Moosgummi oder Geschenkpapier. Im Baumarkt kannst du einfache Holzkisten kaufen, die sich gut bemalen lassen und an die du ein Schloss anbringen könntest, falls niemand außer dir die Schatzkiste öffnen darf.
Ich habe mir für dich bemalte Schachteln ausgedacht, die ich mit Tiermotiven, goldenen Punkten oder bemalten Blättern dekoriert habe.

Das brauchst du:

- Schuhkarton oder Pappmaché-Schachtel von Rayher
- Acrylfarbe, Pinsel (Klarlack)
- Fotokarton in Weiß
- Filzstifte schwarz und orange
- Klebestift oder Klebepunkte
- Schere

Tipp

Bemalte Blätter vor dem Aufkleben pressen und nach dem Aufkleben durch Lack schützen.

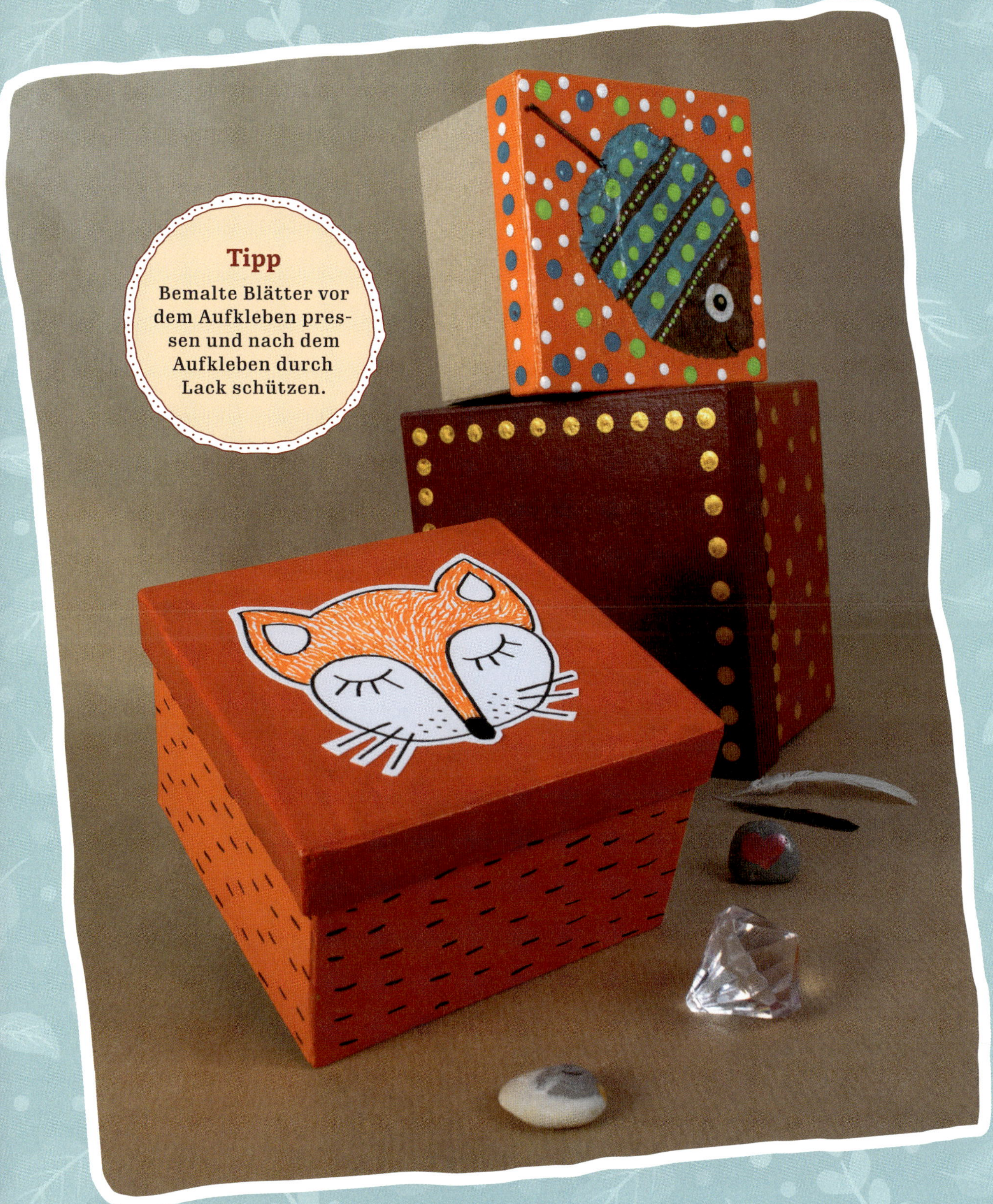

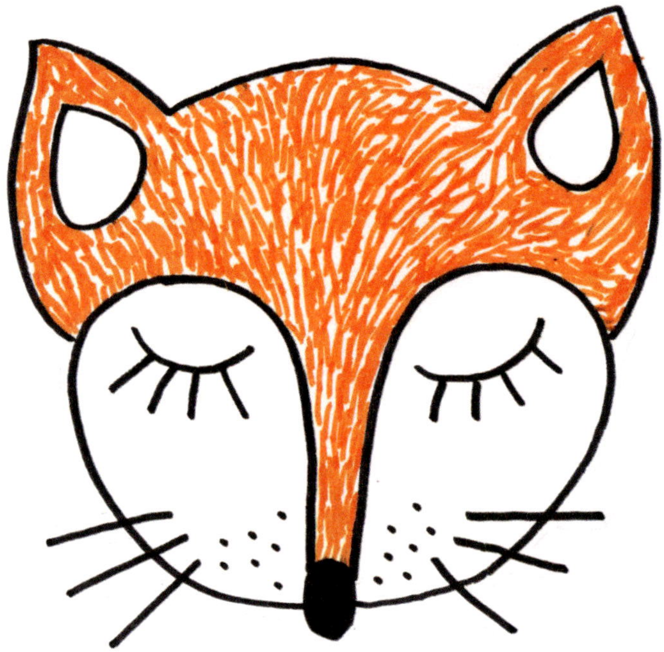

Ein Motiv wie den Fuchs klebst du am besten auf den Deckel deines Schatzkästchens, dort sieht man ihn am besten. Die Seitenflächen kannst du einfarbig oder mit einem Muster gestalten oder freilassen.

1 Den Deckel mit Acrylfarbe in Rot und die Seitenteile in Orange anmalen und die Farbe trocknen lassen. Den Fuchs (oder ein Motiv deiner Wahl) mit schwarzem Filzstift auf einen weißen Fotokarton aufzeichnen. Dabei die Größe der Zeichnung der Deckelgröße anpassen. Das Motiv ausschneiden und dabei ein paar Millimeter Rand um die Zeichnung stehen lassen.

2 Mit orangefarbenem Filzstift das Fell malen. Dafür viele kurze Striche nebeneinander setzen, die alle nach oben zeigen – wie bei einem echten Fell, dessen Haare auch in eine Richtung wachsen. Die Zeichnung mittig auf den Deckel kleben.

3 Mit schwarzem Filzstift kurze, querliegende Striche auf die Seitenteile aufzeichnen.

4 Um ein bemaltes Blatt aufzukleben, dieses unten mit Flüssigkleber einstreichen, eine Folie darüberlegen und glatt streichen. Überschüssigen Kleber sofort mit einem Tuch entfernen. Trocken lassen. Mit Punkten in passender Farbe ergänzen. Zum Schutz zweimal mit Klarlack lackieren.

Vorlagen auf Seite 122.

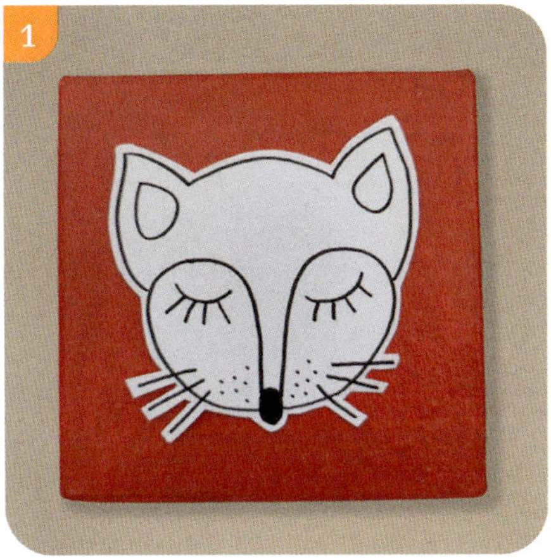

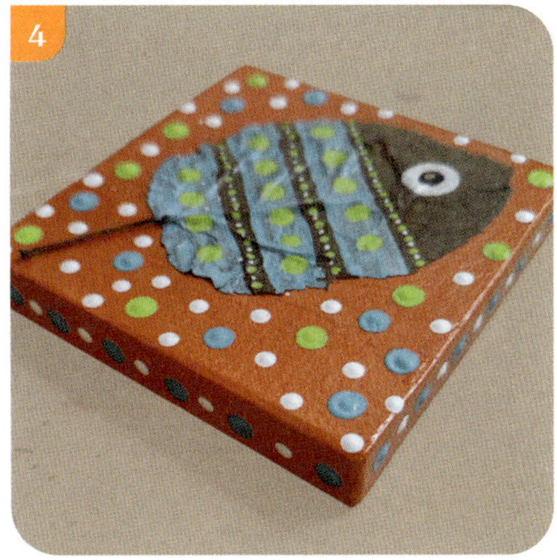

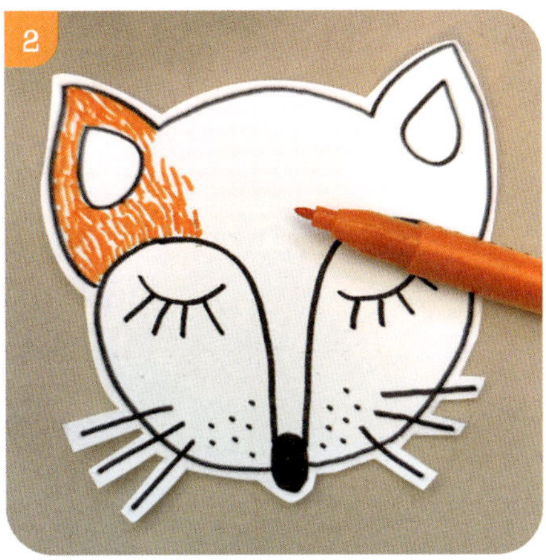

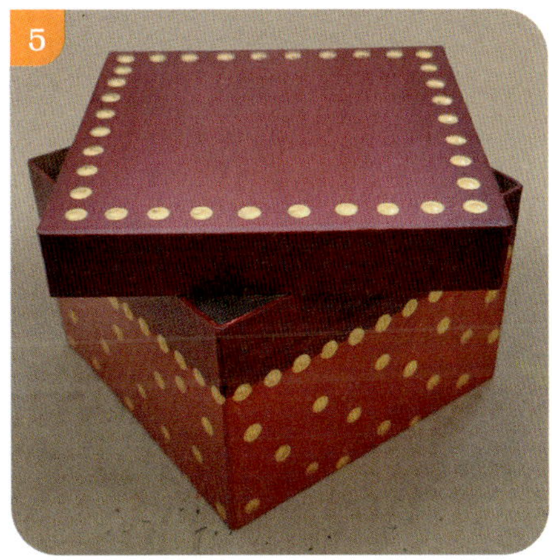

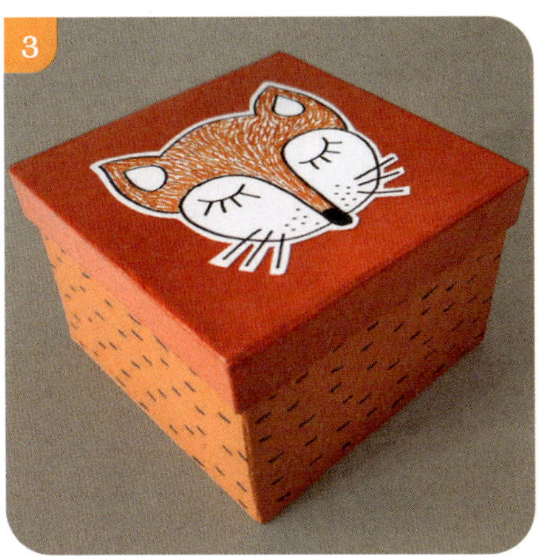

Die Schachteln sind 12,5 × 12,5 × 8 cm und 15,5 × 15,5 × 10,5 cm groß.

5 Bei geschlossenem Deckel die Unterkante des Deckelrandes auf der Seitenfläche anzeichnen. Bis einen Zentimeter darunter mit Rot, darüber und den Deckel mit Dunkelrot bemalen. Entlang der Farbgrenze und umlaufend auf dem Deckel gleichmäßig goldene Punkte aufsetzen. Dafür einen Plexiglasstab oder das Ende eines Stiftes in Acrylfarbe tauchen und die Punkte setzen. Für jeden Punkt neu eintauchen, dann werden sie gleich groß. Die Seitenflächen mit weiteren Punkten verzieren.

Marmeladengläser
im bunten Kleid

Es gibt spezielle Glasmalfarben, die nach dem Fixieren im Backofen sogar spülmaschinenfest sind. Du kannst aber auch mit normalen Acrylfarben auf Glas malen. Die erste Schicht wird kaum deckend sein, aber schon die zweite Schicht hält viel besser, und die dritte deckt dann wirklich satt.

1 Ein sauberes Schraubglas mit Acrylfarbe rundum bemalen. Trocknen lassen und Vorgang zweimal wiederholen. Das Glas zum Trocknen auf einen dicken Pinselstiel aufsetzen und diesen in ein mit Steinen beschwertes Gefäß stellen. Mit breitem Pinsel in einem helleren oder dunkleren Ton Streifen aufmalen.

Das brauchst du:

- Schraubgläser
- Acrylfarbe rot und orange
- Pinsel
- Stoffrest weiß
- Geschenkband orange

2 Einen 5 cm breiten Streifen aus einem Stoffrest schneiden, zu einem Band falten, oben leicht überstehend um das Glas legen, mit einem Geschenkband umschlingen, eine Schleife binden – fertig!

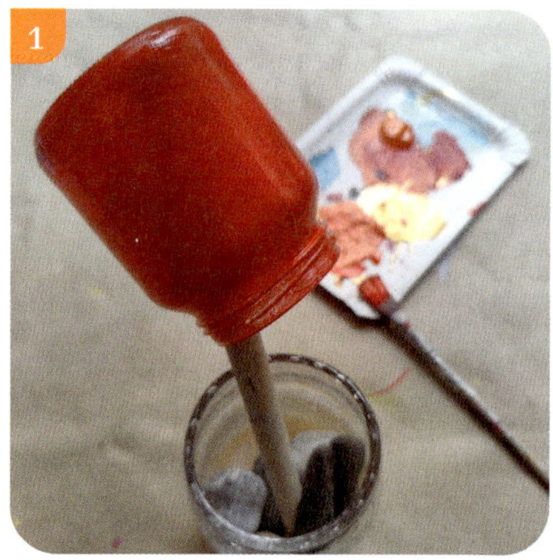
1

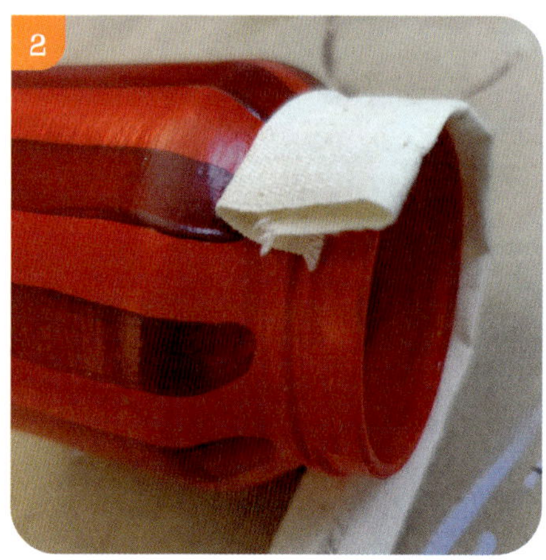
2

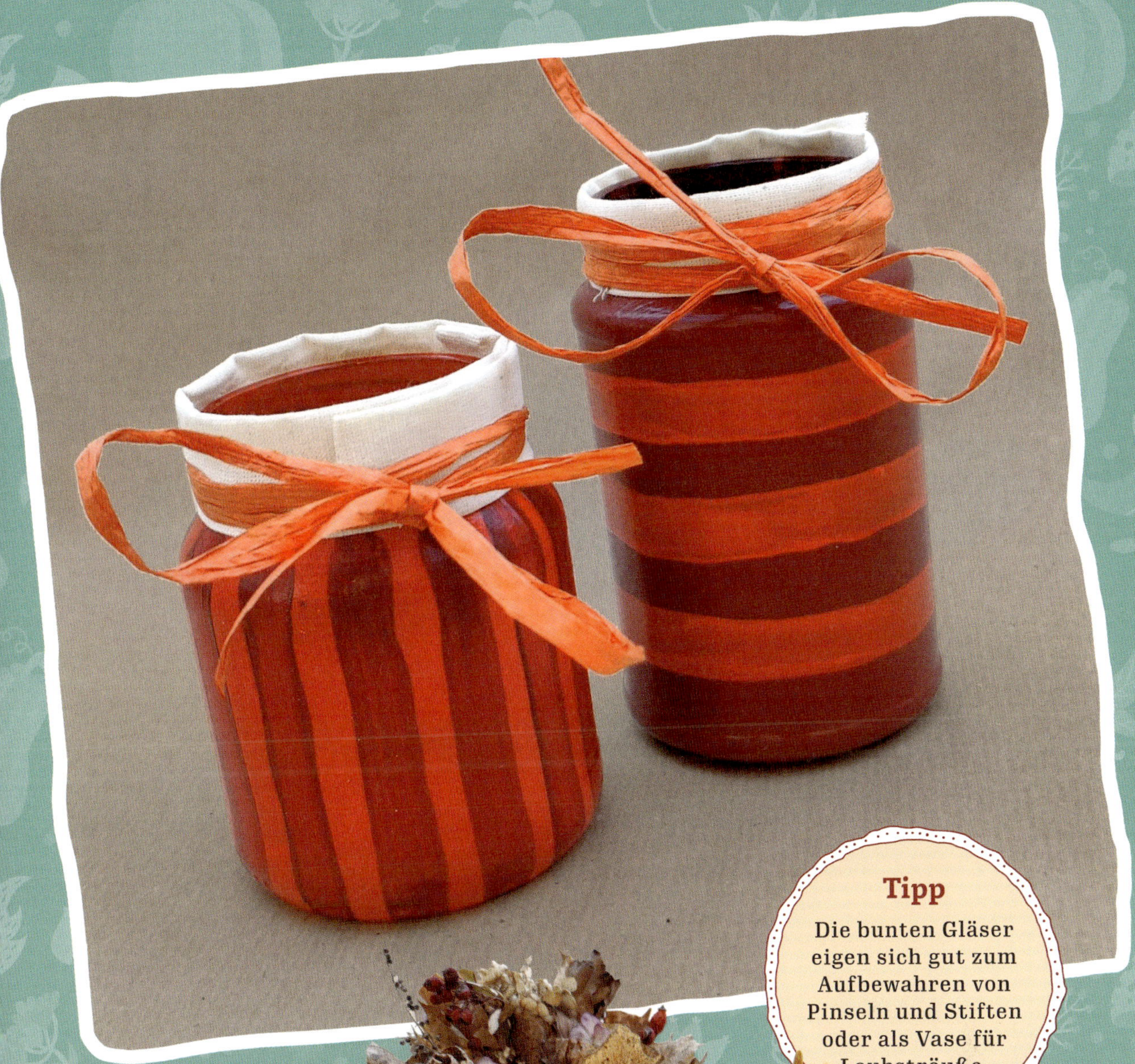

Tipp

Die bunten Gläser eigen sich gut zum Aufbewahren von Pinseln und Stiften oder als Vase für Laubsträuße.

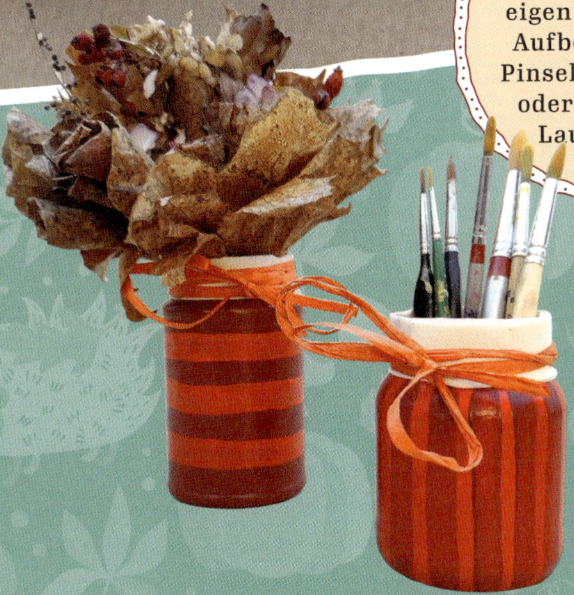

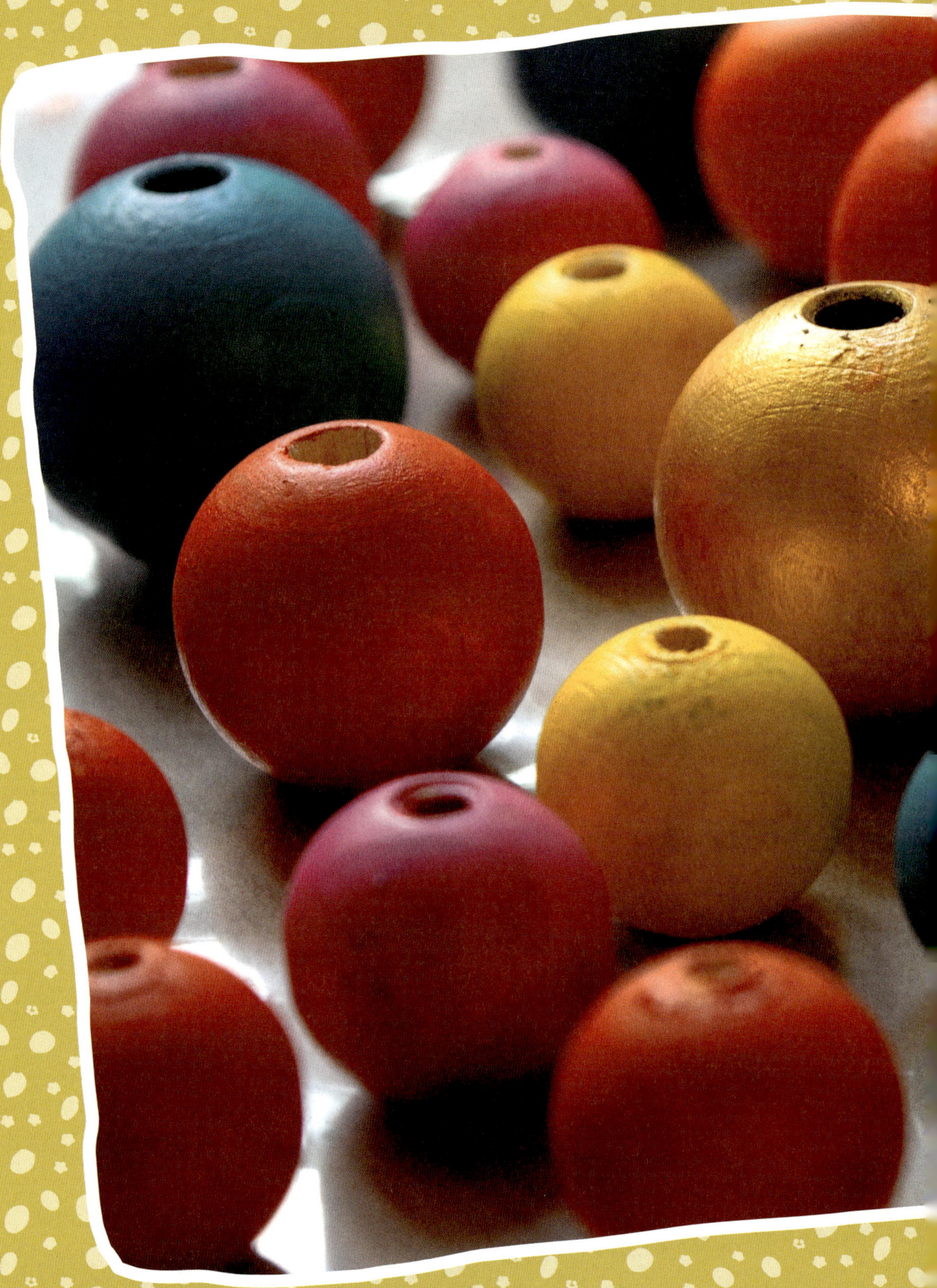

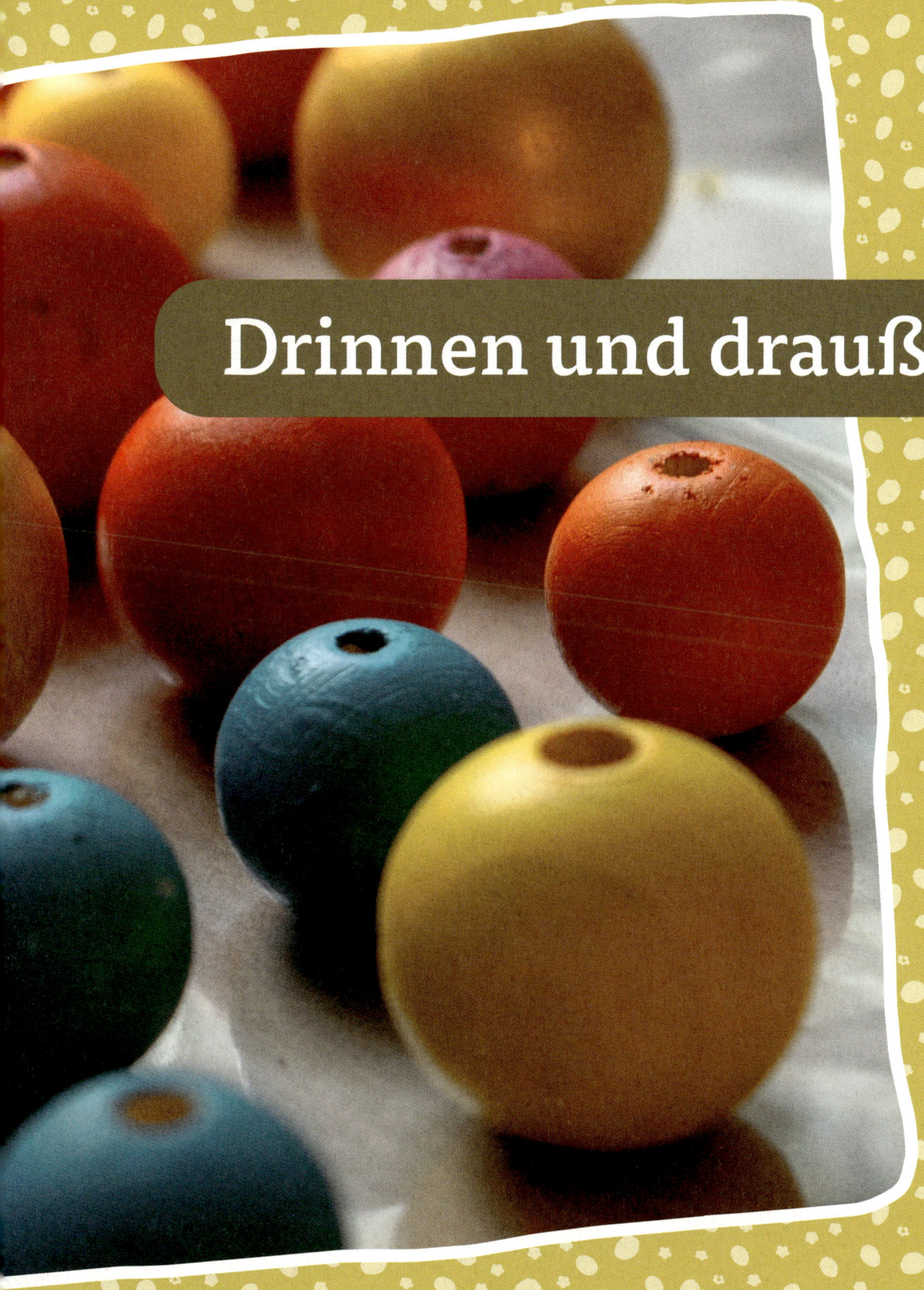

Drinnen und draußen

Bunte Krachmacher

aus Papprollen

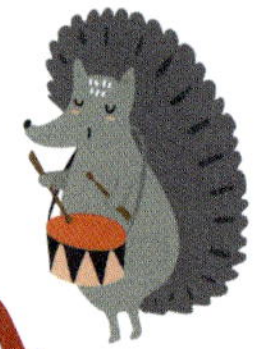

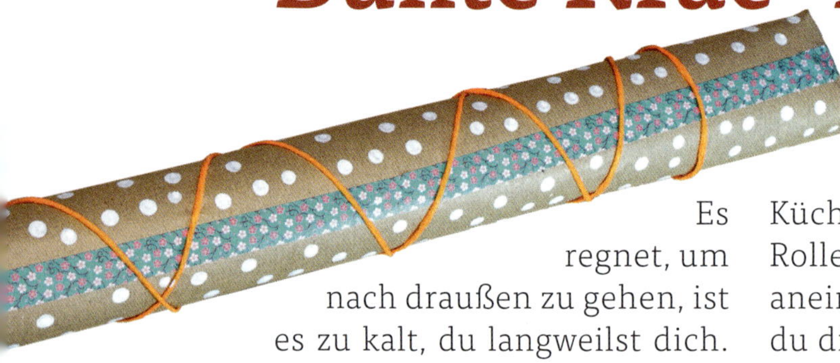

Es regnet, um nach draußen zu gehen, ist es zu kalt, du langweilst dich. Bau dir eine Rassel, oder gleich zwei oder drei! Damit kannst du einen Regentanz aufführen oder zu deinem Lieblingssong den Rhythmus schütteln und dazu tanzen. Wenn dir vorher kalt war – so wird dir warm! Zu mehreren macht es noch mehr Spaß! Für die Rasseln eignen sich leere Papprollen von Toiletten- oder Küchenpapier. Klebst du die Rollen zu einem langen Rohr aneinander, kannst du, indem du die Rolle langsam hin- und herneigst, damit den Klang des Regens nachmachen. Leere Plastikflaschen, Joghurtbecher oder Dosen lassen sich auch zu Rasseln umfunktionieren – jedes Material hat seinen speziellen Klang. Für die Füllung eignen sich Walnussschalen, Eicheln, kleine Steine und Kastanien. Du kannst aber auch getrocknete Linsen, Reis oder Büroklammern verwenden. Für eine Regenrassel brauchst du feines Material wie Reiskörner oder Sand. Probiere aus, welcher Klang dir am besten gefällt, bevor du deine Rassel an beiden Enden verschließt. Fülle sie testweise und schüttle sie. Es macht einen Unterschied, ob du viel oder wenig in die Rassel hineingibst. Verwende, was du zu Hause hast, um sie zu umhüllen und zu dekorieren. Sei erfinderisch und kreativ!

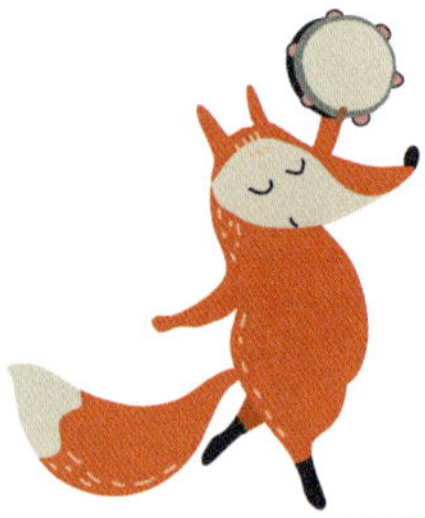

Das eignet sich:

- leere Papprollen von Toiletten- oder Küchenpapier
- zerkleinerte Walnussschalen, Eicheln, kleine Steine, Kastanien
- Stoffreste, Packpapier, Bänder, Luftballons, Zupfwolle, Pfeifenputzer, Wackelaugen, selbstklebender Moosgummi
- Kreppklebeband, Dekotape, schwarzer Filzstift, Acrylmarker, Textilmarker

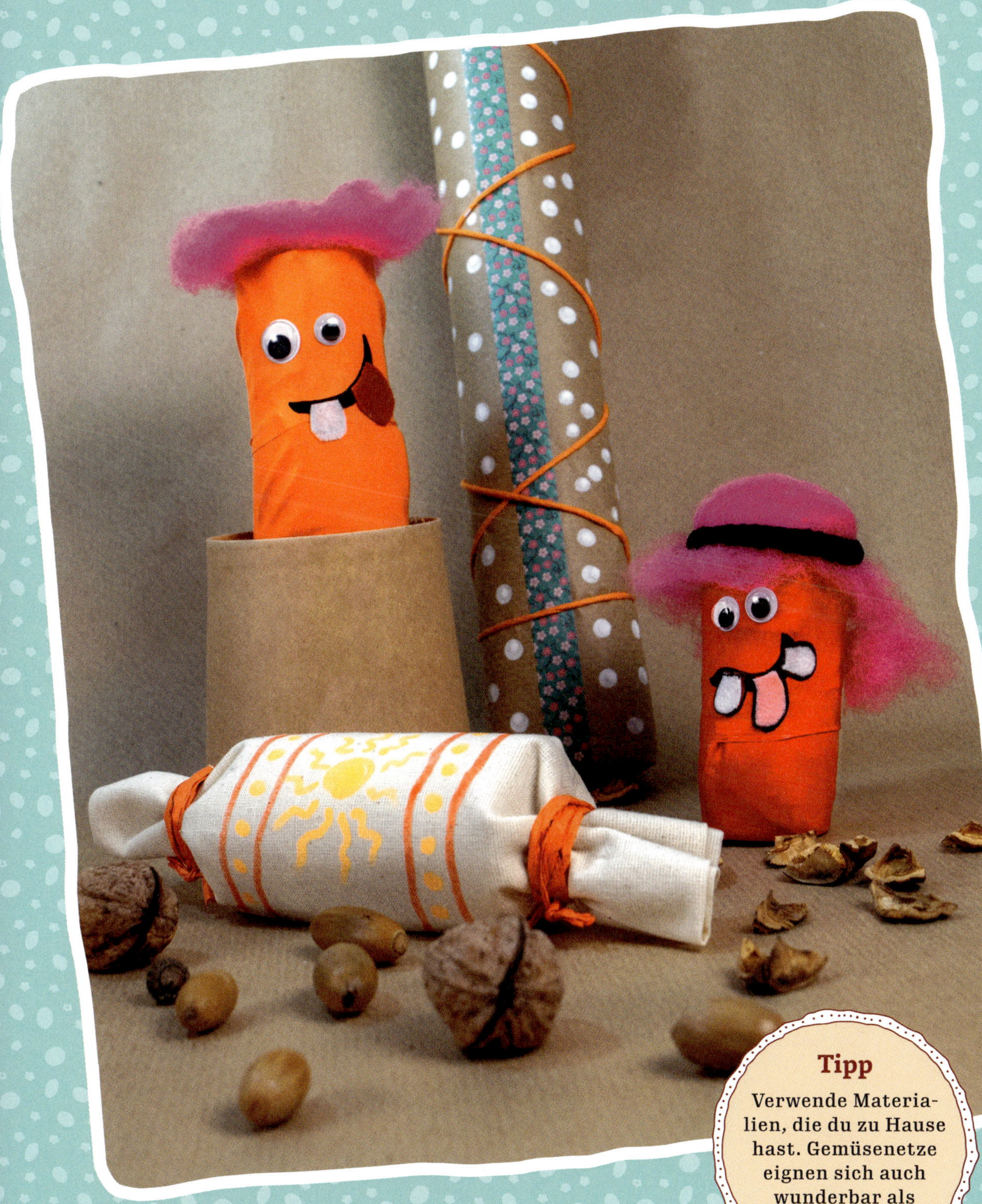

Tipp

Verwende Materialien, die du zu Hause hast. Gemüsenetze eignen sich auch wunderbar als Haare!

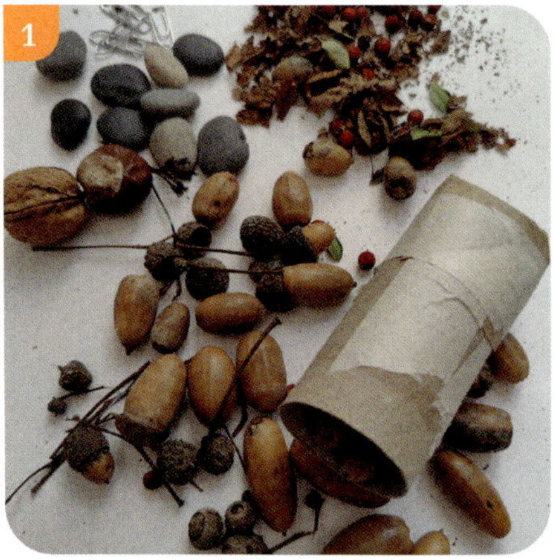

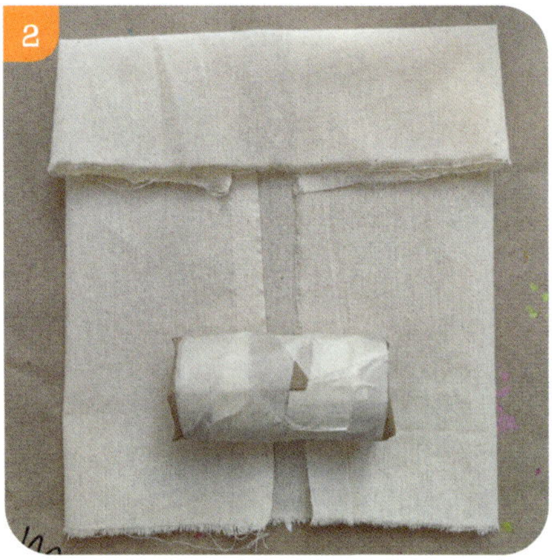

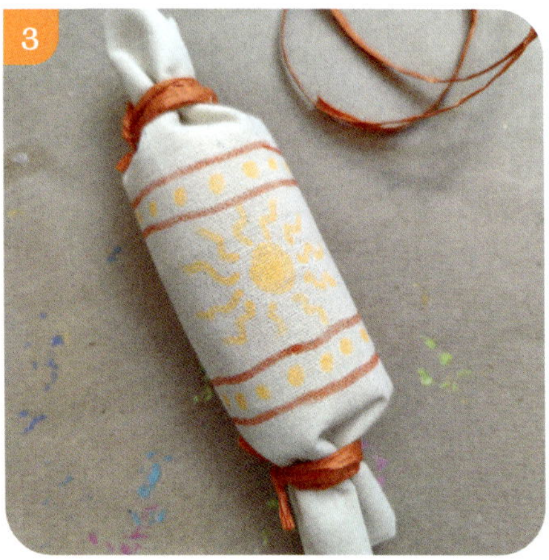

1 Verschließe eine Papprolle an einem Ende mit Packpapier und Kreppband. Gib Walnussschalen, Eicheln, kleine Steine, Kastanien oder Büroklammern in die Rolle. Halte das offene Ende zu und schüttle die Rassel probeweise. Probier aus, wie die Rassel mit viel oder wenig Füllung klingt. Wenn dir der Klang gefällt, verschließe auch das andere Ende mit Packpapier und Kreppklebeband.

2 Falte einen Stoffrest an den Seiten nach innen, lass dabei ein paar Zentimeter Stoff überstehen. Schlage das Ende ein, auf das du nun die Rassel zurollst, um sie ganz zu umhüllen.

3 Binde die Enden mit einem Band wie ein Bonbon zu und bemale die Rassel mit Textilmarkern.

4 Für eine lange Rolle zwei oder mehrere Küchenrollen mit Kreppband miteinander verbinden, füllen, verschließen und mit Packpapier umhüllen. Mit Dekotape zukleben und nach Belieben verzieren.

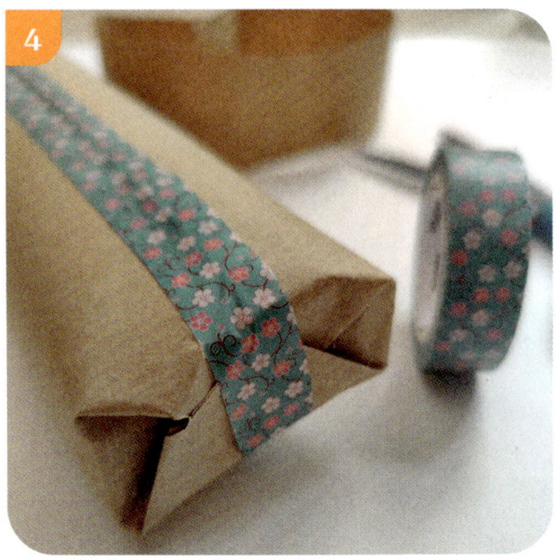

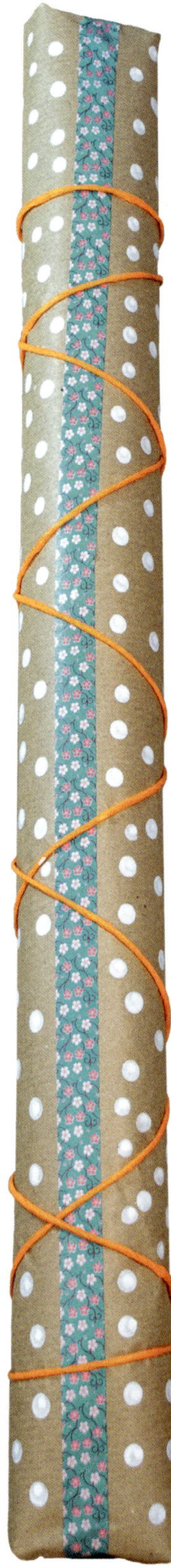

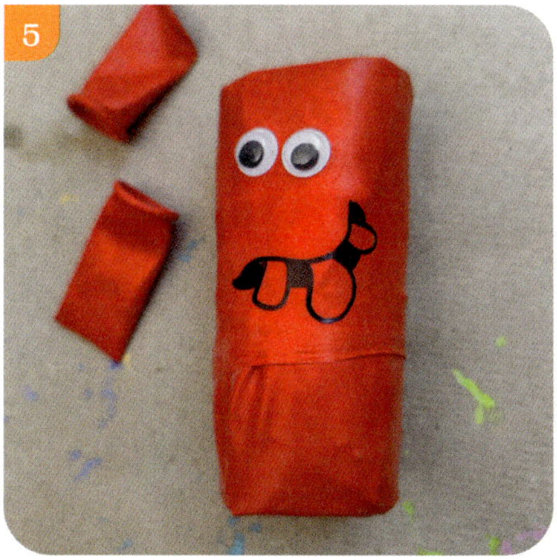

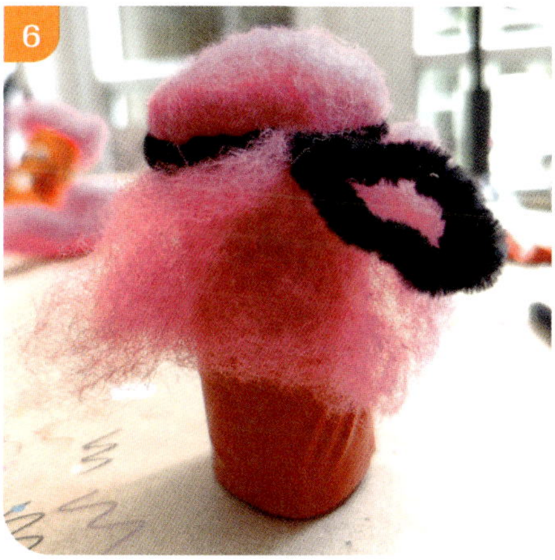

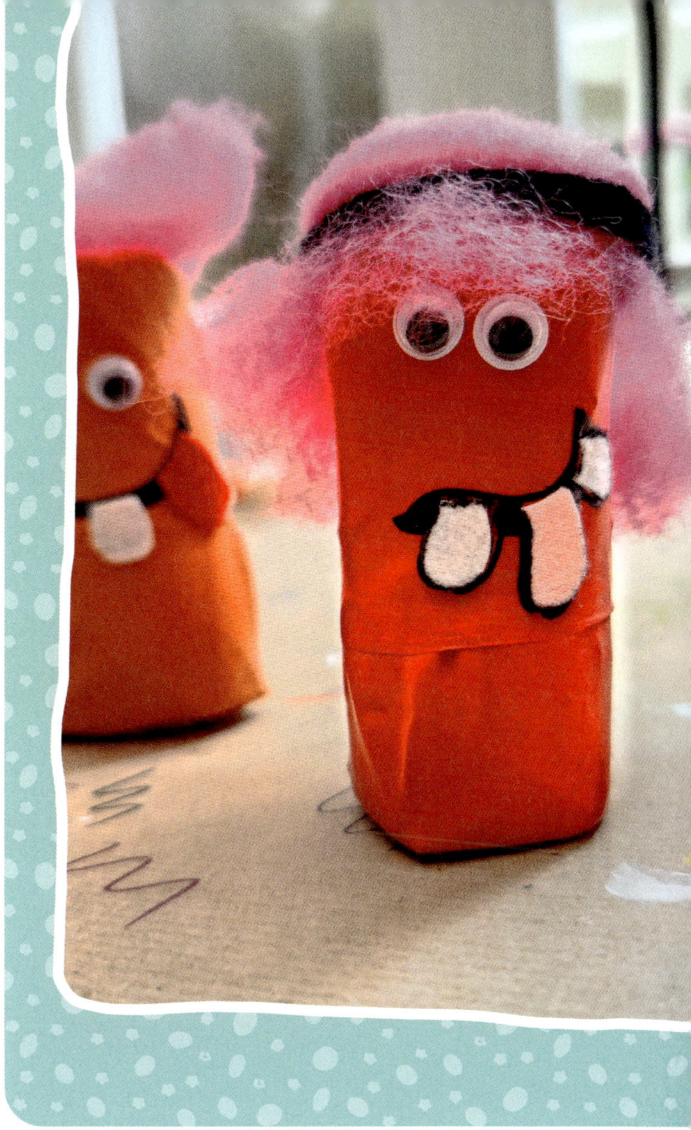

5 Die schmalen Enden von zwei Luftballons abschneiden und erst über das eine und dann das andere Ende einer Rassel aus Klorollen ziehen. Die Ballons sitzen so straff, dass kein Kleber notwendig ist. Wackelaugen aufkleben und mit schwarzem Permanentmarker Mund, Zähne und Zunge aufmalen. Selbstklebenden Moosgummi als Zähne und Zunge aufkleben.

6 Zupfwolle als Haare auf den »Kopf« kleben oder mit einem Pfeifenputzer befestigen. Dafür den Pfeifenputzer straff über die Haare binden, indem du ihn vorne wie ein Stirnband festhältst und hinten die beiden Enden eng zusammenrollst.

Das sind nur ein paar der Möglichkeiten, wie du deine Rasseln umhüllen und dekorieren kannst. Alles ist erlaubt, solange die Rasseln oben und unten verschlossen sind und das Füllmaterial klein genug ist, um sich frei zu bewegen, wenn du sie schüttelst.

Rund und bunt

Objekte aus Holzperlen

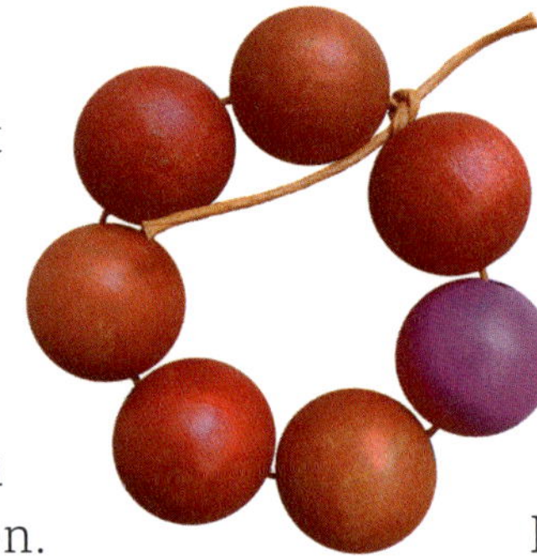

Das Basteln mit Holzperlen macht Spaß, fördert die Feinmotorik, regt die Fantasie an und führt schnell zu schönen Ergebnissen. Holzperlen sind zeitlos und vielseitig. Sie zu bemalen hat etwas Meditatives. Ähnlich wie beim Steinebemalen liegt der Reiz in der Dreidimensionalität. Auch unbemalt entstehen mit ihnen schöne und nützliche Objekte. Dadurch, dass nichts geklebt oder zugeschnitten wird, kann man mit den Perlen vieles ausprobieren, wieder auflösen und von vorne beginnen. Der Reiz liegt im Umgang mit den perfekten Formen und dem angenehmen Material. Bei der Auswahl der verwendeten Farben ist darauf zu achten, dass sie lutsch- und speichelfest sind, falls du damit Schmuck oder Objekte für Babys herstellen möchtest. Die Objekte auf der rechten Seite sind als Schlüsselanhänger für Zimmertüren oder Dekorationen gedacht – deswegen erfüllen sie keine dieser Kriterien. Wie man eine Quaste macht, zeige ich dir auf der nächsten Seite, für die Objekte selbst brauchst du keine Anleitung.

Für kleine Kinder eignen sich die Perlen nicht zum Basteln, denn die Versuchung, sie in den Mund zu stecken, ist zu groß.

Das brauchst du:

- Holzperlen in verschiedenen Größen, z. B. von Rayher
- Acrylfarbe in bunten Farben (ggf. lutsch- und speichelfest)
- Pinsel, Schere
- Permanentmarker in Schwarz
- Bindfaden oder Kettgarn
- Pfeifenputzer

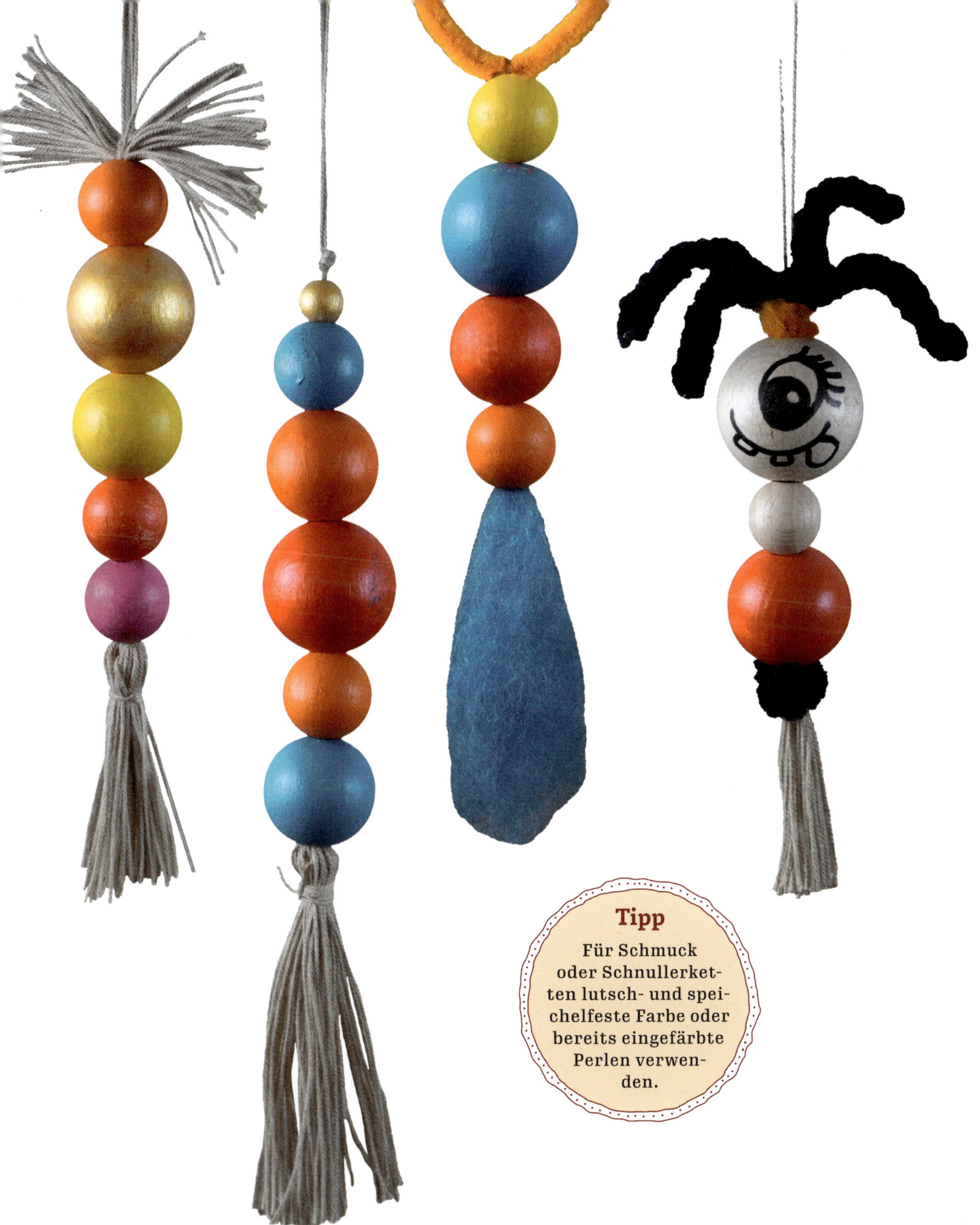

Tipp

Für Schmuck oder Schnullerketten lutsch- und speichelfeste Farbe oder bereits eingefärbte Perlen verwenden.

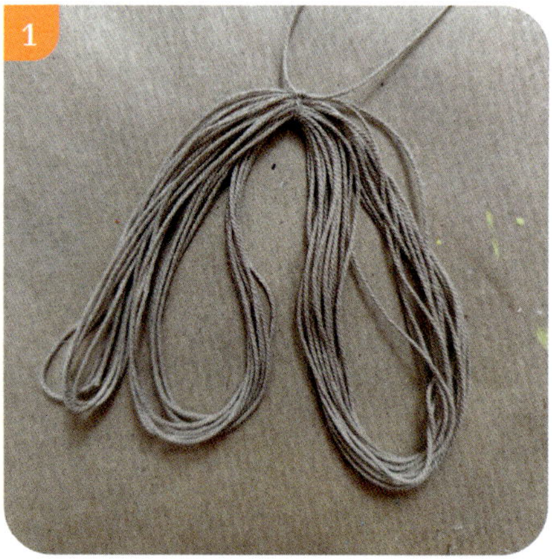

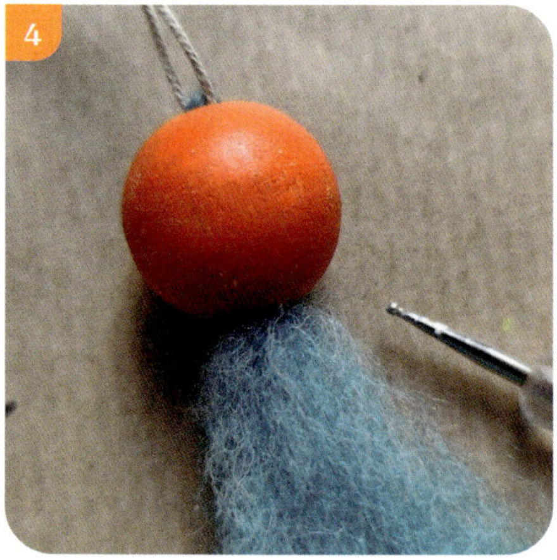

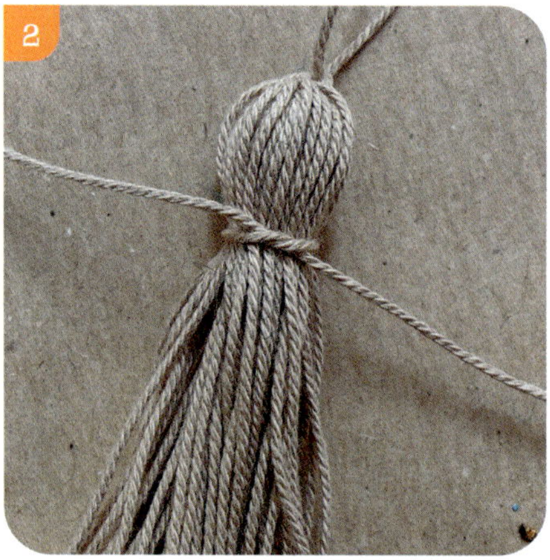

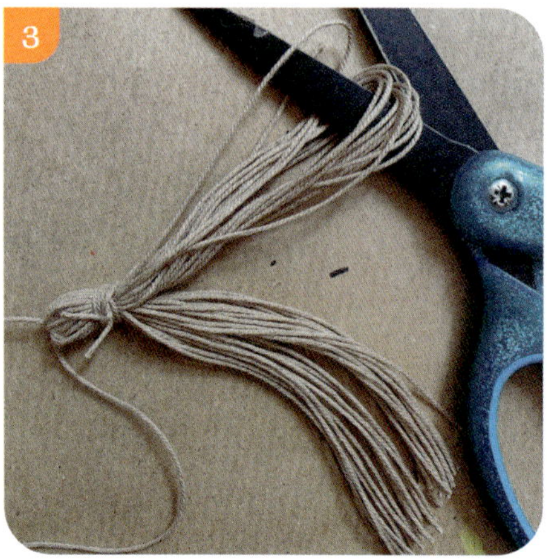

1 Um eine Quaste anzufertigen, einen Bindfaden in mehreren Lagen um die gespreizten Finger deiner Hand oder ein Stück Pappe wickeln. Die so entstandenen Schlaufen in der Mitte mit einem weiteren Stück Bindfaden fest zusammenbinden.

2 Damit die Fäden der Quaste gleichmäßig fallen und nicht seitlich abstehen, diese vom Knoten weg nach unten ziehen und mit circa 1 cm Abstand zum Knoten mit einem Faden straff zusammenbinden.

3 Die Schlaufen mit einer Schere durchschneiden, die Fadenenden auf eine gleichmäßige Länge kürzen – fertig ist die Quaste!

4 Für eine Quaste aus Zupfwolle einen Bindfaden um ein Wollbüschel knoten und die Fadenenden durch eine Holzperle ziehen. Mit einem spitzen Gegenstand den Knoten ganz in die Perle schieben.

5 Um Holzperlen mit Acrylfarbe zu bemalen, empfiehlt es sich, Handschuhe zu tragen und die Perlen auf dünne Pinselstiele, lange Streichhölzer oder sonstige Spieße aufzustecken. Zum Trocknen den Spieß umdrehen und die Spitze schnell auf einer Folie aufsetzen, sodass die Perle herunterrutschen und trocknen kann.

5

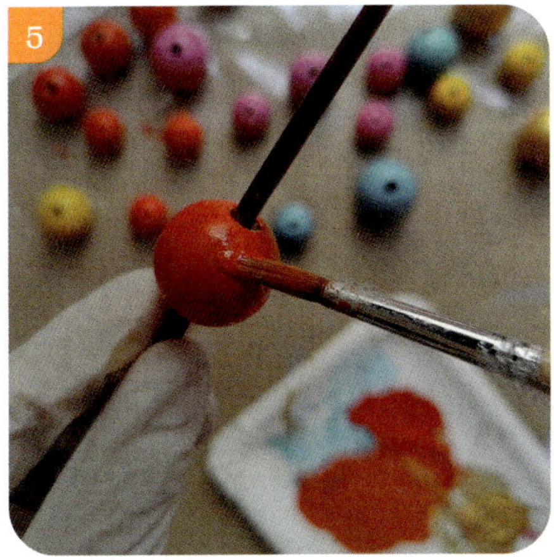

6 Für einen bunten Topfuntersetzer große unbemalte und kleine bemalte Perlen abwechselnd mit Basteldraht auffädeln. So liegt der heiße Topf nur auf dem unbemalten Holz auf, und du vermeidest, dass nicht hitzebeständige Farbe mit dem heißen Topf in Berührung kommt.

6

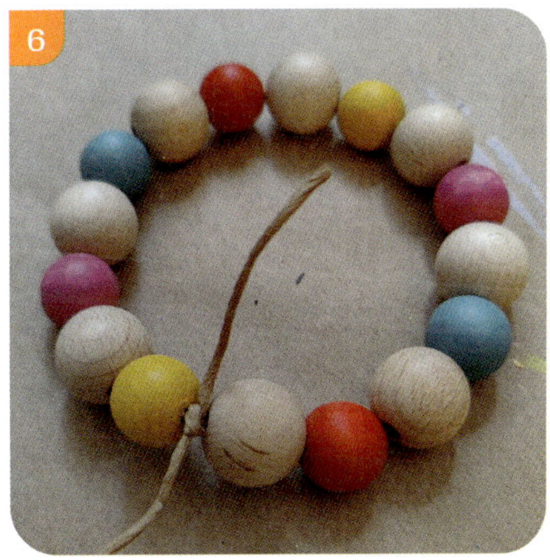

7 Durch eine große Holzperle lassen sich mehrere Pfeifenputzer schieben.

7

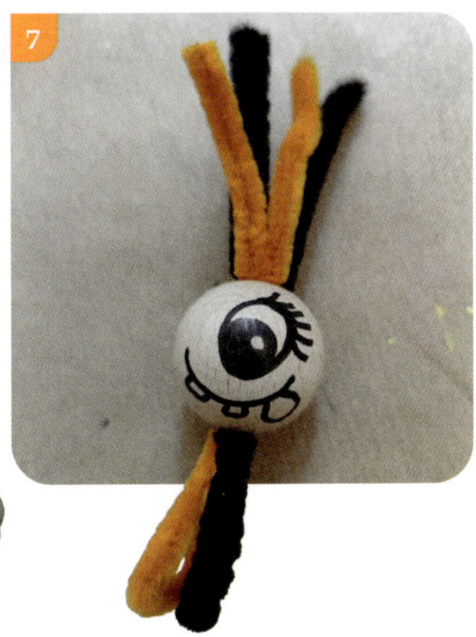

8 Eine Ring aus Holzperlen ist ein hübscher Abschluss für ein bemaltes oder beklebtes Marmeladenglas. Einfach mit Schnur oder Basteldraht auffädeln, um die Rille unter dem Gewinde legen, fest zuknoten und eine Schleife binden.

8

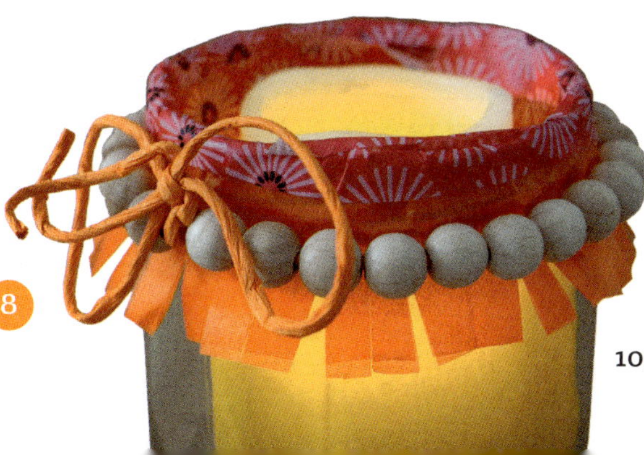

Das Lied vom Wind

Windspiel mit Blechdeckeln

Im Prinzip kannst du alles an dein Windspiel binden, was wetterfest ist, einen Klang erzeugt und nicht zu schwer ist. Hängst du es vor ein großes Fenster, bewahrst du zudem Vögel davor, gegen die Scheibe zu fliegen. Dafür ist es gut, wenn manche Materialien glänzen. Wie etwas klingt, findest du heraus, indem du es an einen Faden bindest und gegeneinander schlagen lässt: Blechdeckel klingen dumpf, wohingegen Schraubmuttern einen feinen hohen Ton erzeugen. Lege die Abstände zwischen den Objekten so an, dass ein leichtes Schaukeln genügt, um die Objekte gegeneinander baumeln zu lassen.

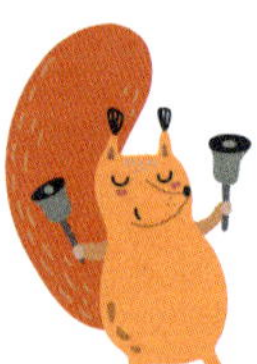

Das brauchst du:

- 1 stabiles Aststück
- 1 Löffel
- 2 Blechdeckel
- 3 Schraubmuttern
- Holzperle, Stein, Glasperlen
- Bindfaden oder Kettgarn

1 Mit Hammer und Nagel auf einer dicken weichen Unterlage ein Loch in die Blechdeckel schlagen.

2 Um die Mitte des Astes einen Bindfaden knoten und ihn damit mittig aufhängen. Die Objekte mit Bindfäden am Ast festbinden. Dabei mit dem schwersten Objekt in der Mitte beginnen und die anderen nach und nach so hinzufügen, dass der Ast im Gleichgewicht bleibt.

3 Zwei Schraubmuttern so aufhängen, dass sie aneinanderschlagen können. Die anderen Objekte so ausmitteln, dass sie beim Schaukeln ein anderes Objekt berühren.

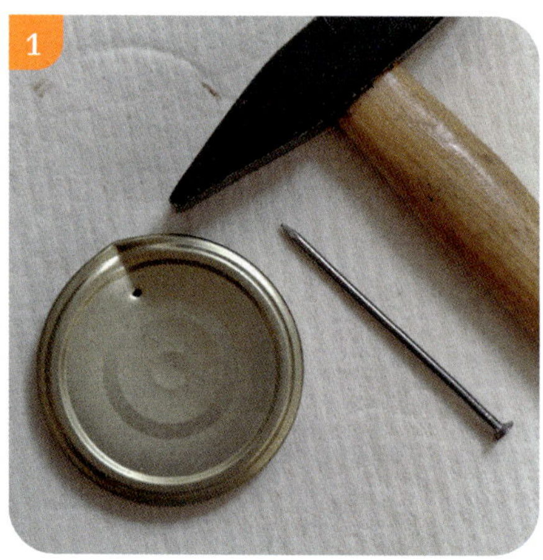

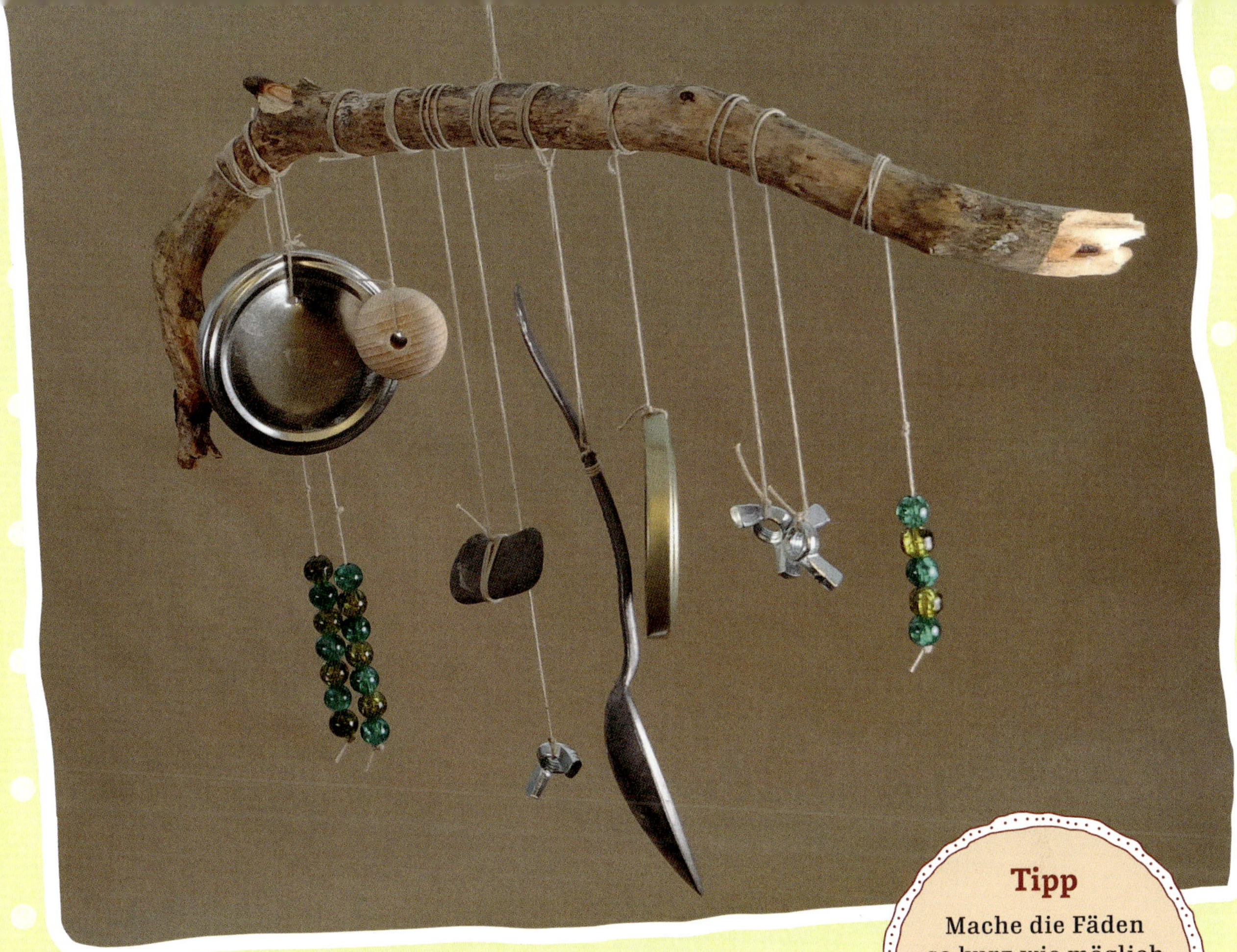

Tipp

Mache die Fäden so kurz wie möglich und so lang wie nötig, damit sie sich nicht miteinander verknoten.

Die Glasperlen dienen weniger dem Klang als dem Glanz und geben dem Windspiel ein wenig Farbe.

2

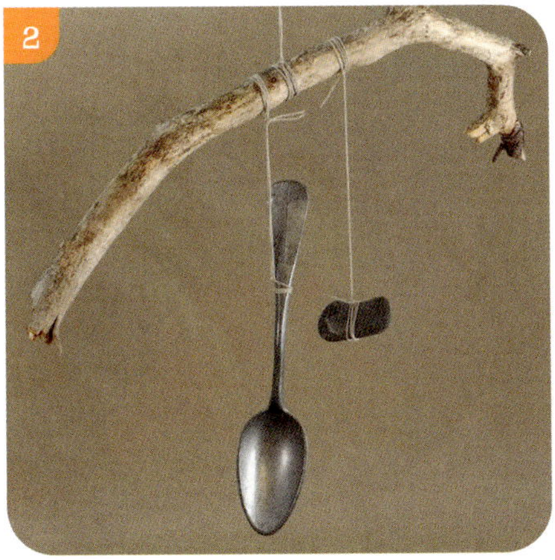

2

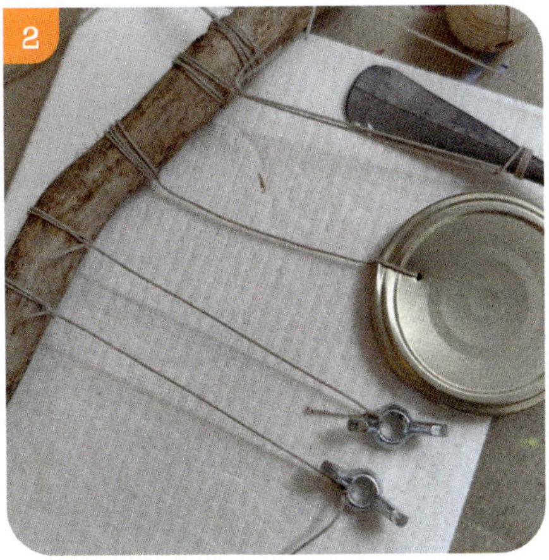

Flotte Boote

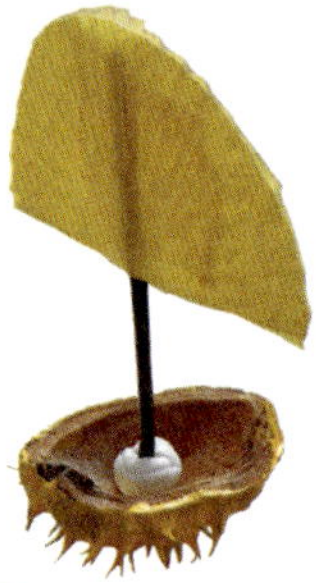

aus Walnussschalen und Blättern

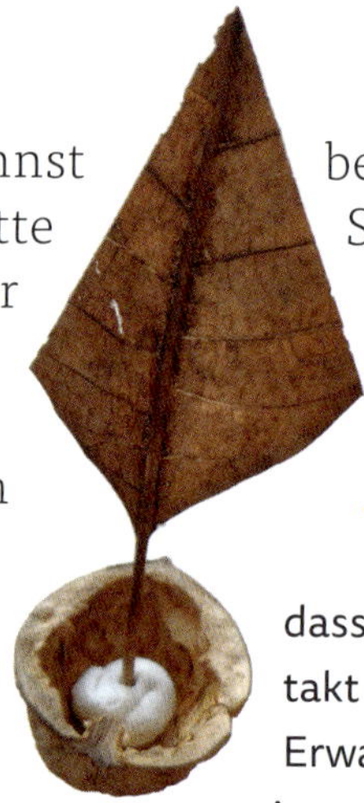

In ein paar Minuten kannst du dir eine ganze Segelflotte bauen. Du brauchst dafür lediglich intakte Walnussschalen und getrocknete Blätter. Auch die Hüllen von Kastanien eignen sich. Ich habe eine gelb bemalte verwendet, aber du kannst sie auch ohne Farbe nehmen. Ein bisschen schützt die Acrylfarbe vor der Feuchtigkeit, und für draußen sind die Boote sowieso nicht geeignet. Denn dort wäre sowohl Acrylfarbe im Wasser tabu als auch die Klebepads, die aus dem Boot fallen und im See landen könnten. Die Boote also nur im Waschbecken oder in einer Schüssel schwimmen lassen und den Wind selbst pusten!

1 Walnüsse mit einem Messer so öffnen, dass die Schalenhälften intakt bleiben. Lass das einen Erwachsenen machen oder nimm die Hüllen von Kastanien.

2 Die Walnuss entleeren und ein Klebepad hineindrücken. Ein getrocknetes Blatt zu einem kleinen Segel schneiden. Den Stiel kürzen und in das Klebepad stecken. Ahoi!

Das brauchst du:

- Walnussschalen oder Kastanienhüllen
- Klebepads
- getrocknete Blätter oder Muffinförmchen aus Papier
- Schere

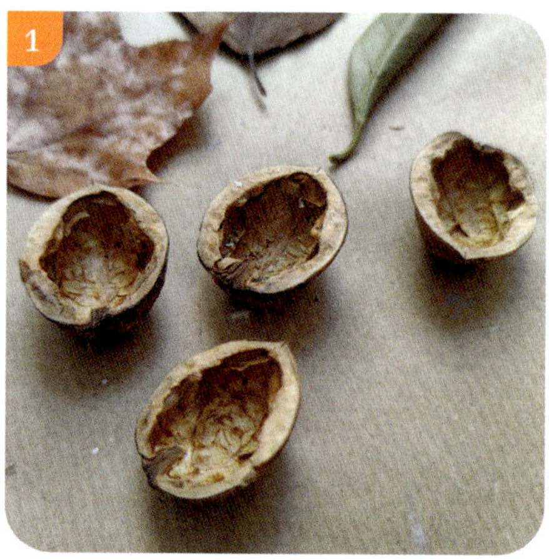

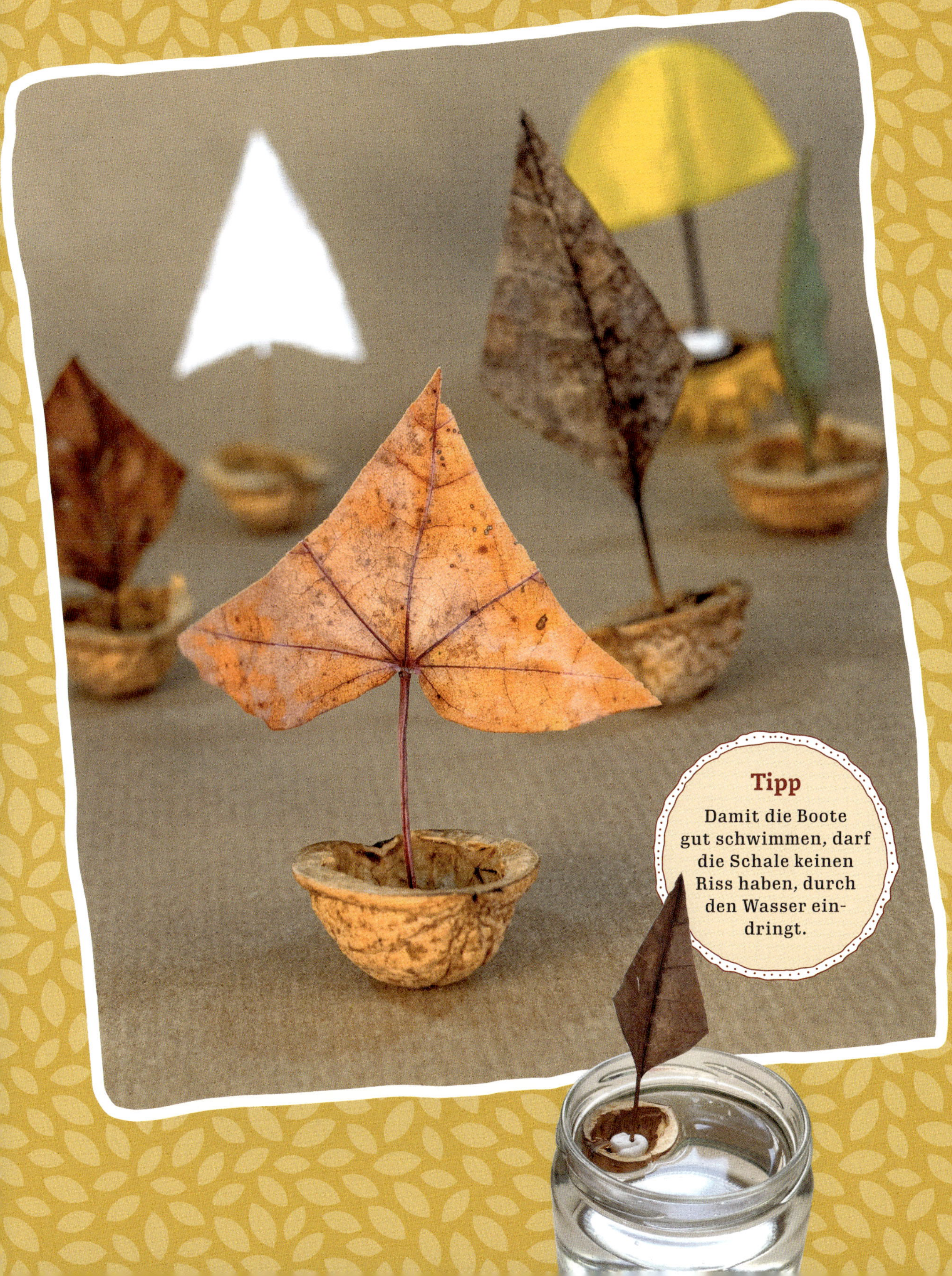

Tipp

Damit die Boote gut schwimmen, darf die Schale keinen Riss haben, durch den Wasser eindringt.

Bunte Windlichter

mit Fensterfarben gestalten

Licht bringt bunte Fensterfarben zum Leuchten, was liegt also näher, als Windlichter mit ihnen zu gestalten? Für einen dekorativen Rand kannst du ein buntes Geschenkband drumherum wickeln oder eine Fransenbordüre aus einem Latexhandschuh herstellen, indem du ihn oben abschneidest und zum Bund hin in Streifen schneidest.

1 Ein Papier um das Glas legen, um den Umfang zu ermitteln, die Höhe mit Lineal abmessen. Ein Rechteck mit diesen Maßen aufzeichnen, die Linien oder Felder einzeichnen und die Zeichnung in eine Klarsichthülle stecken. Mit Fensterfarbe nachzeichnen. Trocknen lassen. Motiv ausmalen, trocknen lassen.

2 Bild von der Folie ablösen, um das Glas legen, fest andrücken, den Rand dekorieren – fertig!

Das brauchst du:

- Schraubgläser
- Fensterfarbe in Rot-, Gelb- und Orangetönen
- Papier und Klarsichthülle DIN A 4
- Geschenkband orange
- 1 Einmalhandschuh aus Latex

1

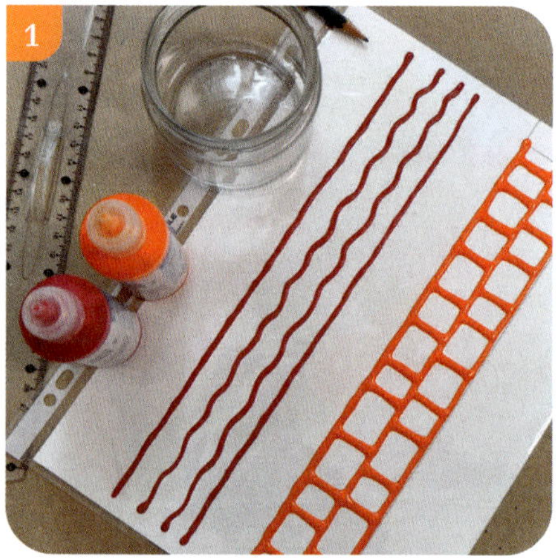

2

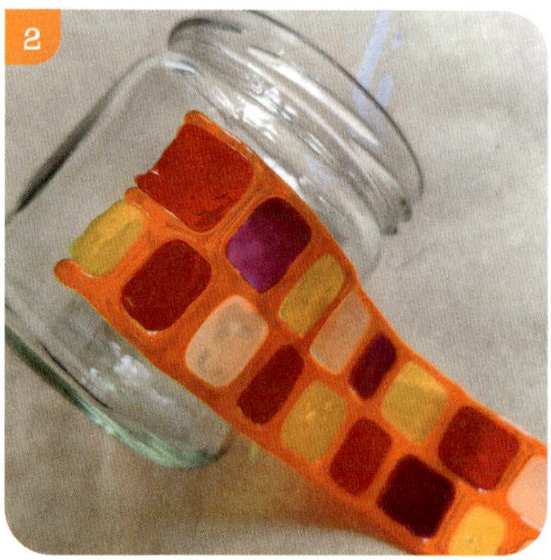

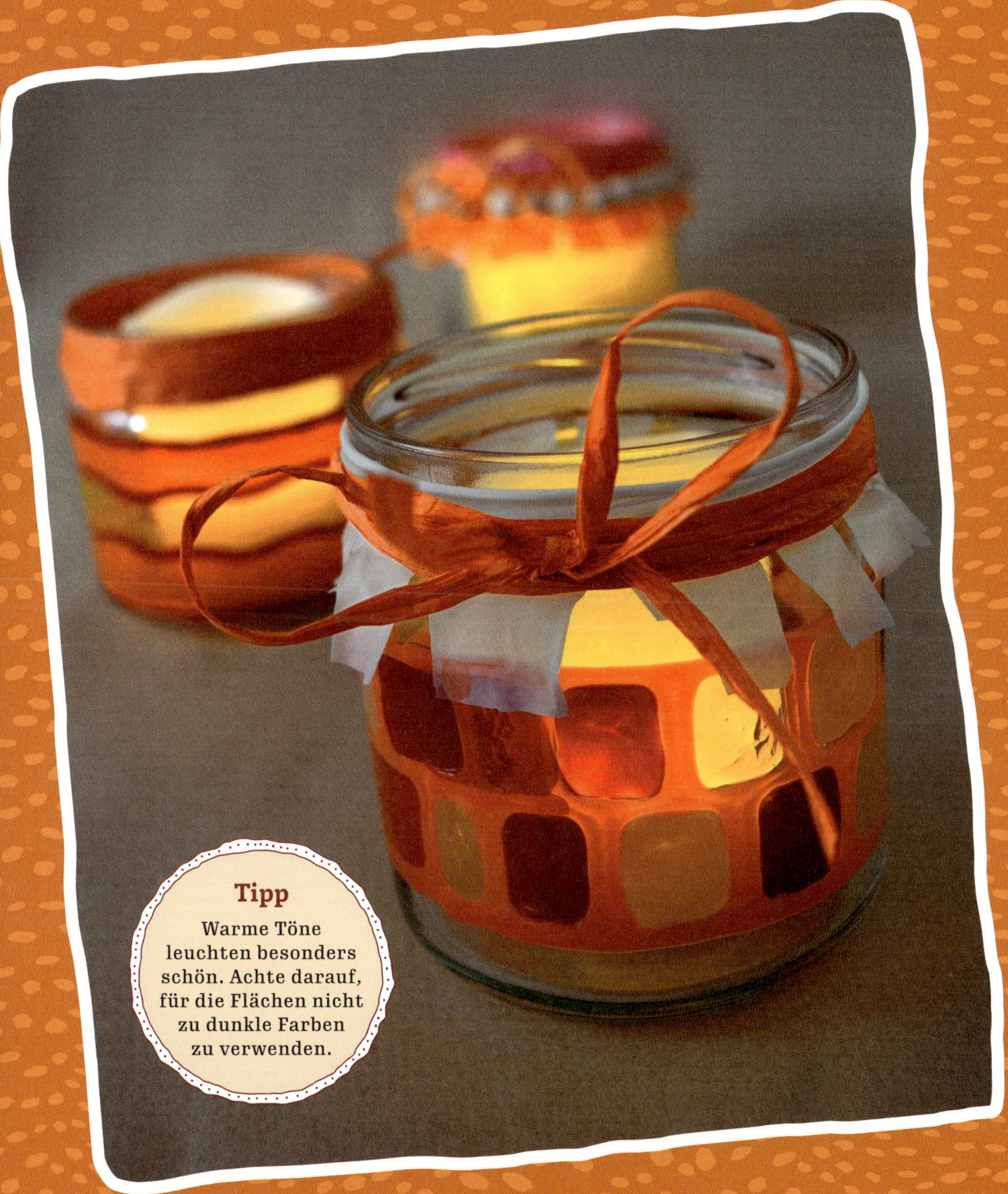

Tipp

Warme Töne leuchten besonders schön. Achte darauf, für die Flächen nicht zu dunkle Farben zu verwenden.

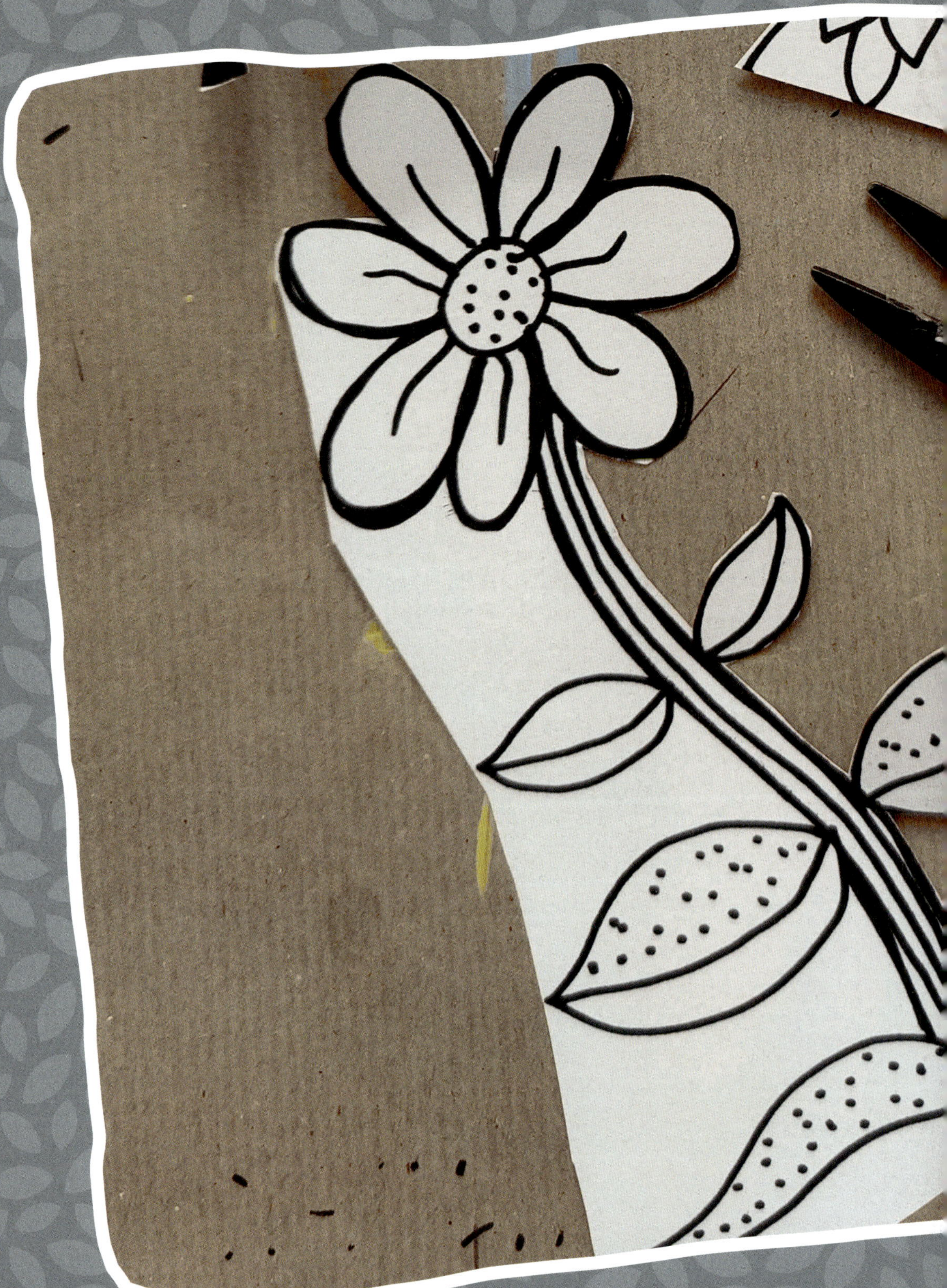

Vorlagen

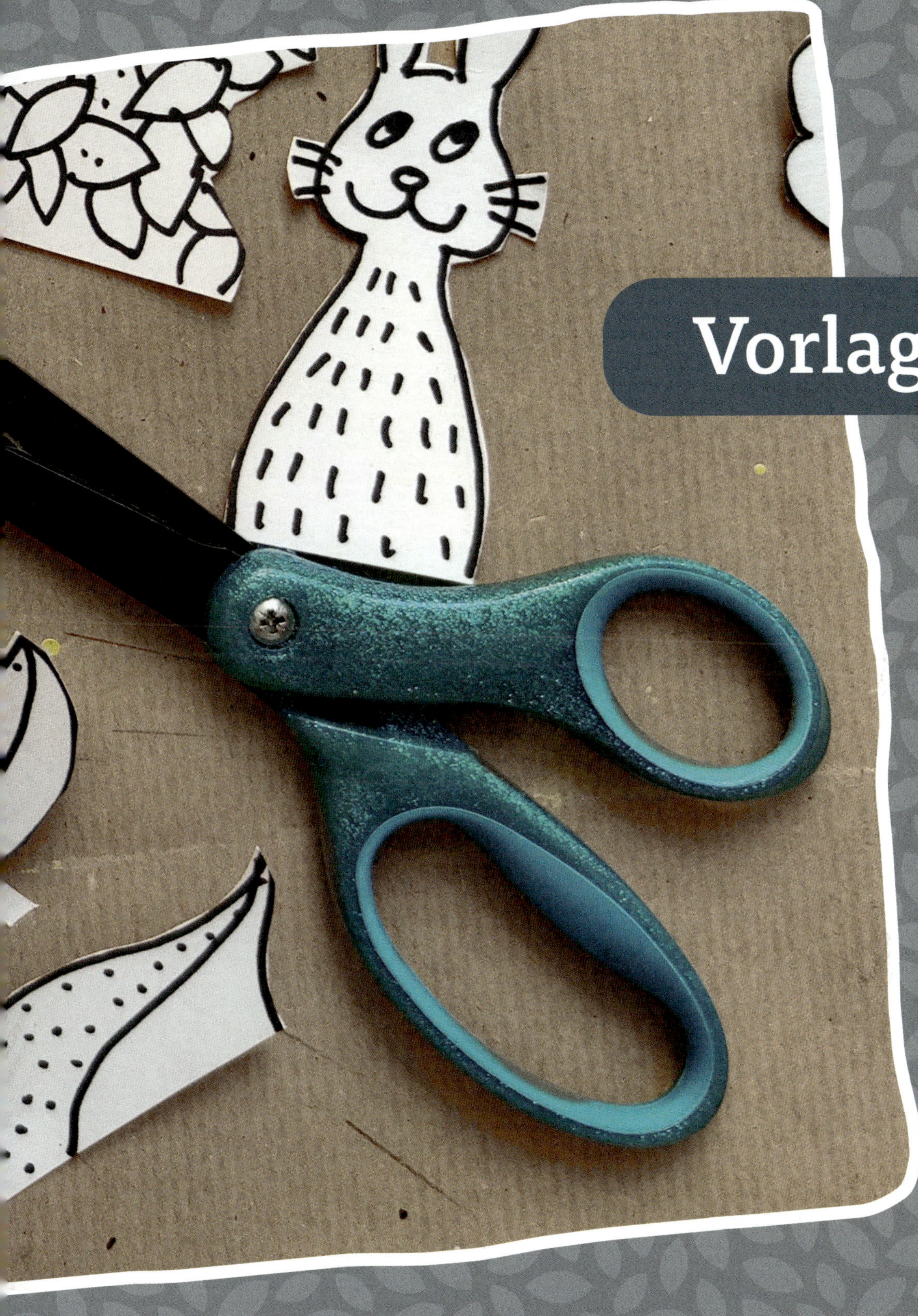

Weitere Kompositionsvorschläge zu **»Alpaka im Rahmen«**, Seite 70

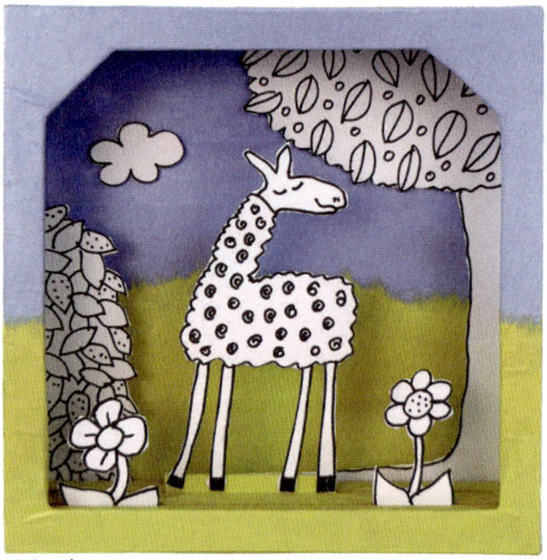

Vorlagen 1, 2, 3, 5, 6, 7

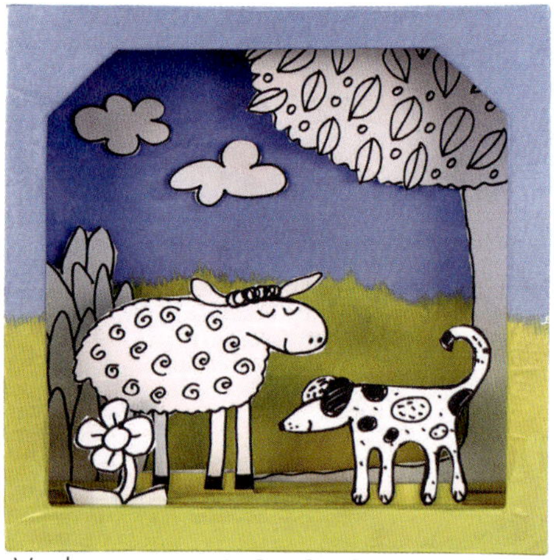

Vorlagen 1, 2, 6, 8, 16, 18, 21

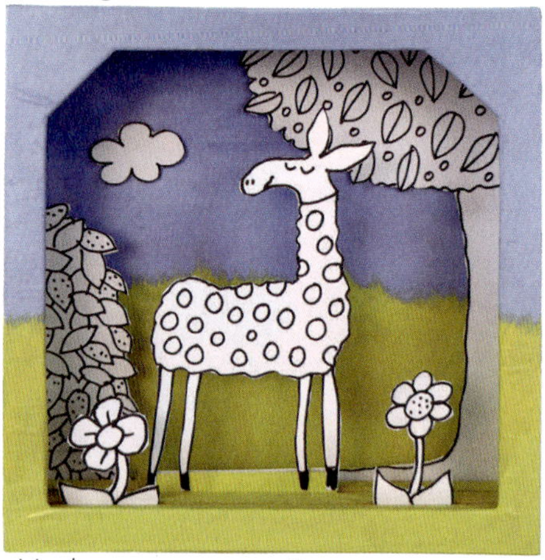

Vorlagen 1, 2, 3, 5, 6, 12

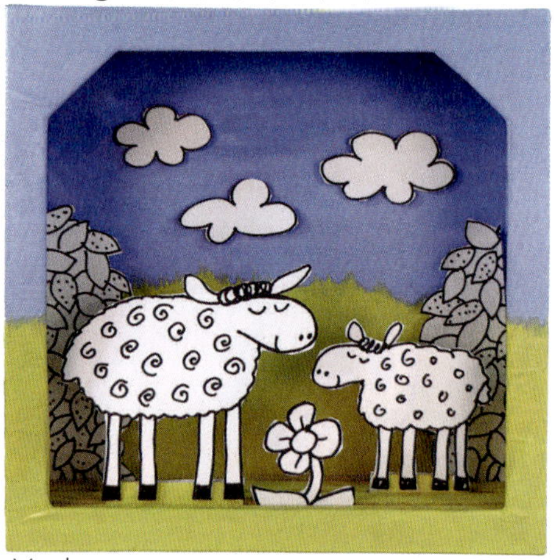

Vorlagen 2, 5, 6, 8, 11, 18, 19

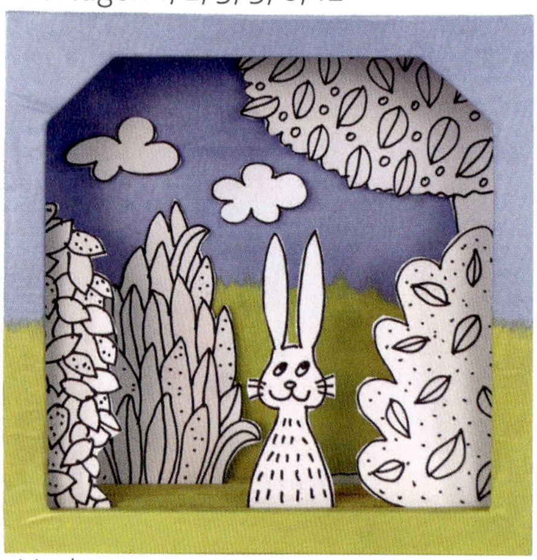

Vorlagen 1, 5, 6, 8, 13, 14, 18

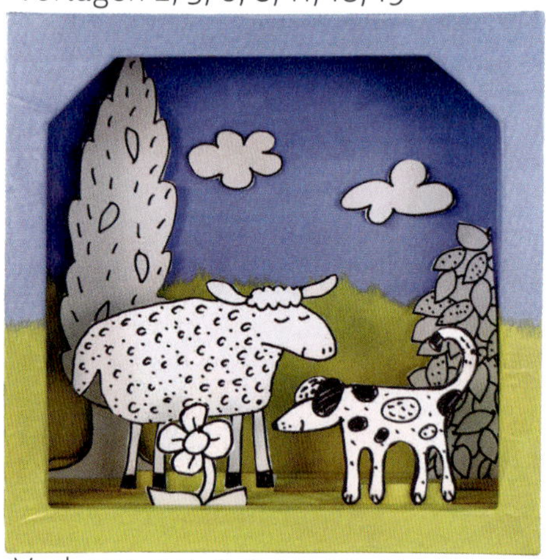

Vorlagen 2,5, 6, 8, 15, 20, 21

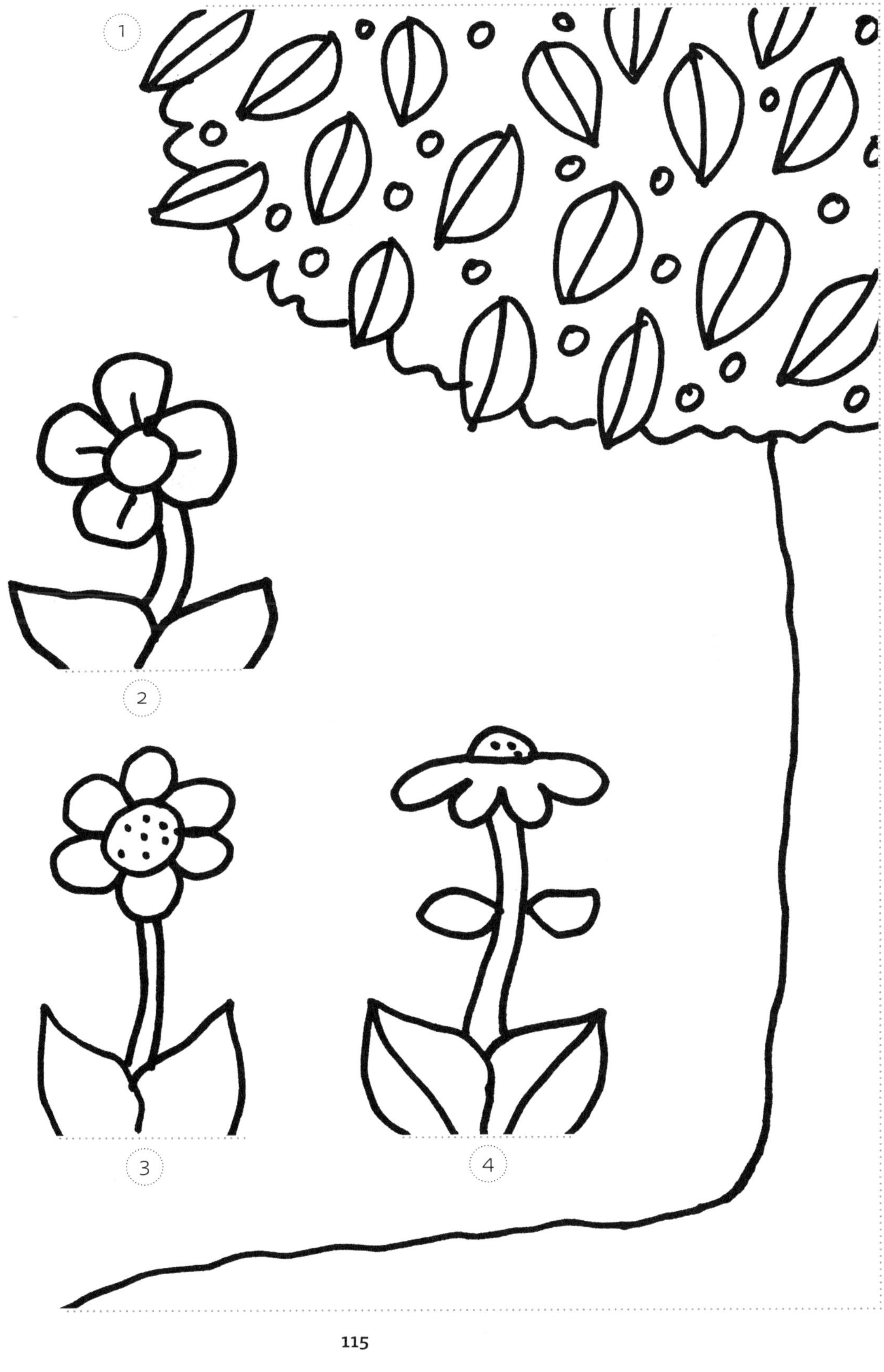
1
2
3
4

Den Busch senkrecht mittig durchschneiden, um ihn an der rechten oder linken Kante des Rahmens zu platzieren.

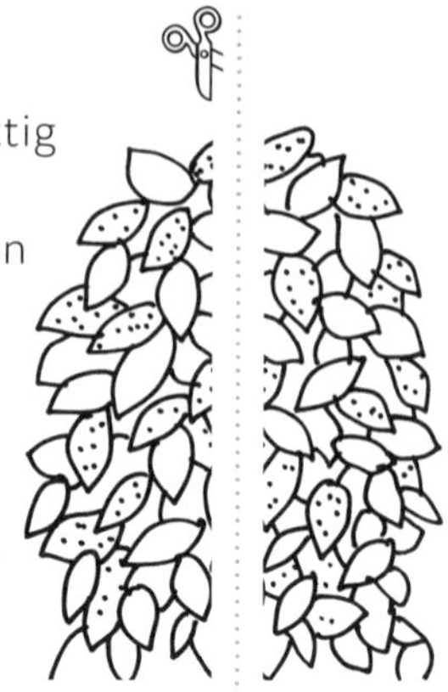

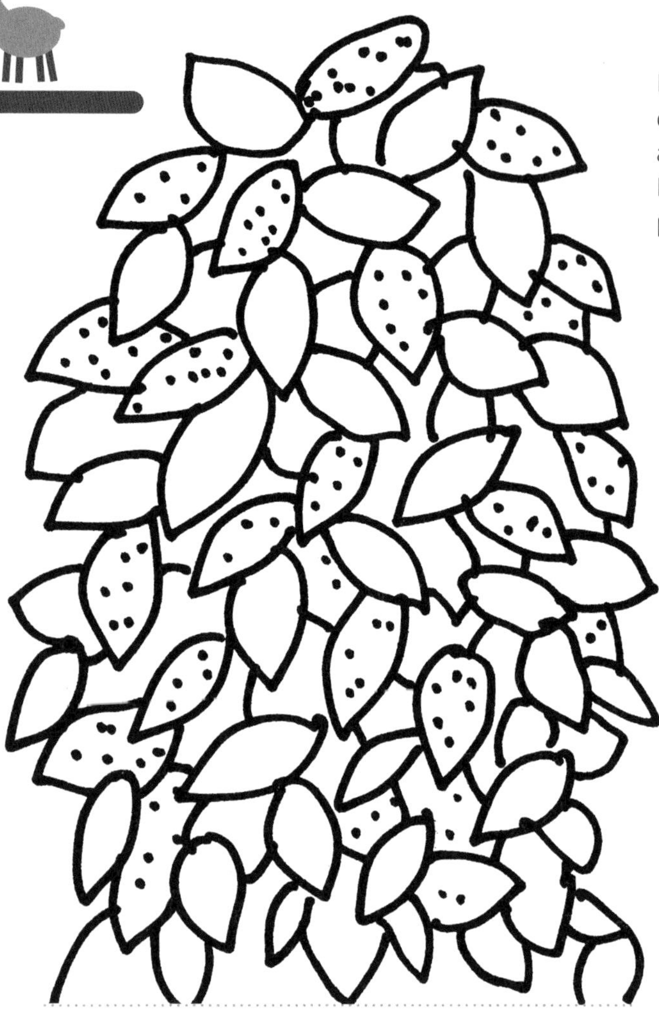

5

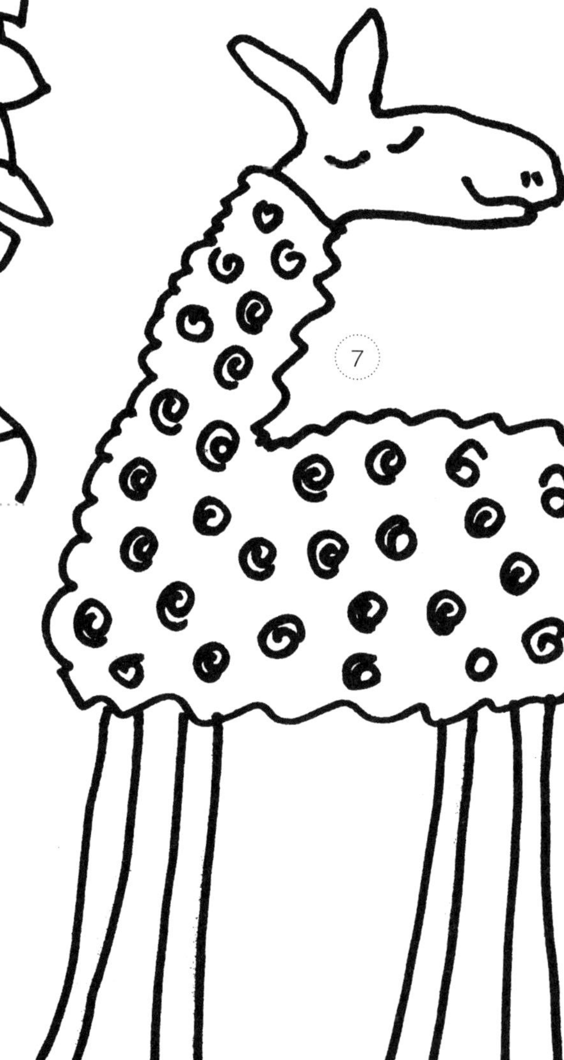

7

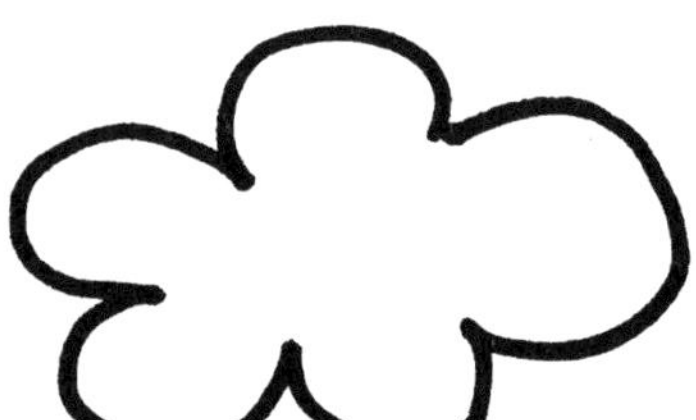

6

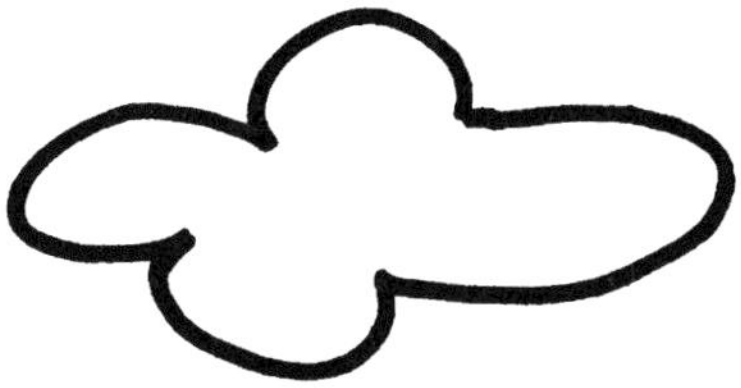

8

9

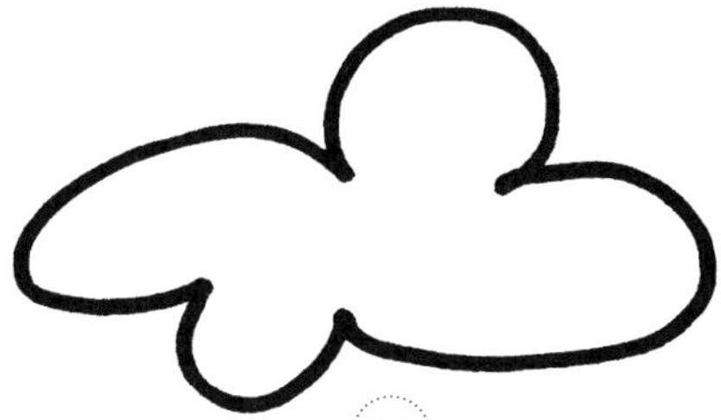

10

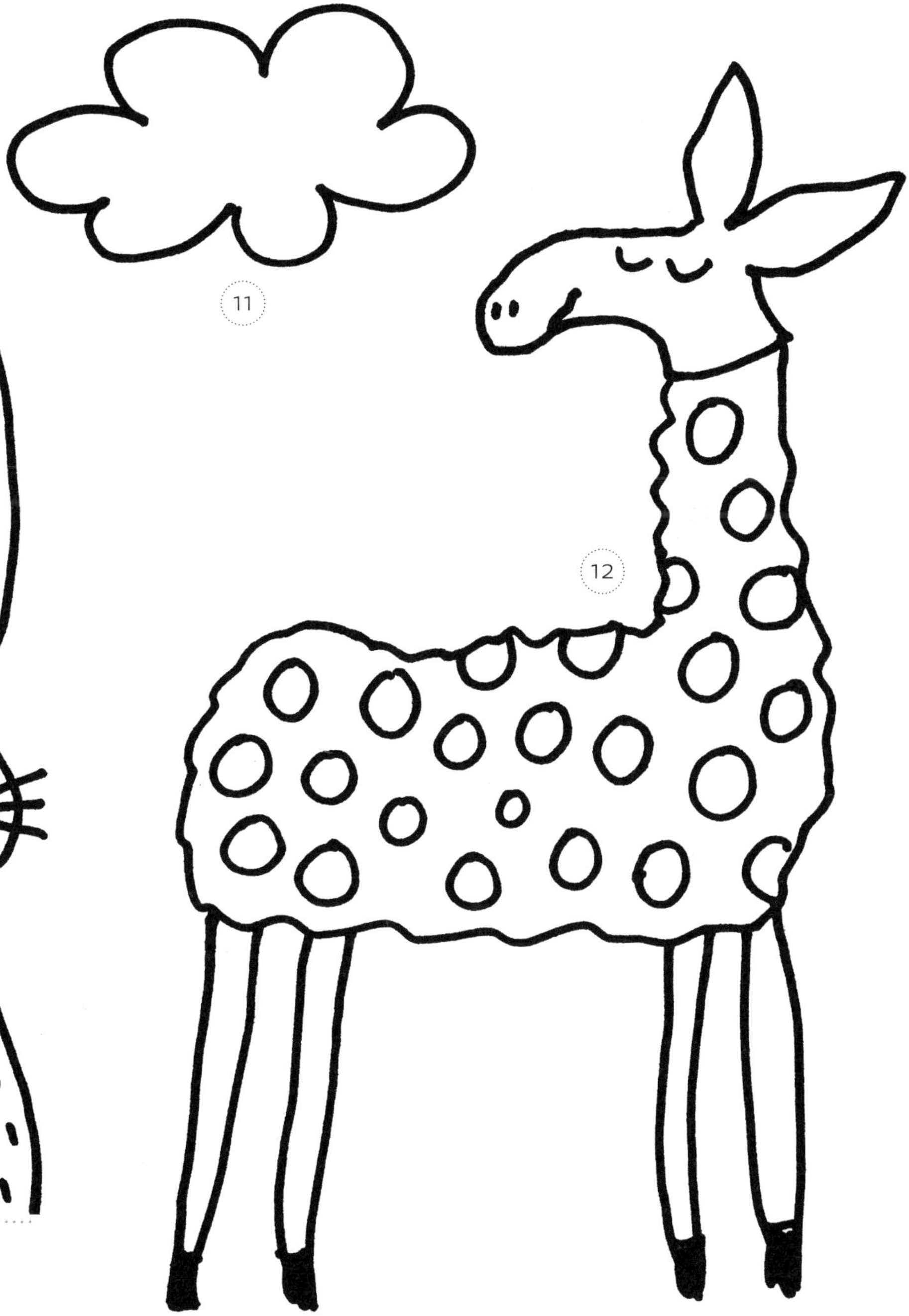

11

12

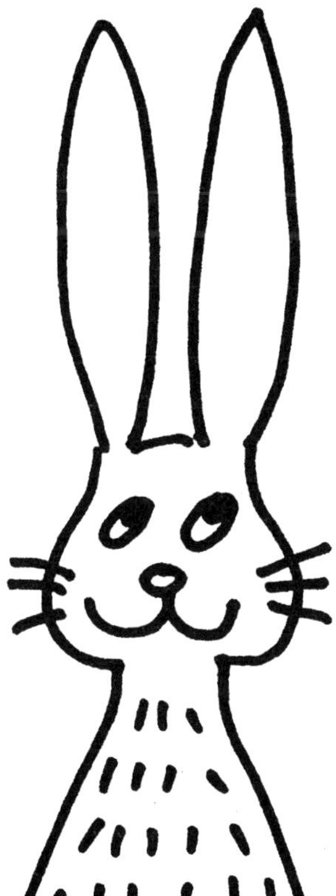

13

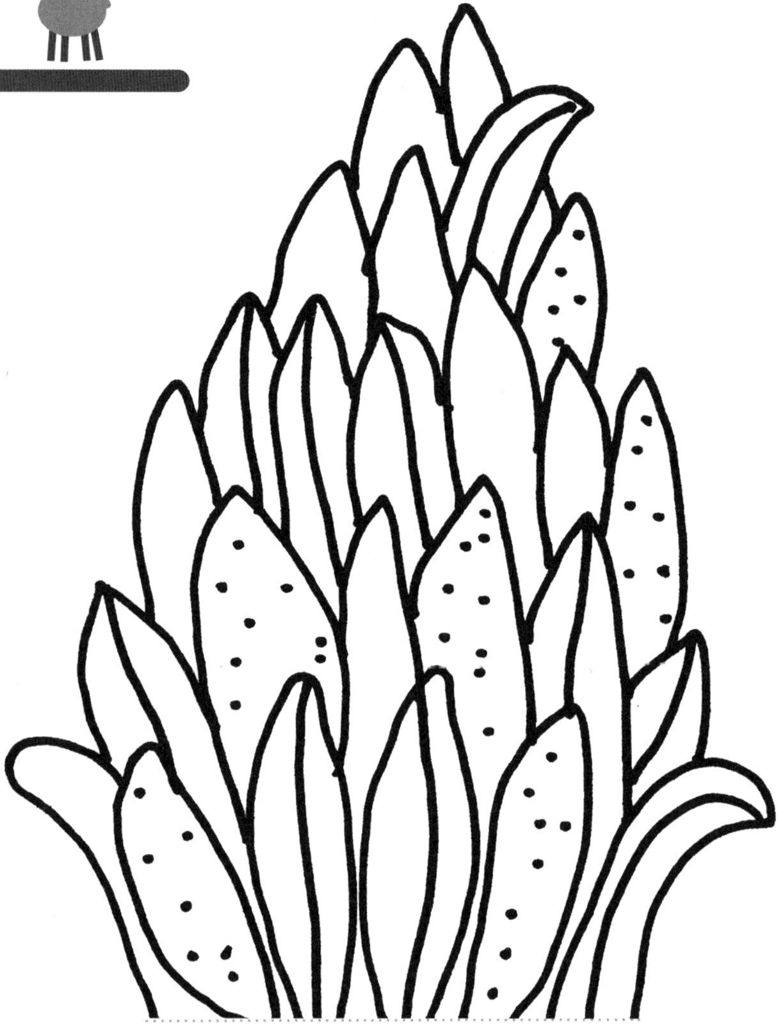

14

Die Büsche senkrecht mittig durchschneiden, um sie an der rechten oder linken Kante des Rahmens oder horizontal zu platzieren.

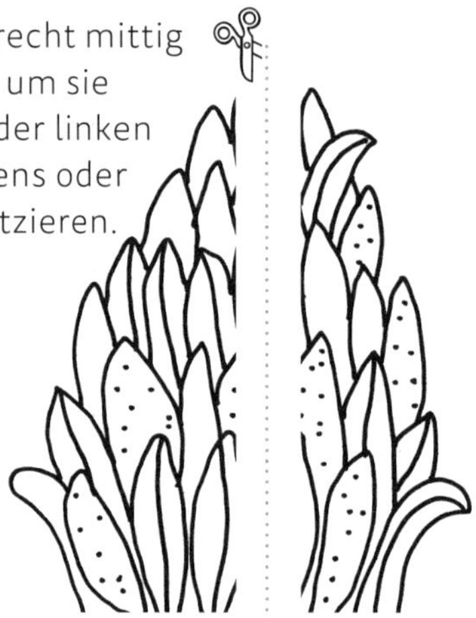

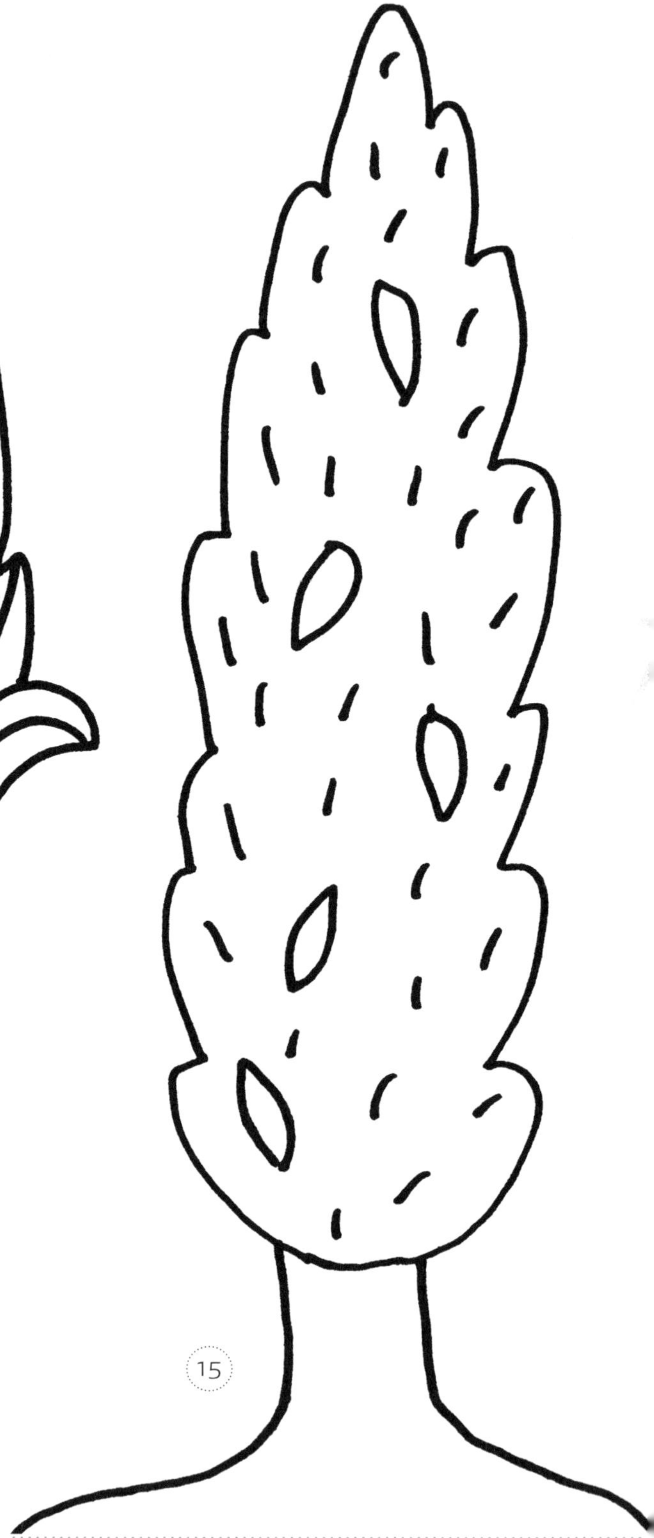

15

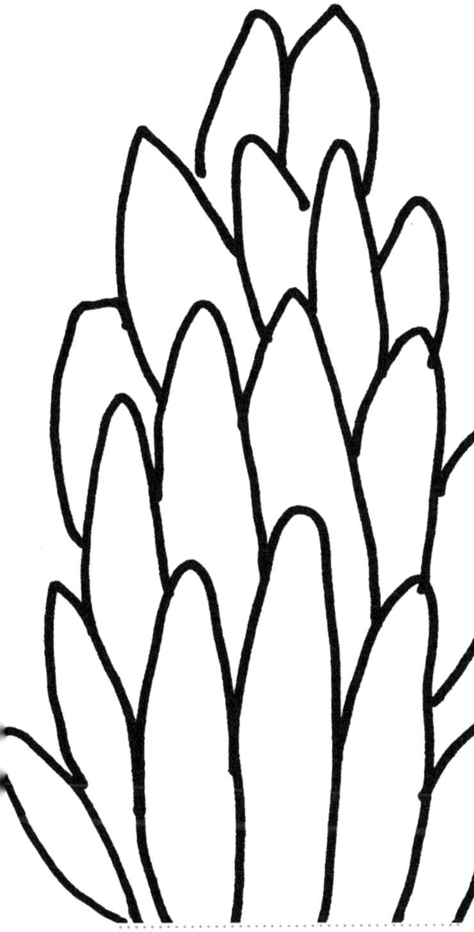

16

So sieht Busch 17 halbiert
und horizontal platziert aus.

17

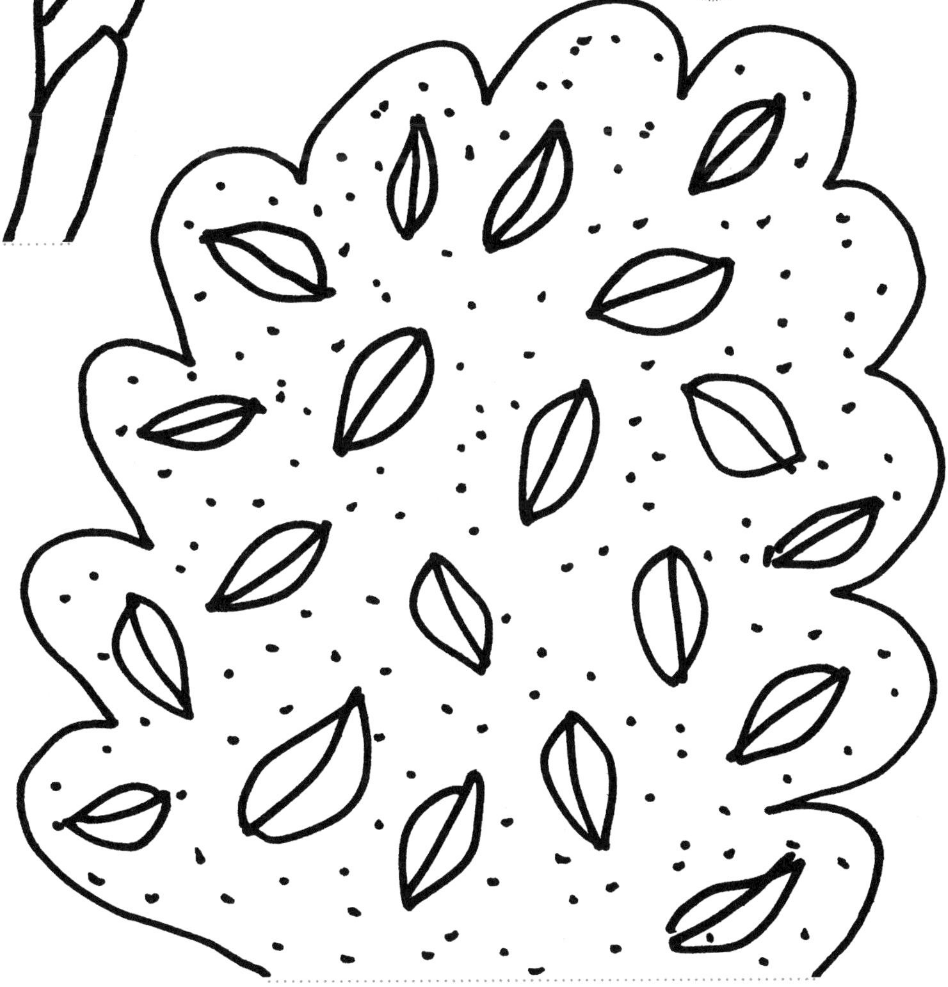

18

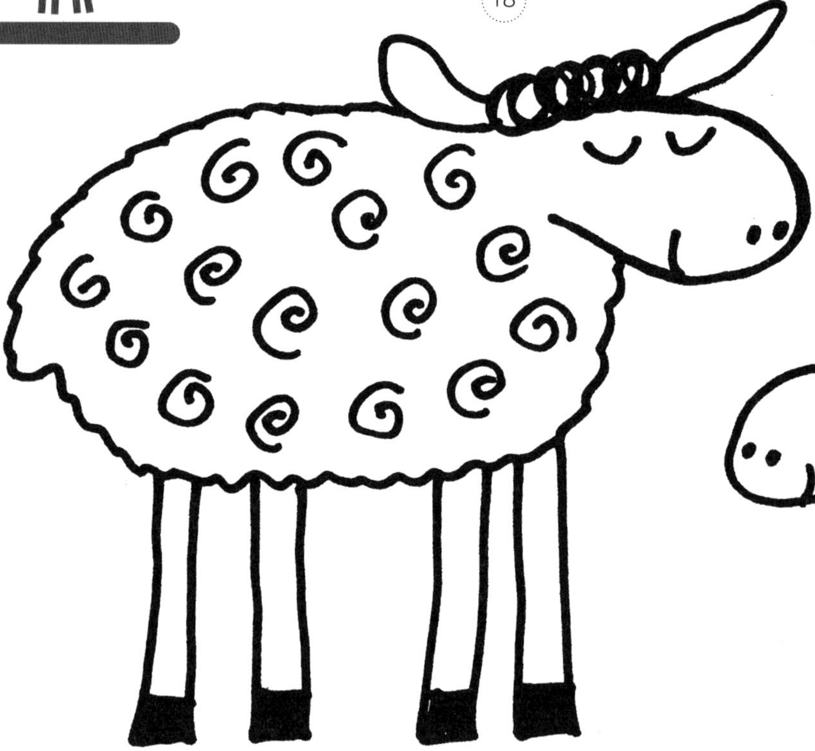

19

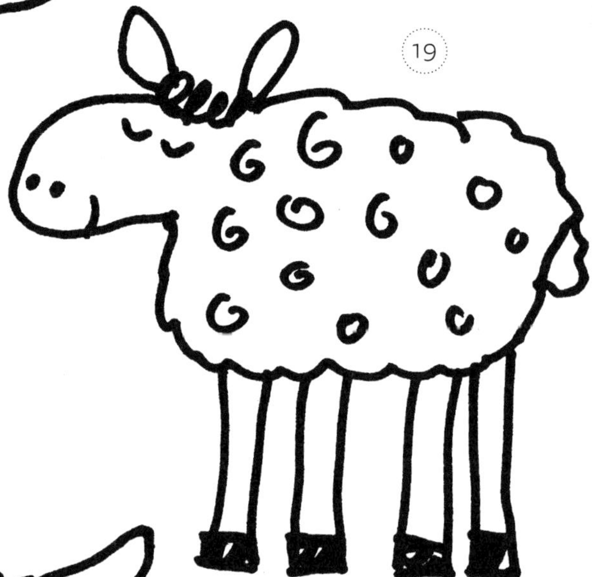

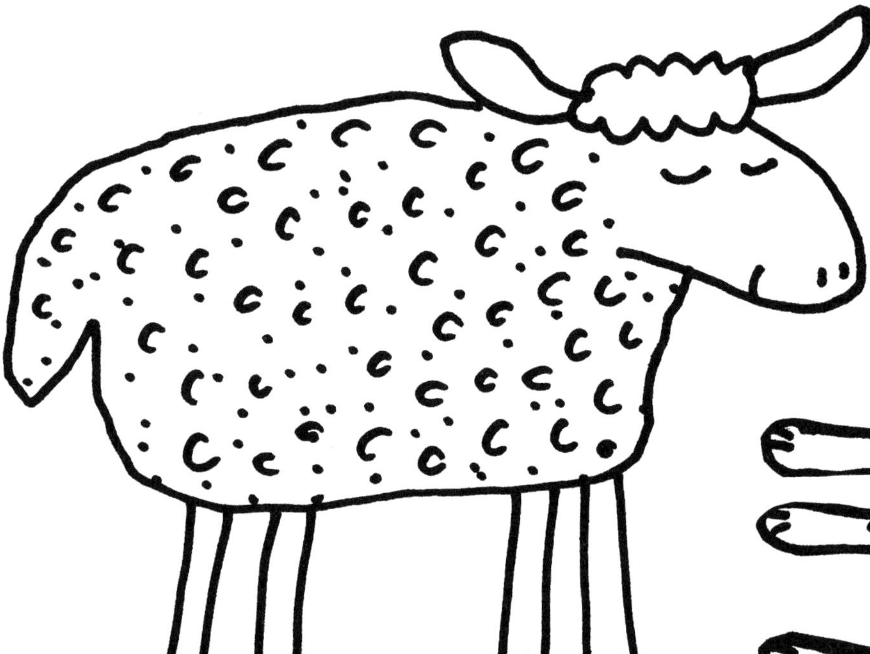

20

21

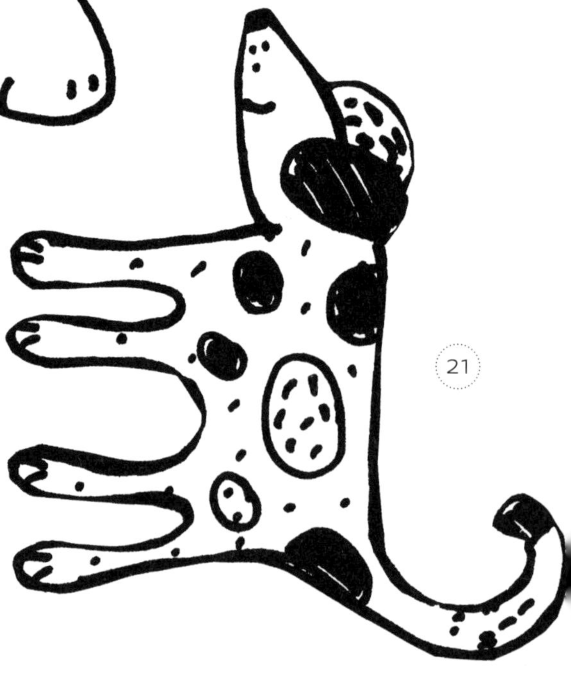

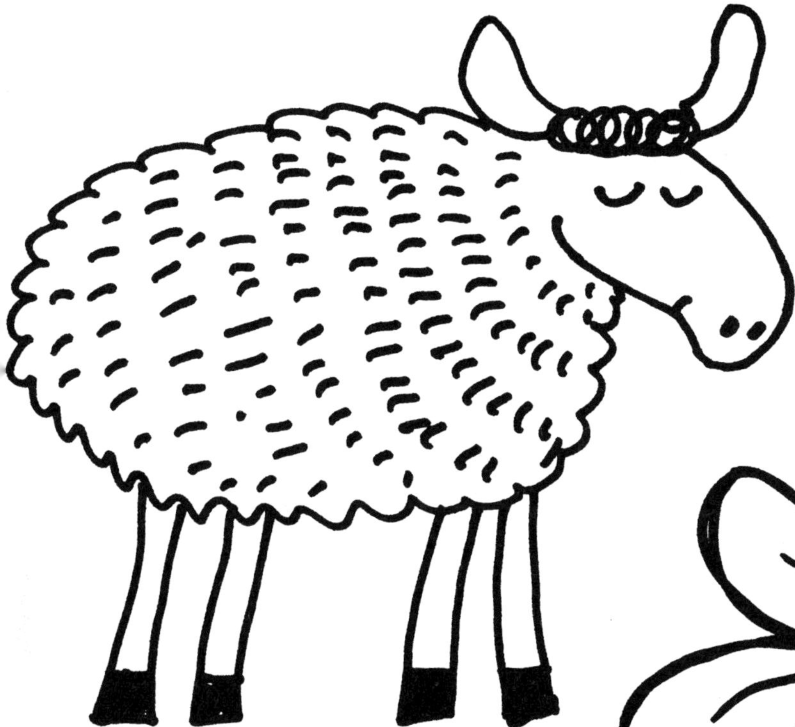

22

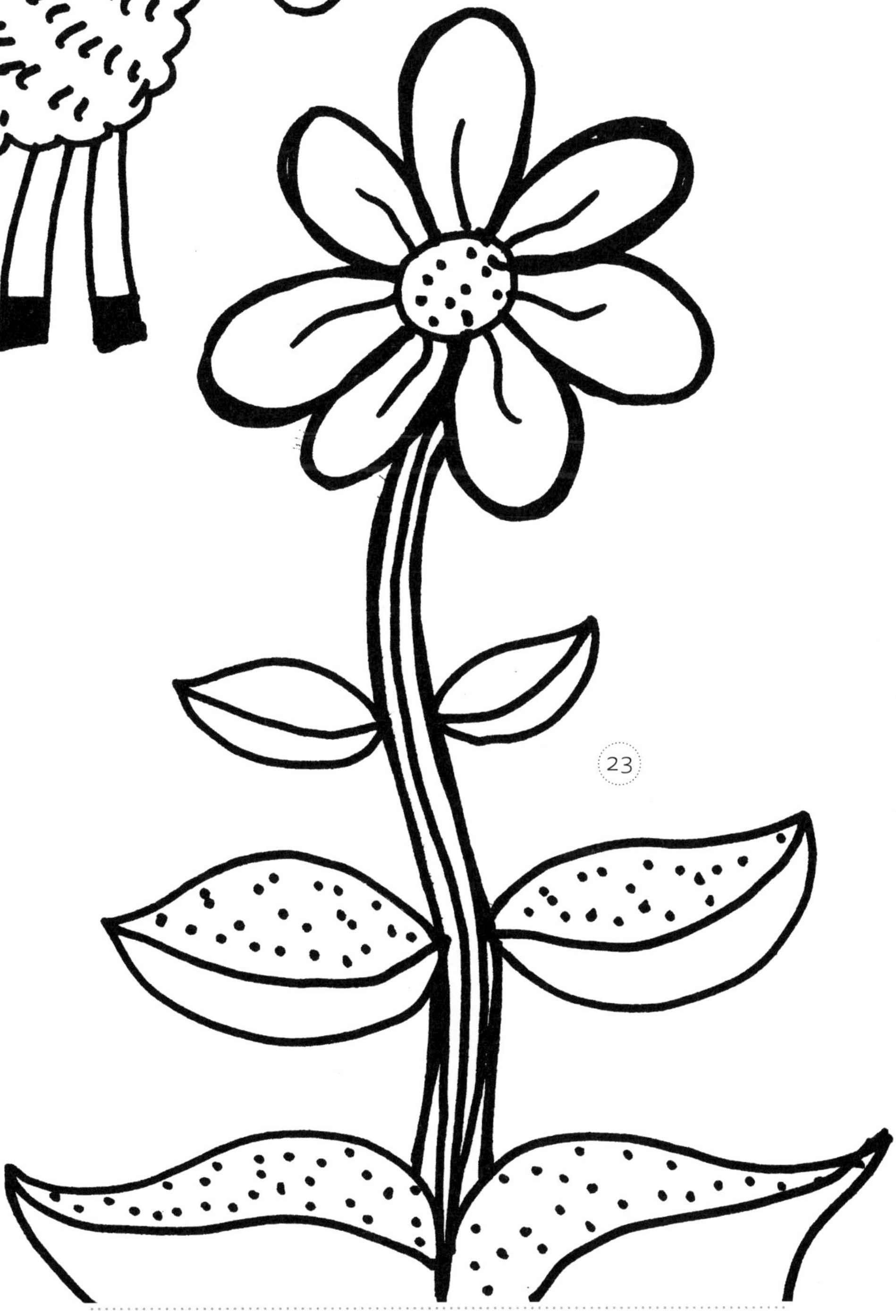

23

Weitere Vorlagen zur **»Schatzkiste«**, Seite 90

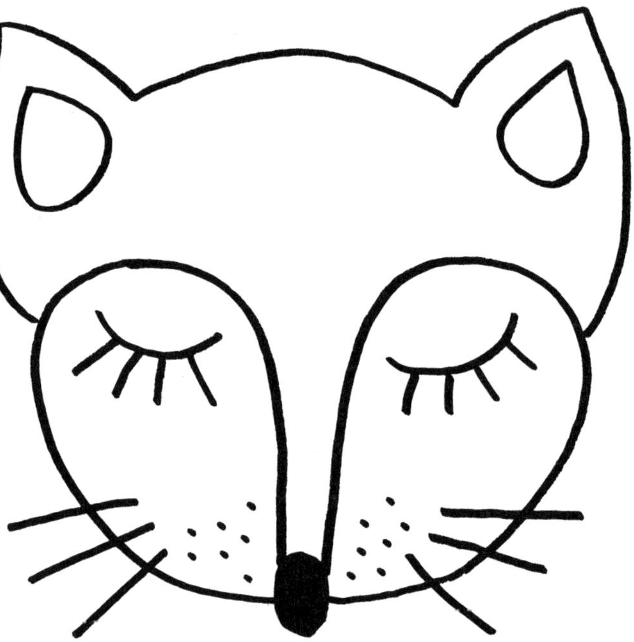

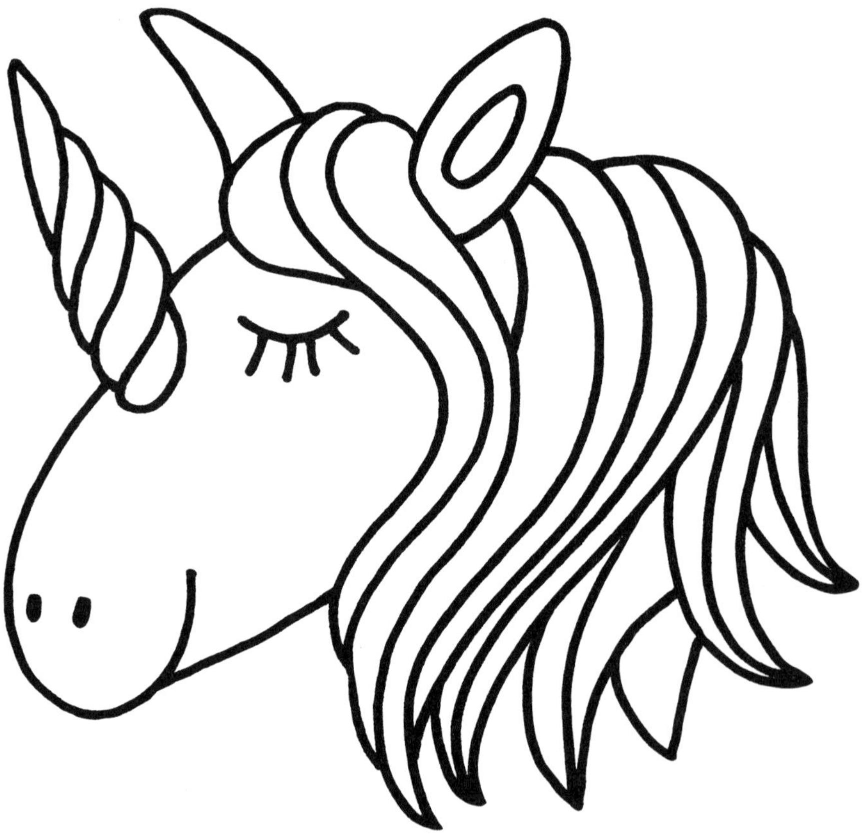

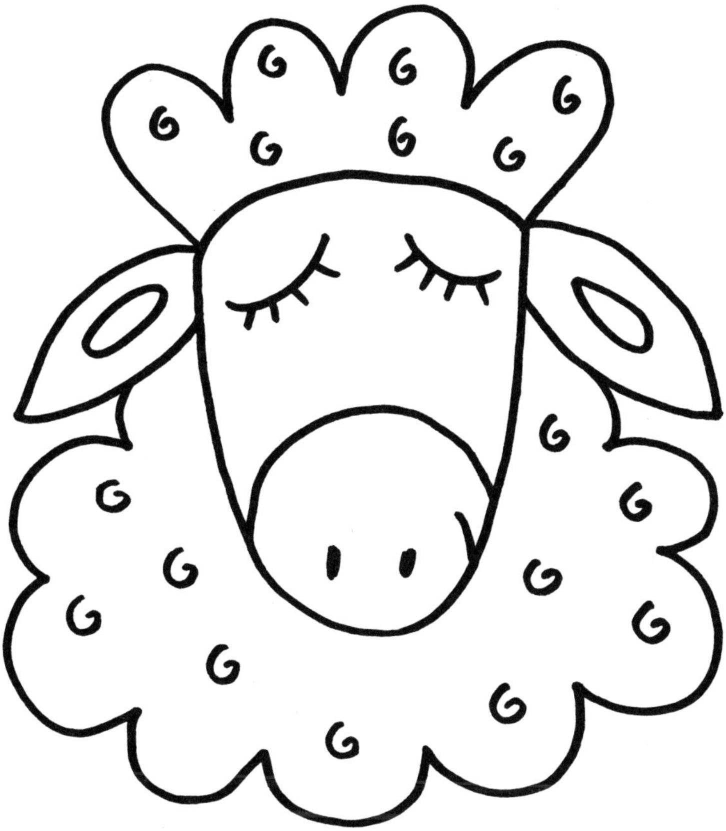

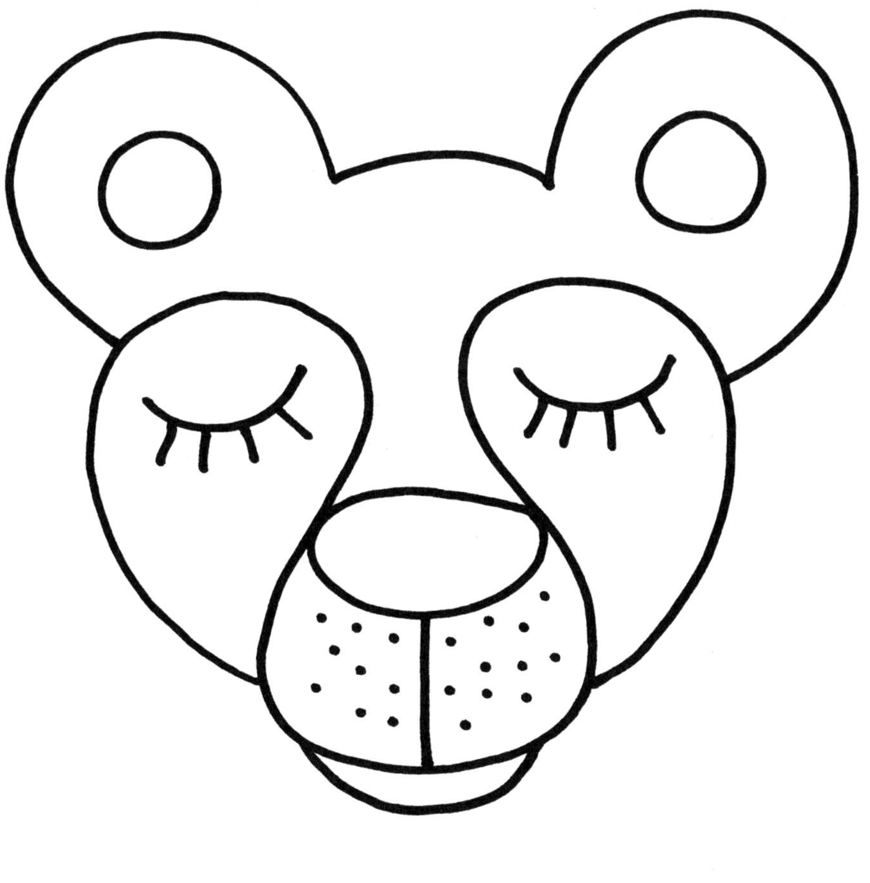

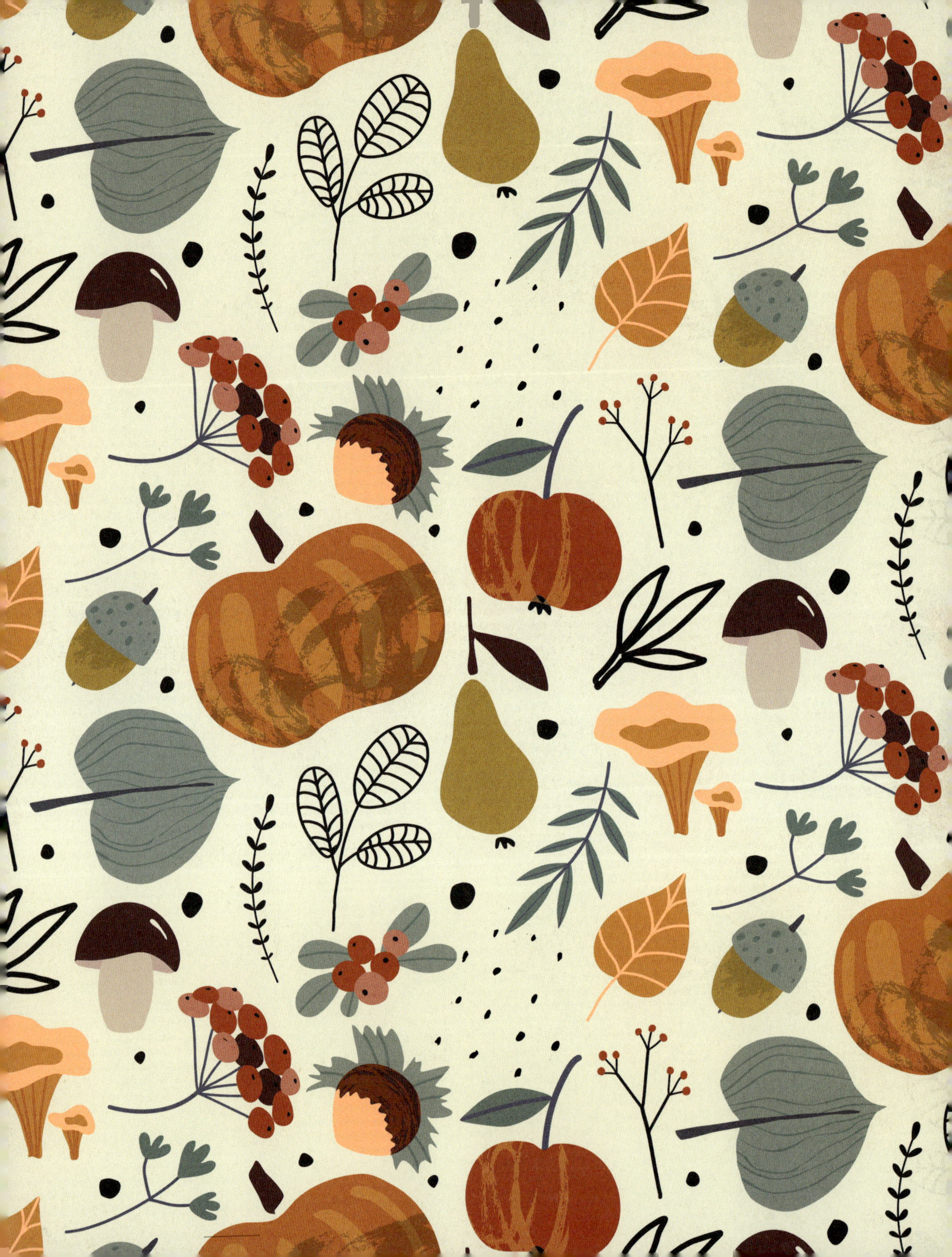

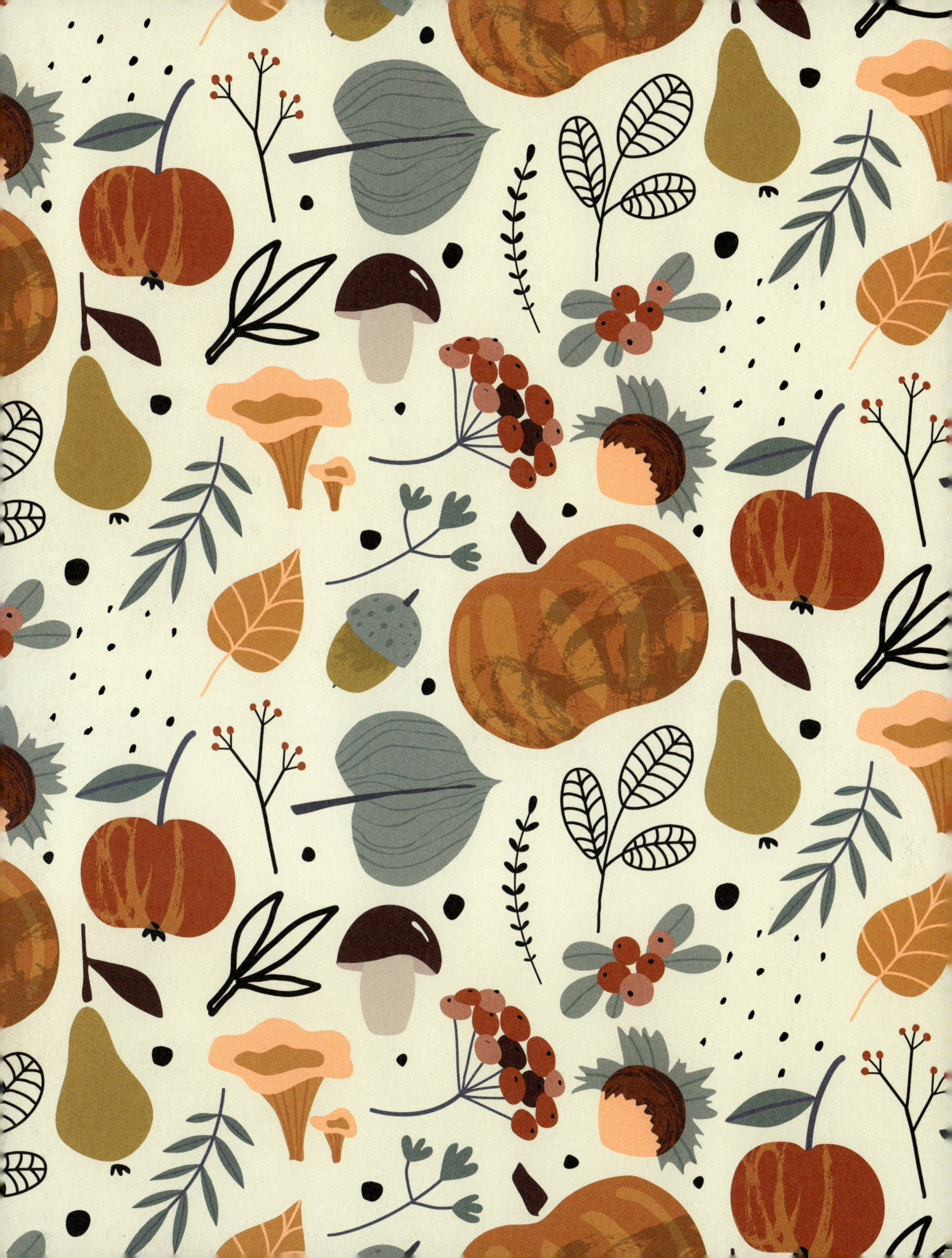

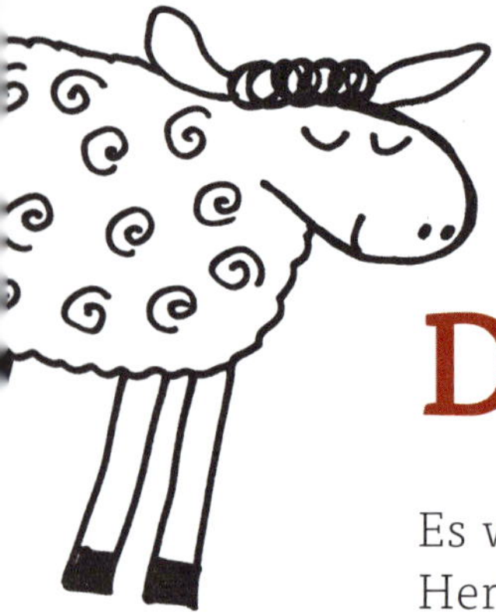

Dank

Es war gleichzeitig eine Freude und eine Herausforderung, ein Herbstbastelbuch zu machen. Eine Freude, weil ich immer wieder dankbar bin, das Privileg zu haben, Bücher von A bis Z gestalten und schreiben zu dürfen. Eine Herausforderung, weil es eine gewisse Planung erforderte, rechtzeitig alles zu sammeln, was ich im Buch verwenden wollte. Aber nun weiß ich, dass man Kastanien wieder einweichen kann und dass Laub ein erstaunlich geduldiges und stabiles Material ist. Danke an meine Lektorin Isabella Krüger, dass sie mir freie Hand gelassen hat und nicht nervös wurde, als ich dachte, ich würde niemals fertig werden. Danke an den mvg Verlag, dass ich ein weiteres Buch machen durfte. Danke an meinen Mann Michael und unseren Sohn Leo, die mich immer unterstützen und an mich glauben.

Danke auch an die Firma Rayher, die mich großzügig mit Farben und Bastelmaterial unterstützt hat.
www.rayher.com

Lieber Leser, liebe Leserin,

für dich habe ich dieses Buch gemacht! Ich hoffe, ich habe deine Fantasie angeregt und du hast viel Freude beim Basteln. Ich wünsche dir einen wunderbaren Herbst mit vielen inspirierenden und kreativen Stunden!

Christine

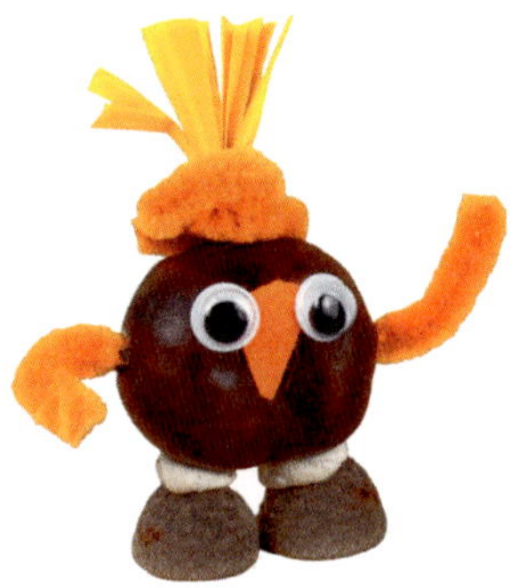

Die Autorin

Christine Rechl hat Kommunikationsdesign studiert und arbeitet als Autorin, Illustratorin und Designerin. 2006 ist sie mit ihrer Familie aus ihrer Heimatstadt München nach Coburg gezogen, wo sie sich ihren großen Garten mit Rehen, Hasen und ihrer Katze Maunzi teilt. Kreativität und Erfindungsreichtum haben von Kindesbeinen an ihr Leben geprägt.

Außerdem von Christine Rechl im mvg Verlag:

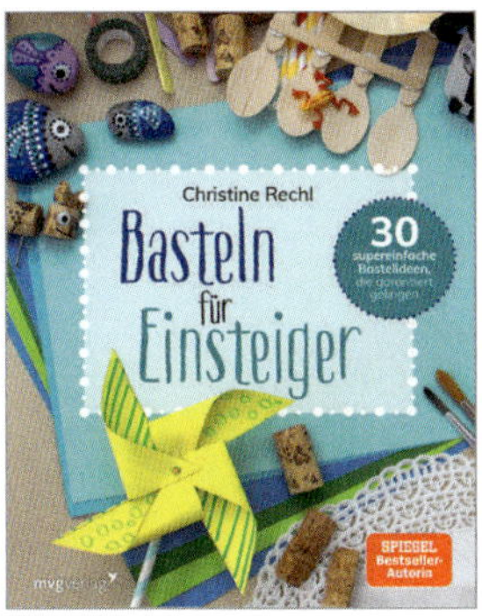

ISBN: 978-3-7474-0298-6

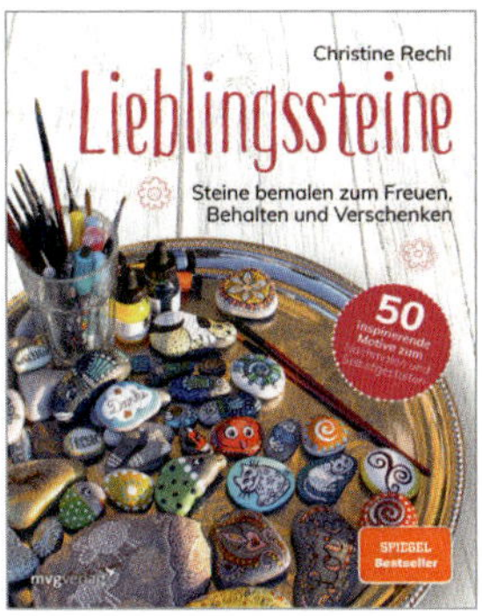

ISBN: 978-3-7474-0241-2

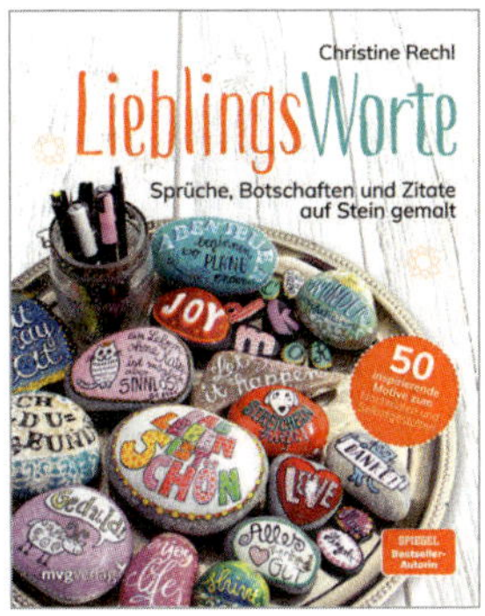

ISBN: 978-3-7474-0301-3

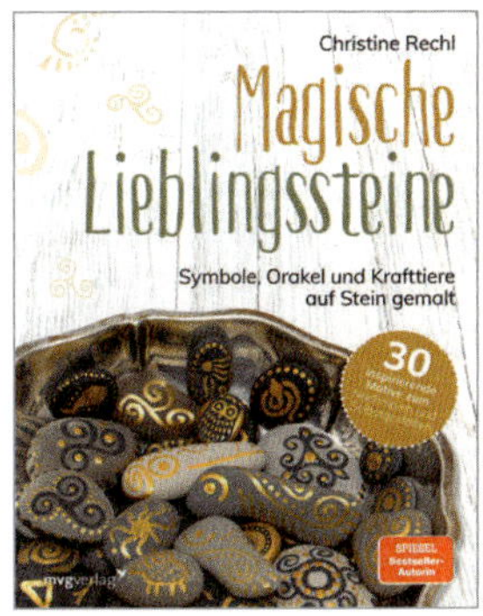

ISBN: 978-3-7474-0327-3

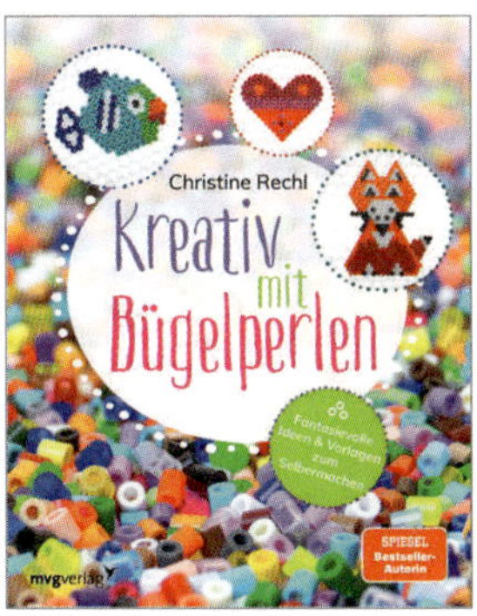

ISBN: 978–3-7474–0298–6

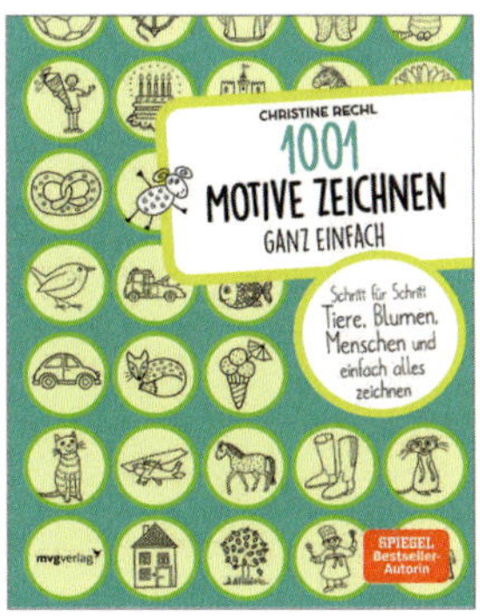

ISBN: 978-3-7474-0232-0

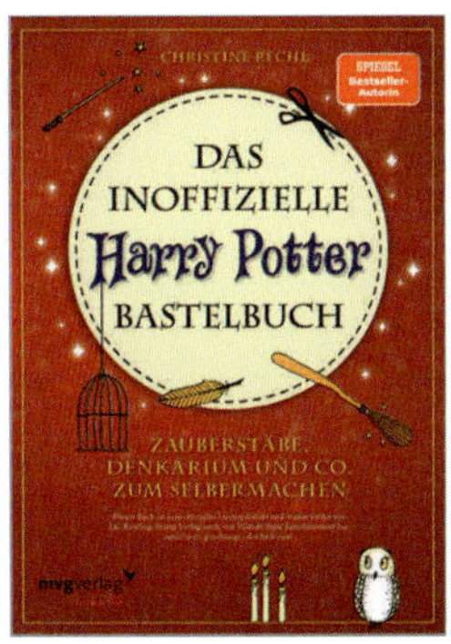

ISBN: 978-3-86882-968-6

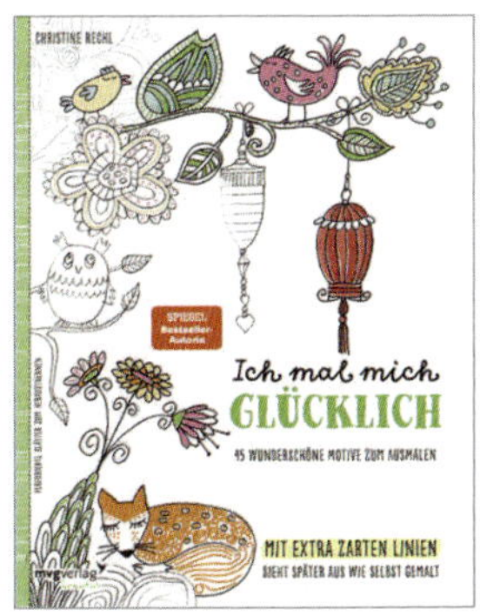

ISBN: 978-3-8688-2677-7

Bibliografische Information der Deutschen Nationalbibliothek
Die Deutsche Nationalbibliothek verzeichnet diese Publikation in der Deutschen Nationalbibliografie. Detaillierte bibliografische Daten sind im Internet über http://d-nb.de abrufbar.

Für Fragen und Anregungen
info@mvg-verlag.de

Originalausgabe
1. Auflage 2023

Türkenstraße 89
80799 München
Tel.: 089 651285-0
Fax: 089 652096

Redaktion: Annerose Sieck
Umschlaggestaltung: Pamela Machleidt
Umschlagabbildungen: Fotos: Christine Rechl, Vektorgrafiken: Shutterstock, jamongcreator
Konzept, Layout und Satz: Christine Rechl
Fotos und Illustrationen: Christine Rechl
Autorenfoto: Liliana Frevel, Fotos: S.36-37: Christine Rechl, Shutterstock: froxx,
S. 40 oben rechts: Shutterstock: Mathias Rosenthal
Vektorgrafiken: Shutterstock: AndWombat, nafanya241, Fresh Take Design,
briddy, ARTHA DESIGN STUDIO, allakuz, suerz, BNP Design Studio
Druck: Firmengruppe APPL, aprinta Druck, Wemding
Printed in Germany

Wir produzieren nachhaltig
www.m-vg.de

ISBN Print 978-3-7474-0557-4

Weitere Informationen zum Verlag finden Sie unter
www.mvg-verlag.de
Beachten Sie auch unsere weiteren Verlage unter
www.m-vg.de